JN096845

シリーズ
地域研究のすすめ

3

ようこそ中華世界へ

PEOPLE'S REPUBLIC OF CHINA

MACAO HONG KONG TAIWAN

川島真＝編

昭和堂

まえがき

　「中国を知る」こと，これは簡単なことではない。中国研究の世界でも，「等身大の中国」の理解が大切だとよくいわれるが，その「等身大の中国」なるものが果たしてあるのかさえ不明だ。中国は多様であるし，そもそもその多様なものを「中国」という言葉でくくれるのか，という問題もある。

　また，中国というと近寄り難い，という雰囲気も日本社会にはあるのかもしれない。日本では9割前後の人が中国に「親しみを感じない」ということが，世論調査で分かっている。若い世代の対中感情はやや良いのだが，それでも日本社会は世界で中国に対して最も厳しい視線を向けている社会だともいえる。その原因には，国際社会での中国政府の言動，また日本周辺での中国軍の活動や領土問題，また歴史認識問題などもあろう。

　しかし，中国は日本の隣国である。経済社会関係を中心にして日中間には緊密な関係があり，日常生活においても「中国の人々」と接することが増えている。仕事をするうえでも多くの領域で「中国」と関わらないわけにはいかない。また，日本社会には三国志愛好者が多かったり，またパンダをこよなく愛する人々がいたり，若い世代を中心にして中国から発せられる文化や生活スタイルなどに親近感や興味を感じたりする人々も少なくない。日本と「中国」，あるいは「中国の人々」との関わりはそう簡単に切り離せるものではない。

　ただ，ここでいう「中国の人々」は，中華人民共和国の人々とは限らず，中国にルーツをもち外国で暮らす人々，あるいはすでに外国籍をもつ人々であったりする。もちろん，台湾や香港，マカオの人たちであることもあるだろう。また，「中国」を知る，といっても，その「中国」は，中華人民共和国という国家を指すとは限らない。もちろん，その中華人民共和国の成り立ちや制度，そして政策を理解することも大切だろう。しかし，「中国」の輪郭は中華人民共和国の国境とは限らない。特別行政区の香港，マカオの外側に台湾がある。また「中国の人々」を考えれば，上述のように，世界に遍く広がっている中国系の人々がいる。そして中華人民共和国のなかにも多様な民族の人々がいる。

「中国を知る」うえでは，こうした「中国の輪郭」の複雑さや，中国じたいの多様性をふまえなければならないだろう。それが本書の編集の基礎にある考え方である。この点をふまえ，本書では，まず，「中国の輪郭」の緩やかさを示すために「中華世界」という言葉をあえて用いた。この言葉の定義が曖昧であることは言を俟たないが，あえて曖昧な言葉を用いた，と理解していただきたい。これは中華人民共和国を取り上げないということではなく，中華人民共和国の政治，法律，経済，社会などはもちろん重視するものの，そこにとどまらず中華世界の広がりを意識的に取り上げるということである。

　次に，上記の点をふまえて空間的には台湾や香港・マカオを，また人という面でも華僑・華人を取り上げ，内容の面で政治経済だけでなく，文学や映画，宗教など社会や文化を重視した。このようにすることで，中華人民共和国という国家を理解するだけでなく，広がりのある「中国の輪郭」をふまえた中華世界を理解することを読者に促すことができるのではないか，と考えた。

　そして，本書の最後には日中関係をどのように捉えるのかという一章をおいた。それまでの学びをもう一度自らに引きつけて理解してほしいと考えたからだ。

　本書が想定する読者は，まず中国語を学んだり，中国について講義を受けたりして，中国，中華世界に関心をもった人である。中国に関してネガティブな情報が氾濫するなか，中華世界の多様性をふまえて，そのネガティブな情報の根拠を知ったり，少しでもそれぞれの読者が関心をもったり，親しみを感じたりする内容が本書に含まれていればと思う。また，例えば中国とビジネスをすることになったり，中国の人々との交流の機会があったりする人で，中国のことを何かしら知っておきたいという人にもおすすめしたい。

　2022年は日中国交正常化，日華断交50周年にあたり，また中国では第20回党大会にて習近平政権の延長の可否が決せられる。台湾でも選挙シーズンが始まり，香港でも民主派のいない立法会で様々な法案が可決されていくであろう。これからの数年間，ウクライナ情勢をはじめ国際情勢は激動のなかにあろうし，米中対立も複雑な展開をみせるであろうが，中国の世界におけるプレゼンスは賛否両論ありながらも大きく下がるということはないだろう。だが，今一方で世界に広がる華人社会は，中国本国の厳しい政治状況や社会への管理統制

の強化がありながらも，世界各地でその活力を保ち，新たな何かを生み出していくであろう。日本は中国の隣国であり，また国内にも比較的大きな華人社会を有する。台湾や香港・マカオとの関係も濃淡あれども密接である。国家レベルでの関係では，国力が変化するなかで様々な問題が生まれるであろうが，一方で経済，社会的な関係は形を変えながらも緊密さを増していくことが予測される。そうしたなかで，「中華世界」を冠した本書が読者にとって「中国を知る」うえでの「窓（窓）口」となれば幸いである。

2022年2月

川島　真

目　次

まえがき　i

序　章　「中国」の輪郭と中華世界……………………………川島　真　1

　　1　本書のねらい　2

　　2　中華・華人の世界　3

　　3　中華世界の広がり　3

　　4　「中国人／華人」の人口増加　5

　　5　中華世界の人口構成　6

　　6　華人の暮らす世界と自然環境　7

　　7　開発の歴史と環境問題　8

　　8　「少数民族」と言語　10

　　9　多様な中国語　12

　　10　中国の人々の関係性・日常生活　13

　　11　経済発展と豊かさ　15

　　12　中国の新たな経済政策　16

　　13　中国の文化活動と対外発信　18

　　14　科学技術の力　19

　　15　中国の軍事・対外関係　20

　　16　社会主義と政治体制　21

　　コラム⓪　「中国」という国名　25

第Ⅰ部　制度・政策，経済・技術から捉える中華人民共和国

第1章　政　　治
―― 一党支配の歴史と統治のメカニズム, 将来の課題 … 鈴木　隆　29
1　今日の中国政治の特徴　30
2　中国政治の歴史的歩み　32
3　中国政治を動かす制度と主体　39
4　中国政治の将来に横たわる課題　43
コラム①　中国政治の「主義」あれこれ　46

第2章　外　　交
――中国の構想する世界と中国の自画像 ……………………川島　真　47
1　習近平政権の構想する世界と中国の自画像　48
2　中国外交の歴史的背景・経緯　56
3　中国外交の担い手と制度　63
コラム②　韜光養晦――経済重視の協調外交　66

第3章　軍　　事
――強大化する軍の実像 ………………………………山口信治　67
1　中国軍事の実像を探る　68
2　中国にとっての安全保障問題とは何か　68
3　何によって目標を追求するのか――軍事組織を中心に　72
4　軍はどのように安全保障上の目標を達成するのか　77
5　軍の能力はどの程度向上したか　81
コラム③　国防費――何が問題なのか　85

第4章　法　　律
　　──中国が目指す「法治」……………………………石塚　迅　87
　　1　中国法の歴史　88
　　2　憲法と国家機構　91
　　3　民法と市民社会　96
　　4　法治と憲政　99
　　コラム④　一人っ子政策──政治に翻弄された人口政策　105

第5章　経　　済
　　──世界最大の経済大国にむけた発展の軌跡と展望……森　路未央　107
　　1　社会経済の構造　108
　　2　経済発展のプロセス　111
　　3　中国経済の特殊性　119
　　4　今後の経済政策の方向性　120
　　コラム⑤　地球環境問題の解決と新エネ車産業の強化　123

第6章　科学技術
　　──知のオープン化が生み出す創造大国…………………高口康太　125
　　1　中国はイノベーション大国となったのか　126
　　2　新中国の技術発展史　128
　　3　ニューエコノミーと中国　132
　　4　米中技術冷戦の時代　137
　　コラム⑥　知財保護がなくてもイノベーションは進む？　141

第7章　農　　業
　　──農業大国の実態とその構造転換………………………寳劔久俊　143
　　1　中国農業の概況　144
　　2　農業発展の歩み──伝統社会から現代まで　148
　　3　中国農業の直面する課題　155
　　コラム⑦　中国人の主食──小麦粉とコメが彩る食文化　159

第Ⅱ部　社会・文化からみる中華世界の広がり

第8章　社　　会
── 一元化と多元化，社会変容の力学 ……………… 及川淳子　163
1　中国社会を考察する視点　164
2　中国社会の構造変容　165
3　民生問題の諸様相　168
4　せめぎあう「党の指導」と価値観の多様化　171
コラム⑧　中国における LGBTQ ＋──自分らしさを求める人々　181

第9章　文　　学
──時間を往来して自由に旅してみたい ……………… 橋本雄一　183
1　言語と文学の旅をはじめる　184
2　近代文学へさかのぼる　187
3　文学の「現在」へ　192
4　歴史と現在を往還する旅を　200
コラム⑨　漢字という場所──ひとと社会が"文字"を立ち上げる　203

第10章　教　　育
──中国と台湾，合わせ鏡の教育改革 ……………… 山﨑直也　205
1　中華世界共通の一大関心事　206
2　中国・台湾の教育制度　209
3　大衆化する高等教育　216
コラム⑩　大学に暮らし学ぶ──マカオ大学の「住宿式書院」　222

第11章　映　　画

　　——巨大市場の光と影 …………………………………… 菅原慶乃　223

　　　1　中国語圏映画の多様な顔　224

　　　2　世界最大の映画市場——その展開と現状　225

　　　3　多様化する映画の役割　230

　　　4　サイノフォン映画という視座　234

　　　コラム⑪　独立（インディーズ）映画の展開　239

第12章　宗　　教

　　——統制をすり抜けボーダーを越える信仰 ……………… 倉田明子　241

　　　1　伝統的信仰世界　242

　　　2　根づく「外来」宗教　246

　　　3　中華人民共和国における宗教　252

　　　4　越境する宗教　255

　　　コラム⑫　宗教事務条例と宗教統制　258

　　　　第Ⅲ部　華僑・華人世界，台湾，香港・マカオからみる中華世界

第13章　華僑・華人

　　——チャイニーズネスの再考 ……………………………… 奈倉京子　261

　　　1　華僑・華人からチャイニーズへ　262

　　　2　ネットワーク　265

　　　3　文化の継承・変容　271

　　　4　文化の受容・創造　276

　　　コラム⑬　僑郷——華僑のふるさと　282

第14章　台　　湾

　　——中華世界の周縁に根づいた民主主義 ·················松本充豊　283

　1　中華世界の周縁　284

　2　戦後台湾と権威主義　287

　3　民主主義の台湾　291

　4　中台関係　296

　コラム⑭　執政制度——台湾の半大統領制　302

第15章　香港・マカオ

　　——東西をつなぐ小さな土地の大きな力 ·····················倉田　徹　303

　1　「一国二制度」——香港と中国大陸，どこまで違うか　304

　2　香港の独自性を生んだ歴史　308

　3　香港返還とその後——世界を震撼させる民主化問題　312

　4　マカオ——観光都市の歴史と文化　318

　コラム⑮　日本と香港——密接な交流，複雑な歴史　322

第16章　日中関係の近現代史

　　——新時代への転換を模索して ·········SON ansuk（孫　安石）　323

　1　近代の日中関係　324

　2　戦後と新たな日中関係　327

　3　グローバル化のなかの日中関係　330

　コラム⑯　内山完造と日中友好　333

　　索　　引　334

「中国」の輪郭と中華世界

川島　真

ネパール側から見た中国（チベット）国境のゲート。習近平政権になってから，一般のチベット人がこちらに来ることはなくなった，との話を耳にした（2014年，筆者撮影）

　本書の標題は，「ようこそ中国へ」ではなく，「ようこそ中華世界へ」とした。それは，「中国」というと「中華人民共和国」を意味してしまうことがあるからだ。読者がこれから関わる，あるいは関わっている「中国」は「中華人民共和国」とは限らない。それだけ，「中国」や「中国の人々」という言葉は多義的である。序章ではその「中国」の輪郭，あるいは「中華世界」について考えてみたい。

1　本書のねらい

　本書は「ようこそ中国へ」ではなく，「ようこそ中華世界へ」と題されている。その理由は，読者が「中国」を知ろうというとき，また「中国」と関わろうというとき，中華人民共和国の紹介をすればそれで足りる，というわけではないだろう，と思ったからだ。一般に「中国」といえば，中華人民共和国の略称と思われることもあるので，敢えて「中華世界」を用いたのである。

　どうして中華人民共和国を紹介するだけでは足りないのか。それは簡単にいえば，中華人民共和国と「中国」が必ずしも同じではないからだ。「中国」には様々な意味があり，中華人民共和国の略称のこともあれば，中国大陸の地理的呼称のこともある。そして，「中国人」という場合には中華人民共和国の国籍保持者に限らず，移民先の国籍を有している華人たちが含まれることもある。中国文化といえば，最早それは，空間的に中国に限定されないし，中国国籍保持者でなくてもその文化を体現できる[*1]。

　ここで中国の統治体制の是非を議論するつもりはない。だが，ここで読者に考えていただきたいことは，「中国」「中国人」というときの意味の多様性，広がりである。14億の人口を擁し，面積も世界第3位である中華人民共和国は，今や経済力，軍事力ともに世界のトップ3に入る国となった。その重要性は言を俟たない。しかし，たとえ昨今省や特別市と同質化する政策が進んでいるとはいえ，中国には民族自治区や一国二制度のもとにある特別行政区がある。そして，中国で暮らしたことがある多くの外国人が気のつくことだが，一部の領域・分野を除けば，中国の人々は極めて多種多様である。そして，省や特別市があるところとはいっても，上海市と雲南省ではまったく異なる気候風土が存在する。そうした多様性や広がりのある「中国」について，それを中国共産党の政治やトップリーダーの発言だけをとって表現するのは妥当ではないと思われる。

---

*1　中国史，中国思想研究者として知られる余英時は，中華人民共和国の統治体制に疑義を唱え，「自分がどこにいようと，自分がいるところに中国文化がある」とまで述べた。儒学をはじめとする中国の文化の粋を自分は体得していると自負していると同時に，今の中国という国にはそれがみられない，という非難がそこには込められている。

香港やマカオともなれば，たとえ中華人民共和国の主権のもとにあるとはいえ，それぞれ特有の歴史的背景や制度があるし，そこに住む人々は北京の人々とは異なる価値観をもっているかもしれない。まして，実質的に中華民国の統治下にある台湾ともなれば，そこに住む人々が自らを中国人と思っているかは別にして，中華人民共和国の人々とはまったく異なる価値観や行動様式をもっているであろう。

2　中華・華人の世界

そこで本書では，対象を中華人民共和国ではなく，香港，マカオ，そして台湾，また世界各地に広がる華人を視野に入れる。中国について学ぼう，中国語を学ぼうとする読者にとって，果たして「中国」とは何なのか，ということを考えるきっかけになればと思ってのことでもある。

また，中華人民共和国をめぐっては，アメリカとの「競争」関係や，周辺諸国との領土問題などをめぐっても，日本の言論界やマスメディア，またインターネット空間でも厳しい議論が目立つ。実際に日本の対中感情は，新型肺炎感染拡大により世界的に対中感情が悪化したとはいえ，それでも世界で最も悪い部類に属する。しかし，日本経済にとって中国は最大の貿易パートナーであるし，国内には極めて多くの中国系住民がいる。また，読者がどのような場面で「中国」に関わるのかは多様だろうし，またその関わる「中国」も多様だろう。だからこそ，「中華人民共和国」を対象とするだけでなく，台湾や香港，そして華人の世界を，また政治，経済だけでなく，文化や歴史などをあわせて対象とし，様々な角度から，その多様な「中華・華人」にアプローチできるよう，可能な限り工夫してみた。もちろん，あらゆる分野を網羅することはできないが，本書の目次は書店の店頭でよくみられる「中国入門」のそれとは異なっているのではなかろうか。

3　中華世界の広がり

では，本書で対象とする「中華」の世界は歴史的にどのように形成されてき

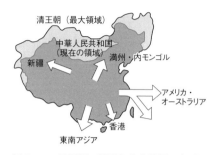

図0-1　清王朝の版図と中華世界の広がり
出所：“China Mass Migrations: Past, Present & Future”
（*China Simplified*, Jan. 22, 2016）の'Chart: Qing
Dynasty Mass Migration'に基づいて筆者作成。

表0-1　海外在住中国人の人口（2012年）

国名	人口（万人）
インドネシア	812
タイ	751
マレーシア	678
アメリカ	424
シンガポール	283
カナダ	156
フィリピン	141
ミャンマー	106
ベトナム	100
ペルー	99
オーストラリア	87
日本	68
ロシア	47
フランス	46
イギリス	42
ブラジル	28
イタリア	20
韓国	18

注：海外在住中国人の総数は4136万人。
出所：中華民国僑務委員会（2013：11-12）の表1「海外
　　　華人人数」（2012年年末）に基づいて筆者作成。

たのだろうか。前述のように，現在，中国というと，少なくとも空間としては中華人民共和国の領域を指すのが一般的かもしれない。その中国に住む人々は，現在中国語とされている言語（普通話，あるいはその基礎となっている北京官話や，漢語の方言，またあるいはそれらの前身）を用い，漢族の伝統文化とされているものを継承しているが，彼らは現在の河南省南西部から陝西省南部の黄土高原，洛陽や長安のあるいわゆる中原とされる地域から各地に拡大してきた。10世紀頃には灌漑技術の発展もあって，江南などの大運河沿いに人口が拡大し，清代には四川や雲南，そして山間部に入植して開発が進んだ。また，清王朝の版図が拡大するに従って，新疆や台湾にも漢族は移住していった。そして19世紀末になると，それまで満洲族のための空間だった満洲（東北）にも広がっていった（図0-1）。

　福建や広東，海南などからは多くが東南アジアなど近隣の地域へと移民し，19世紀になると太平洋航路が開かれてハワイやアメリカ大陸など世界各地へと移民が広がっていった。20世紀には，相次ぐ戦争によって中国大陸内部での移

動だけでなく，中国から海外への移民も増加した（表0-1）。第二次世界大戦の後には，国共内戦で国民党が共産党に敗北して台湾に遷ったことに伴い，100万人以上が台湾に移住した。移住した人々は台湾を「中国化」していこうとした。また，中国で社会主義国家が建設される過程で，上海などの資本家らが香港に多数移民し，それに伴って京劇の文化なども香港などに伝わり，戦後の香港映画などに継承されていくことになった。

4　「中国人／華人」の人口増加

　では，中国人，華人とされる人々はどこに，どのくらいいるのだろうか。図0-2は，中国の各省，特別行政区別の人口分布である。この分布にはどのような特徴があるだろうか。白地図などに記入して考えてみよう。

　また，中華人民共和国の特別行政区に当たる香港の人口は750万人，マカオの人口は64万人となっている。なお，中華人民共和国の統治下にはない台湾の人口は2350万人とされている。

　そして，5000万前後といわれる海外に住む中国系の人々は，中国とつながりの深い人を華僑，すでに現地化してしまった人を含む広い対象を指す言葉として華人などといった語が使われるが，彼らは世界のどこに住んでいるのだろうか。その分布をみてみよ

図0-2　各省，特別行政区別の人口分布（2020年）
出所：「第7次全国人口普査結果」（国家統計局，2021年5月公布）に基づいて筆者作成。

う。どのような地域に中国系の人々が多いだろうか。その理由は何であろうか。近代以前，近代以後の交通経路などから考えてみよう。

5　中華世界の人口構成

　また，この中国の人口構成を異なる面からみてみよう。男女比からみると，例えば2019年の統計では女性を100としたとき，男性の人口は，天津では123，広東では118，上海でも108などとなっており，四川などを例外としておよそ男性の方が多くなっている。これはなぜだろう。一人っ子政策や，中国における「家」や「相続」などを手がかりに考えてみよう。

　次に，中華人民共和国の特別行政区に当たる香港（人口750万人），マカオ（人口64万人）や，その統治下にはない台湾（人口2350万人）のうち，香港と台湾と中国とを加えた人口構成の図をみてみよう（図0-3）。三者の人口構成の間にはどのような特徴があるだろうか。またそれはそれぞれの国や地域の経済や社会にどのような影響をもたらすと考えられるだろうか。特に，中国の若年人口の割合，香港の人口の男女比，台湾や香港の高年齢人口の割合に注目して考えてみよう。

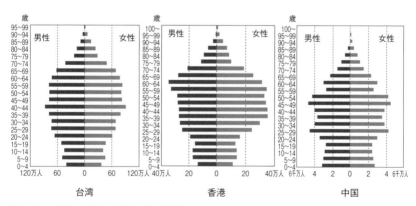

図0-3　台湾・香港・中国の人口構成
注：中国は台湾と香港の人口も含む。
出所：『中国統計年鑑2018年版』，「歴年全国人口統計資料」（中華民国内政部，2021年），「2021人口普査」（香港政府，2022年2月）などに基づいて筆者作成。

6　華人の暮らす世界と自然環境

　では，一般に中国とされる地域，また華人が居住している地域はどのような自然環境にあるのだろうか。地図帳を広げてみれば分かるように，中国の地形は東西で大きく分かれる。およそチベット高原などがある西部は高く，東は低い。また図0-4をみてみよう。これは国境線を除いたうえで，気候の性質を記した地図である。中国大陸はどのような気候であろうか。

　中国大陸の北部や西部は乾燥した気候だが，それはモンゴルや中央アジアに連なっている。北アジアや中央アジアと同じような自然条件を有する地域が，「中国」の一部分だとされているといえる。またチベット高原はネパールやブータン，インドやパキスタンの北部地域の自然環境と重なる。そして，中国

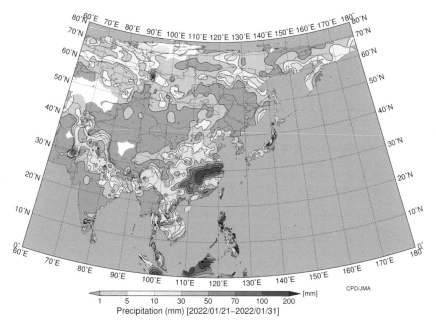

図0-4　中国大陸の気候
注：2022年1月下旬，アジアの降水量。
出所：気象庁「地域別の天候図（速報値）」https://www.data.jma.go.jp/gmd/cpd/monitor/jun/rmap.php（最終閲覧2022年1月10日）。

大陸の東部をみれば，南部と北部で大きく異なり，東南部は温暖で湿潤であり，日本や韓国，あるいは東南アジア地域と連なる気候帯である。台湾，香港，マカオなどもここに含まれる。それに対して，東北部は寒冷でやや乾燥しており，華北とされる地域は比較的寒冷で乾燥しており，シベリアやモンゴル東部と重なる。

　このようにみると，「中国大陸」とされる空間は，地形や気候が統一的でないことに気づかされる。このような自然環境の相違は，その地域の人々の暮らしに大きく影響した。気温や降水量は，土壌とともにその地域での農業の決定的な要因となる。中国東部の乾燥した北部では麦が主に食べられ，湿潤な南部では米が主食となったことも，こうした自然環境による面が大きい。

　また，過酷な自然環境のもとでは多くの人が暮らしを立てることは難しく，やはり環境のよい東部に人口が集中する傾向があった。しかし，温暖湿潤な気候のもとでも，例えば浙江省東部から福建省・広東省にかけての地域は，決して肥沃で大型の平野が広がっているわけでなく，山地と小さな盆地が数多く点在している。そのため，多くの人口を養えず，この地域に移住してきた人のなかには，さらに台湾や世界各地へと移民として渡っていく人が少なくなかった。地図をみるなどして，この地域の地形を確認したり，中国の東南沿岸部の世界遺産（福建土楼，開平碉楼など）の背景を調べたりして考えてみよう。

7　開発の歴史と環境問題

　中国大陸に居住した人々は，どのようにしてその居住空間を拡大していったのだろうか。歴史的に考えれば，まずは灌漑や農業技術の向上，痩せた土地でも成長する新たな農作物の普及などによって，可耕地を増やし，人口が増大していったと言えるだろう（図0-5）。

　特に10世紀前後には灌漑技術の向上によって湿地の多い地域でも人々が住み，農業が営めるようになった。18世紀には人口は2倍に増えて3億人を超えていったが，これも山間部でトウモロコシやサツマイモを栽培して暮らすことができるようになったからであった。このような開発の進展は各地での森林面積の減少に結びついていった。

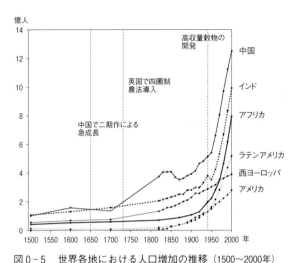

図0-5　世界各地における人口増加の推移（1500～2000年）
出所："Comparing Population Growth: China, India, Africa, Latin America, Western Europe, United States"（*Visualizing Economics*, Dec. 9, 2007）の 'Population Growth over the Last 500 Years' に基づいて筆者作成。

　19世紀に入り，中国も「近代」を体験することになったが，この時期には満洲といわれた東北部などの「辺境」への移民が進んだ。だがその「近代」に工業の発達した日本や西洋諸国で人口が増大したのに比べると，中国での人口増大は抑制的であった。19世紀後半には軍事産業や造船業，20世紀初頭には綿織物業の発展がみられたが，1930年前後まで関税自主権がなく，国内産業が保護育成できなかったことや，国内で戦乱が続いたこともあり，社会生活の向上には十分に結びつかなかったと考えられる。

　中国には資源大国という一面もある。山西では石炭，新疆では原油，東北部では鉄鉱石などがあるし，何よりもタングステンなどのレアアースについては豊富な埋蔵量を誇る。これらについては，近代にはすでに生産されており，地方軍事政権や国民党政権が，これらによって収益を上げていた。しかし，それが中国の人々の生活を豊かにするには必ずしも至らなかった。

　1949年に中華人民共和国が成立して，社会主義体制が成立した後も，開発は続いた。大躍進にも「開発」という要素があったが，本格的な「開発の時代」は改革開放の時代に訪れたといっていい。だが，大躍進の時代にも，改革開放

の時代にも乱開発があり，特に前者では農村部で多くの餓死者を出した。改革開放の時代には，農村部でも過剰な施肥などによる公害が発生し，また都市部でも工業化が著しく進展し，大気汚染や水質汚濁をはじめとする深刻な公害が発生した。山間部での森林伐採や過度の地下水利用が進み，乾燥地域を中心として水不足が生じるようになった。三峡ダム計画や，長江の水を黄河に流し込む南水北調計画などはそうした水問題への対策であった。

　目下，中華人民共和国で進められている国家主導の国土開発は，今や一帯一路などとして世界各地のインフラづくりにも結びついている。目下進められている「国土空間規画」など中国国内での開発と，中国の対外的な開発事業の結びつきはどのように進展しているだろうか。

8　「少数民族」と言語

　漢族は歴史的にその居住区を拡大させていったが，それに伴って隣接地域の他民族を漢民族化（「漢化」）していき，他方で他民族の居住区を「辺境」へと追いやっていった。漢族の拡大は，そのほかの民族からどのように見えただろうか。

　ミャオ族や清代に各地に赴任した満洲族は必ずしも特定の場所に集住していたわけではないが，チベット族，モンゴル族，ウイグル族，チュワン族などは一定の居住地域を有していた。19世紀末から20世紀前半にかけて，清朝や中華民国は1880年代に新疆省や台湾省を設置したように，直轄地ともいえる省の地域の拡大を図るとともに，その省のある地域とチベット，モンゴルなどの藩部，そして満洲とを，近代国家の国土として位置づけようとした。それが「中国」として呼ばれる空間になっていった。ただ，19世紀にその版図から分離した香港，マカオ，そして台湾は「中国」とは異なる歴史を体験していくことになった。

　他方，満洲人の清王朝が20世紀初頭に近代国家の建設を始めると，国語（北京の官僚言葉を基礎とした言語）や中国の歴史の教育が行われ，自分を「中国人」だと考えるアイデンティティが都市の知識人を中心に育まれ始めた。だが，このようなアイデンティティは，清王朝の従来の統治理念とは必ずしもかみ合わないものだった。清王朝では，皇帝が満洲人の首長であると同時に中国皇帝でもあり，またモンゴルの大ハーンで，かつチベット仏教のパトロンとい

う存在でもあった。だから，四書五経を極めた徳のある人物である中国皇帝として振る舞いながらも，同時にチベット寺院の保護に務めたのであった。こうした王朝の体制のもとでは，満洲族が上位にあるとしても，チベットであれ，モンゴルであれ，それぞれ尊重されており，科挙に合格した漢族の官僚も藩部には赴任せず，基本的に省のおかれた地域に赴任しているに過ぎなかった。しかし，近代国家建設が形成され始めると，そうした尊重は次第に失われ，それに対してモンゴルやチベットは「中国」という枠からの離脱を試みた。また，辛亥革命で清王朝が滅亡して中華民国ができると，五族共和がスローガンとして唱えられて，清朝の版図の継承が図られ，またかつての支配者であった満洲族は一定の条件下で保護されたが，その保護も次第に形骸化していった。

　このように近代国家が形成される過程で，五族共和であるとか，あるいはの

表0-2　台湾の小学校の「本土語言類別」

○○縣(市)○○學校本土語言選修課程調査表(参考範例)

班　　　　級	(　)年級(　)班		
學　生　姓　名			
選習本土語言類別（限一種）	( )閩南語	( )客家語	原住民語 ( )賽夏語　( )雅美語　( )邵語 ( )葛瑪蘭語　( )A 知本卑南語 ( )A 南王卑南語　( )A 初鹿卑南語 ( )A 建和卑南語　( )A 卓群布農語 ( )B 卡群布農語　( )B 丹群布農語 ( )B 巒群布農語　( )B 郡群布農語 ( )C 阿里山鄒語　( )C 卡那卡那富鄒語 ( )C 沙阿魯阿鄒語　( )D 東排灣語 ( )D 北排灣語　( )D 中排灣語 ( )D 南排灣語　( )E 霧台魯凱語 ( )D 東魯凱語　( )E 多納魯凱語 ( )E 萬山魯凱語　( )E 茂林魯凱語 ( )F 汶水泰雅語　( )F 賽考利克泰雅語 ( )F 澤敖利泰雅語　( )F 萬大泰雅語 ( )G 太魯閣語　( )G 道澤語 ( )G 德克達雅語　( )H 奇萊語 ( )H 北部阿美語　( )H 中部阿美語 ( )H 海岸阿美語　( )H 馬蘭阿美語 ( )H 恆春阿美語　( )I 巴宰語 ( )I 噶哈巫語
學生選習本土語言類別程度	( )能聽　( )能聽、說　( )能聽、說、讀　( )完全不會		
家長使用的母語	父親(　　　)　　母親(　　　)		
家　長　簽　章	年　　月　　日填寫		
上　課　編　組			

出所：「国民中小学開設本土語言選修課程応注意事項修正規定」(台湾教育部)。

ちに生み出された中華民族という概念によって，人口の圧倒的多数を占める漢族以外の諸民族を「民族（国民）」国家の基礎としての中華民族に包摂していくことになった。それにより，漢族以外の諸民族は中華民族の一部でありながら，同時にマイノリティとしての「少数民族」として位置づけられるようになっていった。ただ，このプロセスは歴史的に進行したもので，共産党でさえ当初は諸民族にも自決権があるとしていた。

　他方，民主化して以降の台湾では，諸民族のアイデンティティ，自己認識を重視した分類を行うようになっていったために，いわゆる「原住民」はいっそう細分化してきている。例えば，台湾の小学校で行われている「本土語言類別」などでは，国語（中国語）以外の主要言語である台湾語（閩南語），客家語を除く「原住民」の言語は極めて詳細に分類されている（表0-2）。

　他方，もともとイギリスの植民地であった香港では，広東語が漢人社会で流通していたが，返還後に次第に中国語が普及してきている。海外の華僑社会では，もともと広東語（広東省の諸地方の方言など），閩南語，客家語，海南語，潮州語などが多く話され，現地語と融合したクレオール化が進んでいたし，また現地化した中国系住民は現地語を母語とするようになっていき，現地語を用いた華人の文学なども多くみられるようになっていった。他方，1980年代以降に「新華僑」が世界に拡大したり，また中国との関係が重視されたりするようになると，海外の華人社会において次第に中国語学習が普及するようになっていった。

9　多様な中国語

　漢族に目を転じると，漢族もまた多様である。広東語と上海語とではほとんど通じないし，唐辛子と山椒を多く用いる四川料理と，塩味の強い山東料理とでは味わいが相当に異なる。それだけ多様だということだ。とはいえ，歴史的に同じ漢字を用い，ある程度重なりのある教養や価値観を育み，継承してきたことも事実だ。近代国家における「国民」とまではいかないまでも，その近代国家の基礎となるような集団が近世までに一定程度形成されていたとも言えるだろう。しかし，近代以降の歴史はその漢族としてのまとまりを示す象徴である「漢字」を繁体字と簡体字に分裂させることになった。繁体字は台湾や香

港，マカオで，簡体字は中国で使われている。ま
た，日本や韓国のように中国の周辺には漢字を用
いる国・地域もあるが，そこでの漢字は独自の省
略のされ方をしているし，発音も異なる（表 0 -
3）。例えば，清王朝の時期の「正しい」漢字が
採録されている『康熙字典』の電子版などをネッ

表 0 - 3　日本語の漢字と
　　　　　繁体字，簡体字

日本語	繁体字	簡体字
中華	中華	中华
電話番号	電話號碼	电话号码
楽園	樂園	乐园
トイレ	衛生間	卫生间

トなどでみてみよう。これがおよそ現在の繁体字だが，それと日本で使われて
いる漢字，あるいは簡体字とを比べてみよう。そして，なぜ中国では簡体字を
用いるようになったのか。その理由，原因について考えてみよう。[*2]

　日本は歴史的に中国文化の影響を強く受けてきた。明治維新以後から現在に
至る近現代もそれは変わらない。その代表が表意文字である漢字であった。日
本語では，平仮名，片仮名とともに漢字を用いるが，義務教育で常用漢字2136
字（小学校で1026字，中学校で1110字）を学ぶ。中国，台湾，香港などでは，そ
れ以上の漢字を学ぶ。日本で教育を受ける私たちにとって「漢字を学ぶ」こと
にはどういう意味があるのだろう。

10　中国の人々の関係性・日常生活

　中国の人々，とりわけその大多数を占める漢族の人々の社会には何か特徴的
な人間関係があるのだろうか。一般的に，それは「グアンシ」（「関係」の中国
語の発音）などとして表現されてきた。それは上下よりも横の関係として人間
関係を考えるということなど，中国で蓄積されてきた人間関係哲学の集大成と
もいえるものだ。

　一般に漢族社会では，地縁・血縁が重視されるが，出身学校や職業なども人
的紐帯の結集核となる。明清時代の会館や公所などは，そうした人的組織であ
るが，それらは互助組織として機能し，関係者にセイフティネットを提供した

＊2　他方，日本や韓国での漢字の発音は中国の歴史上のある時期の発音であることも少なくな
　　し，中国の方言の発音と近いこともある。例えば，中国語では感謝は「ガンシェ」と読むが，
　　日本語では「かんしゃ」となる。だが，韓国語のカムサハムニダの「カムサ」は感謝の音であ
　　る。そして中国の閩南語（福建南部，台湾の言葉）では「感謝」は「ガムシャ」と読む。どこ
　　とどこの音が近いか比べてみよう。

りする。横浜や神戸など，華人が多く集住しているところなどで，「会館」などを見かけることがある。ぜひ，なぜその地域，その姓の人的組織がそこにあるのかも含めて考察してみよう。

　また，漢族の日常生活には歴史的に形成された様々な信仰や吉凶の占いなどが関わっていた。「風水」などがその一例だ。これは彼らの精神世界とも深く関わる。近代以降，キリスト教が一定程度普及したが，漢族社会では長く儒教・道教・仏教が融合した民間信仰が広まり，神仏が祀られている「廟」は祭事などが行われ，また人々が願い事をするような，地域社会の拠点となった。中国共産党が政権を獲得して社会主義を採用した中華人民共和国では，宗教は強く管理され，一時こうした民間信仰はおよそみられなくなったが，台湾や香港では戦後も継続して存在した。そして，中国でも改革開放政策の進行のなかで，再びこうした民間信仰や風水が社会に広がるようになり，またキリスト教も再び信者を増やした。改革開放による豊かさの実現によって，生活が西洋化した部分もあるが，むしろ文革以前の社会生活を取り戻したという面もあった。しかし，目下，中国政府はイスラーム教はもとより，キリスト教や新興宗教に対して管理統制を強めている。他方，台湾や香港，あるいは在外の華僑社会では，キリスト教をはじめとする現地の宗教をはじめ，一貫道など，生活様式そのもののあり方を含む従来からの信仰も伝え広まっている。

　次に中国の家族構成などをみてみよう。中国の家族では子どもの姓は基本的に父親の姓とされている。女性は男性と婚姻関係をもっても姓は変わらない。男性の血統主義に基づく家制度は，中国だけでなく，台湾や香港の漢族社会に共通だ。その点，歴史的に女性の地位の低さが指摘され，農村部などでは男子の子どもを優先する傾向も一部にある。ただ，女性の社会進出という点では中華人民共和国で大きく改善された。そして，改革開放政策の採用に伴って始まった「一人っ子政策」は，中国の家族構成にも大きな影響を与えることになったが，昨今では人口減の問題から，複数の子どもを容認する政策が採用されている。だが，これも特定の世代の負担になるものとして批判がある。他方，すでに経済発展を遂げた台湾や香港では少子高齢化が急速に進んでいる。また，リベラル・デモクラシーが定着している台湾では，LGBTQ の権利意識が進み，2019年，アジアで最も早く同性婚を認める法案が可決されている。

11 経済発展と豊かさ

　1968年，日本が世界第2位の経済大国になったころ，中国は文化大革命の最中であったし，香港も台湾も，そしてシンガポールさえもまだまだ十分に経済発展している状態にはなかった。だが，その後，香港，台湾，シンガポールはアジアニーズなどといわれ，輸出加工型の飛躍的な経済発展を遂げていくことになり，1980年代にはその経済発展を基礎に台湾は民主化していくことになった。今や，1人あたりGDPではシンガポールや香港は日本と同じかそれ以上，台湾も日本の7割程度になっている。中国をはじめとする国々はどのようにして経済発展を成し遂げていったのだろうか。そこでの日本の役割はどのようなものであったのだろう。

　中国は，1978年12月に改革開放政策を採用してから徐々に経済発展し，1990年代以降は年率10％近い劇的な輸出加工型の経済発展を遂げていくことになる。先進国やシンガポール，台湾，あるいは華人企業などが多く中国に投資し，香港は対中投資の経由地として大きな役割を果たした。中国は，ヒト・モノ・カネ・情報が世界を行き交うグローバル化のなかで，また自由貿易体制のなかで，多くの外国投資を受け入れた。そして「世界の工場」として製造業の拠点となり，製品を海外に輸出した。GATTやWTOの加盟国である先進国はその製品を低関税，あるいは関税をかけずに購入した。他方，中国は国内に多くできた工場などを通じて技術移転を図り，技術力をつけていった。また，多くの留学生が先進国に渡り，技術を学んだ。日本もまた主要な留学先だった。

　では，そのような経済発展を遂げた中国が，台湾や韓国のように民主化しなかったのはなぜであろうか。中間層の成長などはみられなかったのだろうか。これまで経済発展は民主化を導くと思われていた面があったが，中国はもとより，サウジアラビアなどの産油国を含めて，それが当てはまらない国が多くあるようだし，またタイのように民主化が逆行しているように見える国もある。

　中国の場合，どうして民主化しないのか。これに答えることは容易ではないが，一つの答えは，中国共産党政権が経済発展しても民主化しないような措置を講じた，ということがあろう。つまり，経済発展してもその恩恵が全体に行

き渡るのではなく，一部の人々，それも共産党や政府に近い国有企業や関係者，共産党員に多く配分されるようにしてあったということである。許認可，資金融資，寡占など様々な方法によって，自由競争が抑制されてきたということがある。それだけに「中間層」とされる人々は，むしろ共産党一党独裁であるからこそ豊かになれたということであり，民主化の担い手にはなりにくい，ということになる。むろん，こうした不公平な環境では社会に不満がたまる。だからこそ，警察機能，監視機能を強化しないとやっていけないということになる。

　しかし，それでも中国は21世紀に入ると，1人あたりGDP3000ドルを早々に達成し，イギリス，ドイツを抜いて経済力第3位に躍進し，2010年には日本を抜いて世界第2位の経済大国になった。だが胡錦濤政権の時代（2002～12年）には，民間企業の成長が著しくなり，他方で環境破壊や格差問題が深刻になった。また富の再分配のあり方が再び問題となり，社会からの不満をなるべく柔軟に吸い上げ，共産党内部では党内民主化が進められたが，同時に富の分配を重んじる社会主義を重視すべきという声も高まっていった。

12　中国の新たな経済政策

　2010年代になると，中国経済は新たな展開をみせるようになる。その背景としては，第一に，リーマンショック後の世界経済の低迷に対して，中国政府が60兆円にものぼる投資を行い，それが世界経済を支えた反面，中国経済にとっては過剰投資となり，それへの対処が求められるようになった。第二に，21世紀に入ると労働賃金が上昇して，輸出加工型の産業構造ではなく，付加価値を高くしていく方向へと転換を迫られるようになった。また，労働賃金の上昇は中国における生産人口の減少によっても生じていた。

　2012年秋に発足した習近平政権は，もはや従前のような経済の高度成長は望めないという意味で，年率6％程度の成長となる「新常態」という概念を提起した。経済成長は中国共産党政権にとっては正当性の源泉でもあったので，新たな正当性の源泉が必要となった。その一つが後述する科学技術である。習近平政権期には中国経済は大きな変化をみせ，それが香港経済や海外の華僑企業との関係，あるいは台湾との関係にも変化をもたらしていくことになる。第一

に，経済規模の面で中国経済は高度成長とまではいかなくとも引き続き成長
し，1人あたりGDPは1万ドル前後まで上昇した。だが，個人消費の伸びに
陰りが生じるなど，多くの問題が生じるようになった。第二に，民間企業の
GDPが国有企業のGDPを上回るようになり，技術の面でも，ドローン技術や
5G技術など，中国の技術が世界のトップクラスとなる領域が現れ始めた。ま
た，百度，アリババ，テンセント（騰訊），華為などの民間企業が飛躍的に成
長を遂げた。中国経済は世界のサプライチェーンの重要な構成要素となり，ス
マートフォンなどの高付加価値製品の組み立ての場ともなったが，次第にその
部品レベルでも国内で調達可能な成長を遂げつつある。第三に，一帯一路政策
などもあって，中国から世界へのインフラ投資などが増加し，中国は外国から
投資される存在でありながら，次第に投資国へと転換していくことになった。
また，世界の多くの国や地域にとって中国が最大の貿易相手となっている。ア
メリカのお膝元の中南米でも，中国を最大の貿易相手国とする国が現れるよう
になった。

　このような新たな状況のなかで，中国政府は統治の面でも民間企業の経済力
や技術革新に依存するようになった。個人情報の管理や把握も，そうした情報
産業の端末から得られた情報を，「合法的」に利用している。中国における基
層社会への管理統制の強化はモバイル端末の普及と，そこから収集される個人
情報，メタデータに依存している面が強い。だが，中国共産党や政府は，そう
した企業が政府や党以上の情報を有するようになることを警戒し，官から民へ
の管理統制を強めている。また，改革開放の時代には経済発展を重視していた
中国政府，中国共産党だが，この時期には経済よりも「国家の安全」を重視す
るようになった。新疆ではテロの脅威を強調して監視体制を強化した。香港に
おいても，西側諸国による「カラー革命」の危機が迫っているなどとの「脅
威」を強調して，国家安全（維持）法を適用し民主化運動などを弾圧したの
だった。そして，対外関係の面でも，2010年代末にアメリカとの貿易摩擦が増
すと，米中双方で先端技術の輸出管理や経済貿易と安全保障とを結びつける考
え方が強まっている。中国は，世界的な自由貿易体制を支持しつつ，海外から
の影響を受けにくい国内需要に重点をおいた経済構造を築くべく「双つの循
環」を提起し，他方，経済構造改革とともに中小企業や中間層の育成を目指す

「共同富裕」の考え方を提起するようになっている。

　台湾経済は，規模の面では中国経済にまったく及ばず，むしろ多くの面で中国経済に依存するようになった。しかし，半導体産業などでは高度な技術を有し，中国の情報産業が台湾企業の高付加価値な半導体製品に依存している面もある。米中対立のもとで生じたTSMCの半導体製品をめぐる相克にもそれが現れている。

13　中国の文化活動と対外発信

　社会主義が採用された中国では，京劇や伝統的な中国音楽，また文学なども社会主義の影響を強く受けることになった。いわゆる「伝統的」な文化は台湾や香港，華僑社会などで継承された。例えば，冷戦の時代に製作されたジャッキー・チェンなどの香港のカンフー映画には，京劇の手法が取り入れられている。だが，中国で改革開放政策が採用され，経済発展が進展し，人々の暮らしが豊かになると，中国的な特色をもちながらも国際性を有する絵画や演劇などが多く現れ，世界的に活躍する音楽家も現れた。

　中国映画もアカデミー国際長編映画（外国作品）賞に出品するなどされるようになり，1990年には『菊豆』が，2002年に『HERO』がノミネートされ，文学の分野でも2012年には莫言がノーベル文学賞を獲得した。中国と，香港や台湾との合同製作作品も増加した。また，技術革新とともにアニメーション技術なども飛躍的に向上して世界でも受け入れられるようになった。

　文学の分野でも，2000年にフランス籍の高行健が，2006年に莫言がノーベル文学賞を受賞して世界的な注目をあびた。だが，特に高は天安門事件で国外脱出していたため，中国政府はその受賞を黙殺した。

　他方，中国国内で上映される映画をはじめとする文化，芸術作品，あるいは芸術家の表現それ自体も，中国政府，あるいは共産党の管理統制のもとにおかれ，習近平政権は香港やマカオも含めてそれを強化している状態にある。それだけに中国国内の映画館で放映できない台湾映画や海外映画も少なくない。これは文学作品，そのほかの文化芸術活動においても同様である。逆に，チャイナマネーが世界で影響力を増すなかで，ハリウッド映画への投資が増加するな

ど，中国文化が世界に出ていく機会は増えている。そこには政治的な意図が反映されているとの批判もある。

14　科学技術の力

　中国は急速に科学技術力をつけてきている。中国系という意味では，これまで在米華人や台湾の中華民国の国籍を有する人々が少なからずノーベル賞を受賞してきた。だが，2015年に中国の科学者である屠呦呦がノーベル生理・医学賞をマラリア研究で受賞した。これも中国の科学技術の進展を示していた。また，火星探査の1回目での成功も中国の技術力の高さを印象づけた。

　前述の通り，中国は輸出加工型の経済発展を模索し，技術移転を進めていたし，また多くの留学生を先進国に派遣するなどして自国の技術向上に努めてきた。だが，技術革新には「自由な発想や環境」が求められ，社会主義の国ではそれが難しいなどといわれた時期があった。しかし，一回で火星探査に成功したように，中国の技術力は多くの面で世界トップクラスへと躍進することができた。基礎研究の分野では依然問題があるともいわれているが，なぜ社会主義の中国でこれほどの科学技術の進展が可能であったのだろうか。また，そこにはどのような特徴があるのだろうか。

　産業集積が急速に進展した深圳の場合，アメリカのシリコンバレーなどとの人的，技術的関係を前提として，ある製品を組み立てるのに必要なあらゆる部品が深圳およびその周辺で調達できるという状況が生まれたことが背景にあった。だからこそ，そうした部品の集積があるからこそ可能になるドローン生産などで飛躍的な成果をみせたのだった。それだけに，中国における技術革新は，ゼロから1を生み出すというよりも，組み合わせや発想の転換によるものであると言われることもある。だが，その特許出願数や，研究開発予算などをみれば，中国の科学技術の進展はよりいっそう進んでいくものと思われる。

　では，なぜ中国政府はここまで科学技術の進展に力を入れるのだろうか。第一に，科学技術の進展こそが高付加価値な経済発展，軍事技術の進展に不可欠な要素だからである。第二に，中国共産党の正当性に関して経済発展が「新常態」になるなかで，科学技術こそが新たな正当性となり，科学技術面で欧米先

進国に伍していくことが求められているからである。第三に，人口問題が深刻になる中国で，社会生活や生産現場における無人化，自動化は必須であり，そのためにも科学技術の進展は必要不可欠だからである。第四に，これは結果論かもしれないが，中国共産党政権の社会への管理統制においてこうした技術が不可欠であるからだ。中国の人々は，「便利さ」を得るために，自分のデータが統治者に提供されることを前提に，携帯端末を利用する傾向にある。

15　中国の軍事・対外関係

　アヘン戦争以来の中国の近代史は西洋諸国や日本に侵略される歴史であった。様々な戦争に敗北して，中国は香港や台湾を，そして沿海州などを「喪失」した。19世紀半ばに農村部などで自ら武器を取り自衛する傾向が進み，社会全体が軍事化した。そのため，地域の政治指導者の多くは軍事力をもつ者となった。

　中国共産党が全国統一して中華人民共和国ができると，国内の軍事力は中国人民解放軍へと統合された。中国は，主権や領土保全を旨とした国土防衛，また台湾解放を目標としつつ，朝鮮戦争，中越戦争などを体験した。そして，1964年には核保有国となった。1990年代には陸上の国境問題を解決して国境防衛のコストを下げ，海上進出を強め始めた。その後，中国の軍事力は世界第3位に躍進し，2049年にはアメリカに追いつくことを目標にしている。陸軍を中心としていた人民解放軍は，習近平政権のもとで陸海空，宇宙，サイバーなどをバランスよく位置づけた構成の軍隊へと改革が進められているが，同時に国内の治安を重視した軍隊建設もなされている。他方，台湾では中華民国が現在に至るまで軍事力を保持している。中華民国は，大陸反攻を目指した時期もあったが，1990年代初期以降にはその政策も完全に放棄され，アメリカの支持のもとに台湾海峡防衛が図られている。しかし，中国からの解放圧力は日に日に強まり，台湾問題は国際的な焦点になっている。

　中国の対外関係は，歴史的には華夷思想に基づく冊封・朝貢が行われていたが，それでも常に相手に応じた柔軟な関係が築かれてきた。19世紀には西洋近代の国際法や国際関係のルールを取り入れた関係が生まれ，20世紀には主権や

領土保全を重視する，近代国家としての外交が採用され，不平等条約の改正や喪失した国権の回収が目指された。1949年に成立した中華人民共和国は，社会主義を採用しつつ，当初ソ連を同盟国としてその支援を受け，同時にアジア・アフリカ諸国の一つとして，平和五原則を採用して主権や独立を重視した。他方，国共内戦以後に台湾に逃れた中華民国は，国連安全保障理事会（安保理）の常任理事国として北京の中華人民共和国に対峙した。中国政府を名乗る二つの政府が存在する状態は現在も続いている。

　中華人民共和国は，前述のように当初ソ連と同盟関係を結んだが，1960年代末には対立が激化して軍事衝突に至り，70年代には中華民国に代わって国連安保理常任理事国の椅子も獲得し，日本やアメリカと国交を正常化，80年代初頭に同盟国はもたない独立自主路線を採用して，改革開放政策のもと，世界各国との経済貿易関係を築こうとした。89年の天安門事件によって，西側先進国から制裁を受けるが，冷戦終結後も中国は社会主義体制を維持しつつ，WTO に加盟するなど既存国際秩序への歩み寄りをみせた。しかし，2010年前後から中国は独自の秩序の形成を模索するようになってアメリカとの対立を次第に深め，また海洋への進出などにより周辺諸国との領土問題をも激化させている。しかし，一帯一路政策などを通じた世界各地へのインフラ投資などを通して，世界各国との結びつきは，経済を中心にいっそう強まっている。

16　社会主義と政治体制

　中国をどのように治めるのか。これは歴史的にも為政者たちにとって大きな課題だった。中国ではどのような統治が安定した国家，社会を育むのだろうか。孫文は中国社会を「散沙」（まとまりのないバラバラな砂）だとして，中国での近代国家建設の難しさを説いた。清王朝は，儒学に基づいて皇帝の「普遍的な」権威を想定しながらも，実際には県城（県庁所在地）にまで科挙合格者（役人）を派遣して統治し，農村などの基層社会はその地域の実力者などに徴税や社会の揉め事の処理などを委ねていた。国家と社会との間にあるそうした地域秩序の担い手が重要な役割を果たしたのである。また，文化を異にする集団に対しては象徴的な臣服を示させることと引き換えに自治を広く認めていた。もちろ

ん官僚機構や法，強力な軍事力なども重要な統治の資源であったが，柔軟な政治体制が統治の安定を生んだ面があった。他方，社会の側も，科挙試験を通じて王朝の統治構造に参加していた。だが，例えば「農民」は日本のように土地に密着していたわけではなく，すぐにその土地を離れたり，商人に転じたりしていた。極めて社会的流動性の高い社会であり，その流動性が活力を生み出していた。王朝の側はそうした流動性をふまえた統治を行った。税金も，しばしば直接税よりも間接税が多く用いられた。それはなぜだろうか，考えてみよう。

　20世紀に入って本格的な近代国家建設が始まると，王朝の時代の緩やかな統治とは異なる直接支配が始まり，それへの反発が地域社会から強まった。辛亥革命が省の自立の連鎖で生じたのも，そのためだった。強力な中央集権国家の形成は，逆に軍事力をもった地方勢力，在地勢力からの反発を受けた。それが「軍閥混戦」などといわれたものだったが，各省の内側をみれば，安定していた地域もあった。そのような自立的な諸地域を軍事力と動員力で再統一しようとしたのが，都市に基盤をおき，強力な軍隊と動員力をもつ国民党を中核とした中華民国国民政府の蒋介石だったが，日本との戦争でその近代国家建設は道半ばで中断し，最終的には農村に基盤をおき，ソ連の支持を受ける共産党に敗れた。

　また，1912年に清王朝が倒れて皇帝制度が廃止され，共和国である中華民国が成立して以後，中国は現在に至るまで共和制を採用しているが，実質的には議会中心というよりも強力な指導者による統治が継続している。ただ，台湾ではむしろその共和制が実質化して，1980年代後半以降，民主化している。他方，20世紀初頭には地方分権的な国家体制が模索されたが，およそ20世紀を通じて中央集権的な国家の建設が目指されてきている。そして，1920年代に国民党が国を指導する党国体制を採用してから，共産党政権もそれを継承して現在に至っている。

　それでは中国共産党の毛沢東，あるいはその後の鄧小平や習近平の統治にはどのような特徴があるのだろうか。強力な指導者のもとでの党国体制という点では国民党と変わらないが，社会主義を採用した点は大きく異なる。都市と農村の戸籍を作って移動を制限し，社会の流動性を抑制，そのうえで都市では「単位」，また農村では生産大隊への集団化を進めて，それらを通じて個々人を

把握した。そして，国家と社会との間にあった団体や実力者を排除し，また民族自治区の自治を抑制していったことなどがその特徴としてあげられる。

　1953年からの政治過程，また1954年の憲法制定により中国共産党一党独裁となるが，それでも毛沢東の独裁というわけではなく，社会主義建設を進めたい毛沢東と，国家建設を進めようとする官僚制との相克は続き，社会主義建設が優先された大躍進，文化大革命では多くの犠牲者を出した。改革開放政策採用以後，法治建設がいっそう進められて統治が制度化され，権力継承の制度化も行われた。一党独裁下での憲法は権力を抑制するものではなく，統治の資源であり，法のもとの平等や司法の独立性は必ずしも保証されていない。天安門事件で民主化を否定した中国ではあるが，経済発展が進むなかで胡錦濤政権のもとでは社会の多元化に対応した統治が模索され，党内民主化などが進んだ。しかし，習近平政権ではそうした傾向は否定され，国家主席の任期が撤廃され，権力継承はいっそう不明確になった。そして「党の領導」が強調されて，再び中国共産党に権限を集める政策が進められている。それは，中国の強国化や社会への管理統制の強化とともに進められている。

　しかし，中国の人々は習近平政権に強く反発しているのかと問われれば，必ずしもそうではない。自由が失われる事態に直面した香港の若者は反発し，また台湾の人々も中国への反発を強めている。では，どうして中国では習近平政権の進める政策が一定の支持を受けるのだろうか。政治や法律，制度，あるいは外交，軍事といった側面だけでなく，経済や社会，そして文化などの側面も含めた広い視野から考えてみよう。そして，その政治のあり方は世界の華人社会に何を与えるのだろうか，華人社会の多様な価値観をふまえて考察してみよう。特に，習近平政権が提唱した「中華民族の偉大なる復興の夢」について，果たして習自身と共産党員，また中国国民との間で同じ夢をみられるか，そして香港や台湾の人々，ひいては海外の華人たちの夢と習政権の夢が重なるのか否か，考えてみよう。

参考文献

中華民国僑務委員会　2013『僑務統計年報 2012年』https://www.ocac.gov.tw/ocac/File/
　　Attach/313/File_408.pdf（最終閲覧2022年4月6日）。

台湾教育部「国民中小学開設本土語言選修課程応注意事項修正規定」https://www.
hakka-affairs.ntpc.gov.tw/download/index.php?mode=dl_file&data_id=108&file_re
name=5Y%282BD6ICD6ZmE5Lu2LeWci%282BawkeS4reWwj%282BWtuOmWi%2
82BioreacrOWcn%282BiqnuiogOmBuOS%282Fruiqsueoi%282BaHieazqOaEj%282B
S6i%282BmgheS%282Fruato%282Bimj%282BWuml8yMjAxMDQwOTE3NDA%28
3D.pdf（最終閲覧2022年 3 月25日）。

"China Mass Migrations: Past, Present & Future", *China Simplified*, Jan. 22, 2016.
https://www.chinasimplified.com/2016/01/22/chinese-mass-migrations-past-
present-future/（最終閲覧2022年 3 月25日）

●読書案内●

『中国料理の世界史──美食のナショナリズムをこえて』
　　岩間一弘，慶應義塾大学出版会，2021年
　　清王朝から現在に至る世界の中国料理の展開を，中国本土はもとより台湾，
　　香港，そして世界の華人社会を含めて描き出した一書。読者が日常食とし
　　ている中国料理を基点にして華人世界に関心を広げていくうえでガイドに
　　なるであろう。

『はじめて出会う中国』改訂版，園田茂人編，有斐閣，2022年
　　主に現代中国を，香港や華人社会にも視野に入れながら，政治，経済，社
　　会などの面から解説した書籍。統治のあり方，市場経済の動向，中国が世
　　界から尊敬される国になりうるか，などといったトピックから掘り下げよ
　　うとしている点に特徴がある。

『よくわかる現代中国政治』川島真・小嶋華津子編，ミネルヴァ書房，2020年
　　中国の政治外交について，王朝の時代から現在までを時系列的に整理した
　　教科書。各テーマが見開き頁で説明されており，時系列に即して現代中国
　　政治の流れを把握するのに適している。

【コラム⓪】

「中国」という国名

　日常生活で「中国」という言葉がよく使われるが，現在のように日本語でChinaのことを一般的に「中国」と呼ぶようになったのは第二次世界大戦後のことである。戦前は「支那」が多く使われた。「支那」という呼称それ自体に差別の意味はないが，実際にそれが差別感を込めて使用されたこともあり，戦後，中華民国の要請を受けたGHQによって日本の公文書などでの「支那」の使用が禁止され，現在に至っている。

　では，中国語としてはどうなのだろうか。中国でも，もともと「中国」という言葉が使われることはあったが，必ずしも現在のように使われていたわけではない。例えば，近代中国で政治家，官僚，学者，ジャーナリストなどとして活躍した梁啓超は，『清議報』（第90冊・91冊，1901年9月3日・13日）という雑誌で，これから記そうとする自らの国の歴史についてどのようなタイトルにすべきか，ということについて論じた際に，その国名について言及している（梁啓超「中国史叙論」）。梁はまず「吾人が最も漸愧にたえないのは，我が国には国名がないということである」という。国の歴史については，日本史，イギリス史などと国名と歴史を組み合わせた言葉がよく用いられるが，「日本」「イギリス」に相当するような言葉が何か定まっていない，あるいは何にすればいいか分からないというのである。梁はさらに，「漢（人），唐（人）などは王朝名にすぎないし，外国人のいう支那などは，我々が自ら名づけた名ではない」などとし，王朝の名前は国名でなく，支那もまた自称ではないのでふさわしくないという。そして，最終的に「中国・中華などの名には確かに自尊自大の気味があり，他国の批判を招くかもしれない」としながらも，王朝名や支那よりは「口頭の習慣に従って」，「中国史」とすることにしたという。

　中国の歴史には長い歴史があるとされるが，「中国史」という言葉の歴史が百数十年しかないことに気づかされる。わずか100年ちょっと前に「中国」という呼称は定まっていなかったのである。そして，その頃から「中国」は次第に創られていったのだとも考えられる。

　日常的に当たり前のように使っている言葉やその意味について，立ち止まって考えてみることも，その対象を理解する第一歩になろう。

第Ⅰ部

制度・政策，経済・技術
から捉える
中華人民共和国

第 1 章

政　　治

一党支配の歴史と統治のメカニズム，将来の課題

鈴木　隆

2021年 6 月 4 日，天安門事件発生から32年目を迎えた天安門の様子。多数の制服・私服姿の当局者が周囲を警戒している（2021年撮影，筆者友人提供）

　現在，中華人民共和国では，中国共産党の一党支配が成立している。中国の市民は，日本や米国とは異なり，選挙による政権選択はできず，言論や結社の自由などの基本的人権も十分に保証されていない。2030年前後には，米国を抜いて世界第 1 位の経済大国となる見込みの中国が，21世紀の国際社会に対し，どのような政治的手本を示すのか。それは世界の将来にとって無視できない影響力をもつであろう。

中国政治と聞いて，読者はどのような印象をもつだろうか。例えば，日本の
メディアでは，中国の政治指導者や派閥集団の権力闘争，当局による人権侵害
の状況が，毎日のように伝えられている。しかし，個人や派閥の抗争は，資料
的根拠が薄弱なため，学術研究の場では，単独のテーマとして討究されること
はほとんどない。このように，メディア報道のあり方と学界の関心，研究動向
との間には，比較的大きな齟齬がある。

　また，日本の市民団体である「言論NPO」が，2021年に行った世論調査に
よれば，90.9％の日本人回答者が，「中国に良くない印象を持っている／どち
らかといえば良くない印象を持っている」と答えた。同じく，その否定的印象
の理由（複数回答可）として，44.4％の者が「共産党の一党支配という政治体
制に違和感を覚えるから」の選択肢を選んだ。このように中国政治への理解や
印象は，日本人の対中認識の形成に大きく作用している。だがそれらは，中国
政治に対する漠然とした断片的イメージ——自由民主主義とは異なる価値観に
基づき，人権を抑圧する不気味で不可解な存在——にとどまることが多い。

　こうした現状を念頭におきながら，本章では，中国政治に関する基礎的な知
識の習得と，初歩的だが総合的な理解を目指す。その際，以下の各節に対応し
た四つの論点（特徴，歴史，制度・主体，争点）に絞って，議論を進める。

1　今日の中国政治の特徴

(1)　政治の思惟と行動にみる歴史的連続性

　現在の中華人民共和国の政治を理解するうえで無視できないのは，中国の近
現代政治史に通底する連続性である。高校の授業でも学んだように，前近代の
世界で栄華を誇った中華の歴代王朝は，1840年のアヘン戦争を契機として19世
紀半ば以降，欧州列強や日本の侵略により植民地化の危機に瀕した。最後の王
朝である清朝の統治から近代国家体制に転換する過程では，1911年の辛亥革命
や中国国民党と中国共産党の内戦など，革命や内戦も経験した。この結果，ア
ヘン戦争以来，1949年10月の中華人民共和国の建国まで，100年余りにわたっ

て戦争と混乱の歴史が続いた。中国にとっての近代はまさにナショナリズムへの凝集の時代であり，国難と屈辱の時代であった。この屈辱の記憶と被害者意識は，今日の中国国民にも広く共有されている。

　長期に及ぶ戦争と混乱の歴史は，歴史認識だけでなく，政治の思想と行動様式においても，今日まで引き継がれる特徴を生み出した。辛亥革命後の政治の舞台で重要な役割を演じたのは，袁世凱，中国国民党，中国共産党である。これらの政治アクターが共通に取り組んだ主要な政治課題は，①清朝の旧版図を領土観念とする国家の統一と独立，②立法・行政・司法などの統治機関と近代的な官僚制，軍事力の整備，③急速な経済開発であった。

　自らが理想とする富国強兵の目標を掲げ，独自の軍事力を用いて国政の主導権争いを展開したこれらの政治的営為には，次のような共通点がみられた。第一に，政治的意思決定における熟議よりも効率の優先，および，政治エリート（個人または政党）による民主主義の制度的手続きに基づかない「国民意思」の代行。第二は，政治と軍事の密接な関係に由来する思想・組織的傾向。具体的には，中央集権の重視，「友―敵」の発想に基づく力の対決思考，秘密主義の組織体質，自由民主主義の政治システムへの不信などである。これらは，現在の支配政党である中国共産党とその統治の基本的な特徴でもある。

(2)　統治の規模，国家統合をめぐる困難

　中華人民共和国の成立により，独立国家の誕生という中国民衆の悲願は，一応達成された。しかし，広大な版図をもち，漢族を含む計56の民族を擁する多民族国家を安定的に統治するのは，決して容易なことではない。行政の垂直的関係からみれば，どのような国であれ，国内各地に暮らす人々には，中央の指導者がいう国益とは異なる利害関心がある。中央集権のもと，省―地区（市）―県―郷・鎮の地方行政区分をもつ中国も例外ではない。強固にみえる集権制の裏側では，人事・財政・治安などの重要権限を掌握する中央政府と，その曖昧な指示や政策方針を利用して独自の経済・社会的利益の追求に走りやすい地方政府との間で，様々な駆け引きが日常的に行われている。

　また，チベットや新疆ウイグルなどの民族統治のほかにも，中国の国家統合の問題をより複雑にしているのは，香港，マカオ，台湾の存在である。1949年

の建国時，中国の主権はこれらの周縁地域に及んでいなかったが，北京の中央政府は，将来必ず回復すべき領土と位置づけた。その後，香港とマカオは，それぞれ1997年と99年に植民地の地位を脱し，中国本土の地方とは異なる「一国二制度」の枠組みのもと，北京政府の支配に服することとなった。だが近年では，過去に約束された「高度な自治」が次第に無効化されつつある。

　台湾では，内戦に負けて大陸を追われた中華民国政府が，支配を維持し続けた。1980年代半ば以降は，民主化も実現した。だが大陸側は，台湾統一の目標を放棄していない。北京の指導者からすれば，中国は依然として，未完の国家状態に甘んじているのである（台湾，香港，マカオの政治について，詳しくは第14章と第15章を参照）。

2　中国政治の歴史的歩み

　以下では，中華人民共和国の政治史を，毛沢東時代，鄧小平時代，習近平時代の三つに区分して説明する。その際，①時期区分，②「支配の正統性」（被治者が治者の支配を正しいものとみなし，心理的に受け入れる根拠のこと）の要素と貢献度，③国際環境と指導部の問題意識，主な政策，④政治社会の動き，の各側面からそれぞれの時代の特徴を理解する。

(1)　毛沢東時代

時期区分

　1949年10月の建国から1976年9月の毛沢東死去まで。毛の死後，後継者の地位や統治の基本方針をめぐる権力闘争（以下，権力と路線をめぐる過渡期という）があり，それは1981年6月の中国共産党第11期中央委員会第6回全体会議（以下，11期6中全会の形式で略記）で終結した。この会議では，社会主義革命に関する毛沢東独自の考えが公式に否定され，イデオロギー面で「毛沢東思想」との部分的訣別がなされた。実務的な政策レベルの転換は，これより一足早く1978年12月に開かれた11期3中全会で，今日まで続く経済改革と対外開放を柱とする「改革開放」の近代化政策が確定された。

正統性の要素と貢献度

　　　［第１位］国家の自立と統一の確保　　　［第２位］中国的民主・人権の拡充
　　　［第３位］大国化と国際的地位の向上　　　［第４位］経済発展，社会生活の近代化

　毛沢東時代の正統性の最大の根拠は，日中戦争と国民党との内戦の勝利，新国家の樹立という世界史的功績である。建国後も共産党は，土地改革，文字の改良，初等教育の普及など各種の社会改革を断行し，数千年来続いてきた様々な圧迫や差別構造の解消に努めた。だが反面では，毛沢東個人の思惑は別にして，結果的にみれば，国民の経済生活の向上はなおざりにされた。特に1958年から60年代始めの「大躍進運動」と呼ばれる野心的な発展プログラムは，多数の餓死者を出す悲惨な結果に終わった。

　一方，対外関係では，1950年代には，脱植民地化の国際潮流のなかで，インドなどとともに，アジア・アフリカの新興独立国の有力国として，70年代には，中華民国に代わる国連代表権の獲得や日米両国との関係正常化など，地域大国として一定の存在感を示した。

国際環境と指導部の問題意識，主な政策

　中国政治の動向は，中国をとりまく国際環境とそれに対する指導部の認識と密接に関係している。毛沢東時代の中国は，冷戦下の安全保障対立に直面し，1960年代半ばから70年代始めには国際的にも孤立した。朝鮮戦争，中ソ対立，中越戦争，中印国境紛争など，中国が紛争の直接の当事者であったケースのほかにも，日本と韓国への米軍駐留，ベトナム戦争への米国の介入など，一時は「周囲はみな敵」のプレッシャーに晒された。これに対し毛沢東は，独自の社会主義の理念に基づき，国家の生き残りと急速な発展を志向した。

　実のところ，1950年代半ばまでの中国は，政治的にも経済的にも「社会主義の国」ではなかった。社会主義の政治経済システムへの移行は，1956年から57年にかけて発生した二つの出来事，すなわち，反右派闘争と農業・工業の集団化（土地や工場機械などの個人所有を廃止し，公有制に変えること）をきっかけとする。前者は，建国前からの共産党と他の政治集団との協調関係を破壊して，共産党の一党支配を確立した。後者は，それまで通用していた修正資本主義的

な経済運営を，社会主義の計画経済へと転換した。

　また，毛沢東型社会主義では，民衆教化の思想的核として，民族よりも階級が重視され，階級闘争による人心の引き締めと毛沢東のいう「主観的能動性」の発揮，すなわち，社会主義の滅私奉公の精神に基づく個人のヤル気に依拠した大衆動員が繰り返し発動された。

政治社会の動き

　毛沢東時代の政治社会では，一党支配を支える非人格的な法や制度を整備・強化していく流れと，それを凌駕しようとする毛沢東個人独裁の力がせめぎあい，最終的には1966年から76年までの「プロレタリア文化大革命」によって，個人崇拝の極に行き着いた。

　前者について，中国政治の制度・機構・組織の基礎は，1950年代に移入されたソ連モデルである。54年9月に採択された初の正式憲法で成立した人民代表大会制度は，ソヴィエト制度の中国版である。ほかにも，ソ連の幹部人事管理制度（ノーメンクラトゥーラ）の導入，ソ連の赤軍をモデルとする軍（中国人民解放軍）に対する党の統制などが，その代表例である。これらを通じて今日の中国の政治体制，すなわち，共産党と国家機関，軍隊が一体化した「党国体制（party-state system）」ができあがった。

　後者の個人独裁に関しては，文革期には，毛沢東のカリスマ的支配の状況が生まれた。政治，経済，社会，文化など，あらゆる分野の人間活動が渾然一体のものと理解され，真・善・美の価値基準はすべて，「毛沢東思想に適っているか否か」に求められた。

(2)　鄧小平時代——鄧小平・江沢民・胡錦濤

時期区分

　鄧小平時代には，鄧小平本人とその後継者である江沢民，胡錦濤の統治期が含まれる。この時代はまた前期と後期に分けられ，前期は1981年から89年の天安門事件までを指す。その後，権力と路線をめぐる過渡期を挟んで，92年始めの鄧小平の「南巡講話」で，第二の改革開放がスタートした。後期は1990年代から2000年代全般をカバーし，その終わりは，世界金融危機と中国の協調主義

的外交の見直しがなされた2008年から2009年にかけてである。またこの頃から，権力と路線をめぐる新たな過渡期が始まり，それは2012年に，習近平が中国共産党中央委員会総書記（以下，党総書記）に就任するまで続いた。

正統性の要素と貢献度

[第1位] 経済発展，社会生活の近代化　　[第2位] 大国化と国際的地位の向上
[第3位] 国家の自立と統一の確保　　　　[第4位] 中国的民主・人権の拡充

鄧小平時代の正統性の中核は，経済成長による豊かさである。改革開放後，30年以上にわたる年平均10％近い成長の結果，中国は2010年には日本を抜いて，GDP（国内総生産）で米国に次ぐ世界第2位に躍進した。1人あたりGDPも1980年から2010年までに10倍以上増えた。このように鄧小平時代の経済と社会の近代化は，量的発展の追求に重点がおかれた。

経済力の伸長に伴い，国際的地位も向上した。2008年の北京五輪と2010年の上海万博の開催は，その象徴的なイベントであった。1997年と99年には香港とマカオの主権も回復し，現代中国のレコンキスタ，すなわち，国土回復の成果も上げた。だが，1989年の天安門事件で民主化運動を武力弾圧したことは，人権抑圧の国家イメージを国際社会で定着させることとなった。

国際環境と指導部の問題意識，主な政策

鄧小平時代，指導部の基本的関心は，安全保障をめぐる緊張緩和を前提として，経済発展と支配体制の存続を両立させることであった。そのために鄧小平が定式化した勝利の方程式とは，①一党支配によって国内安定を維持し，開発に邁進する（開発独裁の政治），②輸出志向型成長実現のため，協調的な対外政策によって安定的な外部環境を確保する（「韜光養晦」外交），③高い経済パフォーマンスと国際的地位の向上を通じて共産党支配の正統性を高める，という三つの要素の相互発展の戦略であった。この戦略は成功し，鄧小平亡き後も，江沢民と胡錦濤によって基本的に踏襲された。

実際，対外関係では，1980年代に長年の懸案であった中ソ和解が成立し，冷戦終結後の90年代には韓国や東南アジア諸国との国交樹立や関係正常化など，

全方位的な関係改善が進められた。2001年にはWTO（世界貿易機関）にも加盟した。1997年に初めて開催されたASEAN＋3（日本，中国，韓国）の首脳会議，2001年の上海協力機構（SCO）の発足にみられるように，東アジアやユーラシアの地域協力にも積極的に取り組むようになった。

内政面では，毛沢東時代の貧困と混乱に対する国民の不満を解消するため，前述の通り，量の追求を重視した資本主義的発展が目指された。その際，毛沢東時代とは異なり，資本主義の物質的欲求に基づく個人のヤル気が喚起され，一定程度の格差も容認された（「先富」論）。

また，1980年代末から90年代始めに発生した天安門事件とソ連・東欧の社会主義陣営の解体は，社会主義の思想的魅力が低下したことを如実に示した。これを補い，さらには，格差による社会的分断をイデオロギー的に糊塗して，国民の団結を高めるため，階級に代わって民族がクローズアップされるようになった。90年代半ばには愛国主義教育キャンペーンが本格的に開始されるなど，「中華」ナショナリズムが強調されるようになった。

政治社会の動き

鄧小平時代の政治社会の注目点は，「上から」の政治改革と「下から」の民主化運動の展開，その相互作用の帰結としての1989年6月の天安門事件（「六四」天安門事件）である。

前者の政治改革は，指導者の専横や共産党への過度な権力集中など，毛沢東時代の反省に基づき，主に鄧小平時代の前期に推進された。1987年の中国共産党第13回全国代表大会（以下，13回党大会の形式で略記）で示された改革プランの狙いは，経済発展と行政の効率向上に資する統治機構の改善，および，既存の政治体制を前提とした限定的な政治参加の拡大であった。ただし，改革の目玉であった「党政分離」，すなわち，共産党と国家機関の業務と権限の分割案は，党の権力弱体を招くとして，天安門事件後に放棄された。

後者の民主化運動について，対外開放と経済改革の深化は，個人レベルでの富の蓄積と海外からの多様な思想文化の流入を促した。その結果，上からの改革措置に触発される形で，下からの運動も急進化していった。だが，市民からの改革要求が，三権分立の導入や基本的人権の全面保障，軍隊の国家化など，

指導部の思惑を超えて政治体制の根幹に関わるレベルにまで高まると，1989年
6月，共産党は暴力でこれを封じ込めた。

　天安門事件後，現在まで，下からの民主化運動はもちろん，上からの政治改
革の機運も低迷している。一党支配に明示的に反対しない限り，思想や行動の
放任的自由も一定程度容認されているが，公的な異議申し立ての制度的保証が
ないため，民主主義体制のもとでの自由と同一視してはならない。

(3) 習近平時代

時期区分

　習近平時代は，2012年11月の18回党大会を経て，習近平が党総書記と党中央
軍事委員会主席の地位に就いたときに始まり，現在まで続いている。鄧小平時
代が2000年代までを含むものとすれば，習近平時代は主に2010年代以降をカ
バーする。

正統性の要素と貢献度

　　　［第1位］大国化と国際的地位の向上　　［第2位］経済発展，社会生活の近代化
　　　［第3位］国家の自立と統一の確保　　　［第4位］中国的民主・人権の拡充

　習近平時代に入り，指導部は，それまでに蓄積した経済や軍事のハードパ
ワーを，国際社会にむけて積極的に放出するようになった。2013年には「一帯
一路」と呼ばれる巨大経済圏構想を提案するなど，グローバル大国としての台
頭を，中国の国内外の人々に強く印象づけた。

　国力の基礎である中国経済は，2010年代以降も成長を続けた。ただし，2000
年代までの高度成長は終わり，成長率は一桁台に低下した。新型コロナウィル
ス拡大前の2019年は6.1％であった。それゆえ，経済社会発展の重点は，量か
ら質の追求へと変化している。

　習近平時代には，東シナ海や南シナ海の権益獲得の動きも活発化した。海洋
進出に関する中国側の主張の中には，「歴史的に中華の版図であったこれらの
海域を，今日の充実した国力で取り戻す」という，いわば海洋レコンキスタの
発想が見て取れる。

対外的な威信の高まりとは裏腹に，国内では，鄧小平時代よりも政治的抑圧が強まった。統制強化の動きは，中国本土を超えて域外にも及び，2020年6月には香港国家安全維持法が施行された。一国二制度下での「高度な自治」の約束が反故にされるとの懸念が，香港住民だけでなく，国際社会でも高まっている。

国際環境と指導部の問題意識，主な政策

習近平時代の中国は，地域大国からグローバル大国への飛躍，習近平自身の言葉では「強国」化に努めている。中国のこうした動きは，今日の覇権国である米国の警戒心を高め，2018年以降，両国関係は悪化した。一部の識者は，米中新冷戦の到来を予測している。

米国という外部的存在とともに，国内問題に起因する内部的脆弱性も，体制の安定にとっての大きなリスクである。鄧小平時代の負の遺産である格差・腐敗・環境破壊は，民衆の不満の主な要因である。また，情報化とグローバリゼーションの不可逆的進展に伴い，自由・平等・民主の普遍的価値をめぐる理念の争いは，チベットや新疆ウイグルでの人権侵害とも相まって，いっそう激しさを増している。

こうした状況に対し，指導部は，成長路線を維持しつつも，2017年10月の19回党大会で，量より質への発展観の転換を宣言した。外部勢力による体制転換の試みを阻止するため，科学技術を駆使した社会管理の強化にも余念がない。こうした抑圧のあり方を，「デジタルレーニン主義（Digital Leninism）」と呼ぶ者もいる。一方，国民共同体のイデオロギー的凝集力として，民族とナショナリズムを鼓吹する点は，鄧小平時代と変わらない。ただし，「中華民族の偉大なる復興」という習近平政権のスローガンにみられる通り，中国の国家的自尊心についても，より強気の対外発信が行われるようになっている。

政治社会の動き

習近平時代の政治社会に関する詳しい説明は，本章の第4節で行う。ここでは習近平時代の大きな特徴として，一党支配（「党の指導」）の再強化の動きを取り上げる。

上述の19回党大会では，共産党の憲法に当たる党規約が改正され，政治体制全体に関わる大きな変更があった。すなわち，1982年9月の12回党大会以来，約35年間踏襲されてきた「党の指導」の定義（「党の指導は主に政治・思想・組織の指導である」）が書き直され，「党政軍民学，東西南北中，党はすべてを指導する」との文言に変わった。私見では，この言葉の思想的淵源は，1960年代から70年代の毛沢東の言説に求められる（例，「政治局がすべてを管理する。党政軍民学の各方面，東西南北中の全国各地のすべてだ」（1973年12月の発言。中共中央文献研究室編 2011：949）。このように，毛沢東個人崇拝と共産党への過度な権力集中の反省に基づき，80年代以来維持されてきた党規約での「党の指導」の抑制的表現は，習近平時代になって，少なくとも形式的には，毛沢東時代に先祖返りした。

3　中国政治を動かす制度と主体

(1)　選挙の実態と主な国家機関

　ある国や地方における統治の基本的な流れは，①住民，企業，NGO・NPOなどの各種団体による政治参加と利害関心の表出→②政治家，官僚，利益集団，専門家らによる政策形成→③政策執行と社会の側の反応，の循環過程として理解できる。

　①について，中国の場合，住民による参加と利益表出の代表的な活動は，人民代表大会や村民委員会の選挙，公的機関への陳情である。立法機関である全国および省―地区（市）―県―郷・鎮の各人民代表大会の「代表」（任期5年）選挙では，1980年以来，県以下のレベルで住民の直接選挙が実施されている（市以上は1級下の人代代表の投票で選出）。農村の自治組織である村民委員会も，幹部職（正副主任を含む数人の委員，任期3年）の選挙が1980年代後半から始まり，今日では全国で選挙が行われている。ただし，村民委員会の法的地位は住民の自治機関であり，その主任は行政首長ではない。

　いずれの選挙も満18歳以上の住民が選挙・被選挙権をもち，参加者は全国で数億人に達する。しかし，間接民主制の意義は極めて小さい。候補者選定を含む選挙の全過程で，共産党が強力に介入し，投票日の前には当選者が事実上決

定している。また，後述の国家主席や国務院総理をはじめ，省・市・県長など
の首長も，形式的には同レベルの人代会議での投票で選ばれる。

　一方，政治過程の②③の段階を担当する統治機関として，中国憲法は，「国
家の最高権力機関」にして立法機関である全国人民代表大会（通称，全人代），
国家元首である国家主席，中央政府の国務院，最高人民法院，最高人民検察
院，公権力を扱う役人の不正を監督する国家監察委員会，軍や武装警察を指揮
する国家中央軍事委員会などを規定している（これらの憲法上の地位と権能に
ついて，詳しくは第4章を参照）。

　ほかにも，立法や行政の公的権限はないが，一定の政治的権威をもつ機関と
して，中国人民政治協商会議全国委員会（通称，全国政協）がある。もともと
は建国前後から1954年までの臨時議会で，正式議会である全人代の発足後は，
国政の諮問機関としてシンクタンク的役割を果たしている。なお，全人代，国
務院，全国政協のトップの役職は，それぞれ全人代常務委員会委員長，国務院
総理，全国政協主席であり，慣例上，共産党の党員序列で第2〜4位の人物が
就任する。同様に，国家主席は，党員序列第1位の党総書記が兼務する。

(2)　中国共産党の支配体制

一党支配のメカニズム

　中国政治の核心は，中国共産党の一党支配である。共産党以外にも他の党派
（「民主諸党派」）や無党派の人々も一定の政治的発言権を有するが，実質的な意
思決定は共産党が独占している。1921年7月に創設された共産党は，2021年に
創設百周年の歴史的節目を迎えた。

　2021年6月時点で，共産党は約9514万8000人の党員を擁し，世界最大の政党
である。これは2019年の国別人口ランキングでベトナムに次ぐ世界16位の規模
であり，ドイツやトルコ，イランといった地域大国の人口よりも多い。だが，
中国国民全体では約6.7％にすぎず，非党員の大多数の人々は，共産党の統制
下にある選挙制度やマスメディアの政治的不活発とも相まって，自分たちの意
見や利害を，公の政治空間に反映する制度的チャネルを十分にもっていない。

　政治社会に対する共産党の支配の要諦は，人事・組織・暴力の統制と掌握で
ある。すなわち，①国家主席や国務院総理の国政のトップから，末端レベルに

至るまでの立法・行政・司法の主要ポストへの共産党員の配置，②政府・企業・学校などの非党組織における重要事項の排他的な意思決定，③人民解放軍や武装警察の暴力装置の独占である。

②について，共産党ではない機関・団体の指導的職位にある党員は，そのなかに設置された党組織を通じて，党中央の指示を所属団体に貫徹することを求められる。大学を例にとれば，形式的な最高職は学長だが，実質的なトップは，大学内に設立された党組織の書記である。人事や財務などの重要事項は，この書記を中心に，学部や事務部門の幹部職を兼任する少数党員からなる「党グループ」（中国語は「党組」）と呼ばれる組織が決定する。③に関して，軍内には党委員会や政治委員の制度が設けられている（軍や武装警察に対する党の統制，および，国内の治安確保について，詳しくは第3章を参照）。

共産党の組織構造と中央機関

共産党内部の意思決定も，超中央集権の非民主主義的性格に貫かれている。党規約が規定する形式上の最高機関は，党の全国代表大会（通称，党大会）と，そこでの投票で選ばれる中央委員会である。党大会は，原則として5年に一度，1週間程度のスケジュールで開かれる会議であり，国政の中長期的方針を決定する重要な政治イベントである。中央委員会は，党，政府，国有企業，軍などの主要な幹部を中心に200人程度の委員（任期5年）からなる。

中央委員会の主な職責は，全体会議で重要な人事や政策を決定することである。第××回党大会で選出された中央委員会を第××期中央委員と呼び，彼・彼女らが集まる全体会議を回数ごとに，第××期中央委員会第○○回全体会議という。通常は，××期○○中全会と略記される。例えば，改革開放政策の開始を決定した1978年12月の11期3中全会の正式名称は，第11期中央委員会第3回全体会議である。

党規約によれば，党大会閉会中は中央委員会が最高機関であるが，中央委員会も年に1〜2回，各1週間ほどしか，意思決定のための全体会議を開催しない。それゆえ，中央委員会の職権は，中央政治局と同常務委員会が日常的に代行する。前者は中央委員のなかから二十数人が，後者は中央政治局委員のなかから7人ないし9人（過半数を決することが可能な奇数人数）が選抜される。党

のトップである総書記も，常務委員の一人である。総書記と中央政治局委員・同常務委員は，形式的には中央委員会全体会議の投票で選ばれるが，党大会での中央委員の選出も含め，実質的には，事前に作成された人事案に基づく任命制である。

　一般に，最高指導部といえば，中央政治局常務委員会を指す。党大会→中央委員会→中央政治局→中央政治局常務委員会（状況次第では，党総書記の単独）へと，権限の委譲と決定の代行が正当化される。14億人以上の国民と9000万人以上の党員の最終的な意思決定は，民主的選挙によらずに選出された，この数人の人々の判断に委ねられている。

　党の中央機関としては，党員・党幹部の不正を監督する中央紀律検査委員会と，軍事力を統括する中央軍事委員会も重要である。前者は，中央委員会と同じく，党大会で選出される。後者のメンバーは中央委員会が決定するが，実態は，前出の国家中央軍事委員会と同一の組織である。もともと，党中央軍事委員会がオリジナルの存在で，国軍的外皮をまとうために，1983年6月に国家の名称のそれが設立された。要するに，国家中央軍事委員会は，組織図上の存在にすぎない。それゆえ，党も国家も関係なく，通常は単に，中央軍事委員会の名称で呼ばれる。そのトップは中央軍事委員会主席である。

　また，人民解放軍は，共産党の軍隊として1927年8月に創設され，日本や国民党などとの戦争に勝利して，1949年に中華人民共和国が建国された。この歴史からみても，中国軍は本質的に党軍であり，国軍ではない。党の支配体制を守るためには，自国民に銃口を向けることもあるし，1989年6月にはそれが現実のものとなった。天安門事件の際，中央軍事委員会主席は鄧小平であり，鄧が武力弾圧の命令を下した。当時の総書記であった趙紫陽は，事件後失脚させられた。鄧小平の死後，慣例上，総書記が兼任しているが，中国政治の真の最高実力者は，軍の統帥権をもつこの中央軍事委員会主席を務める人物にほかならない。このことは中国政治の本質を理解するうえで，最重要のポイントといっても過言ではない。

4　中国政治の将来に横たわる課題

⑴　短期的見通し

　まず，習近平時代の中国政治の全体状況を確認する。現在の中国で1989年の天安門事件のような大規模な反体制運動が起こる可能性は，率直にいって低い。その主な理由として，①社会の側の保守的志向の拡大と，②支配体制の側の抑圧能力の強化があげられる（以下の議論の詳細は，鈴木 2022）。

　①の保守的志向に関し，今日の中国社会における正統性認識では，「豊かさ」「便利さ」「偉大さ」の三つがキーワードである。民衆の多くは，一定の経済的利益を引き続き享受しているが，成長は鈍化し，2000年代までのような所得・生活水準の急速な改善はもはや見込めない（豊かさ）。だが，これを補完するように，社会生活のIT化による生活の質・利便性の向上を通じて，身近な暮らしへの満足感は比較的高い（便利さ）。キャッシュレス決済や食事の宅配，タクシーの配車サービスの普及，さらに，個人の行動管理を含む厳格な感染症対策は，その典型である。また，「一帯一路」にみられる通り，国際社会における中国の存在感は，以前に比べて格段に高まった。このことは「中華民族の偉大なる復興」のスローガンとも相まって，人々の国家的自尊心を高めている（偉大さ）。このうち，特に「便利さ」は，中・低成長とポストコロナ時代の正統性の有力な支えとなりつつある。

　②の抑圧能力については，治安維持と社会管理のため，デジタルレーニン主義に基づく先端的な科学技術の監視システムが日々進化している。こうした状況からみれば，体制外の少数者による民主化や自由化の訴えにもかかわらず，共産党の支配体制が短期間のうちに不安定化することは想定しにくい。

⑵　政治体制に内在する困難——国家統合，ガバナンス，リーダーシップ

　だが，短期的な安定とは裏腹に，中長期的な視点からみれば，共産党の統治には，その政治体制に由来する三つの大きな課題が指摘できる。これらに適切に対処できない場合には，体制全体の不安定化をもたらす可能性も否定できない。

第一は，国家統合である。具体的には，形骸化する一国二制度のもと，政治社会の自由と安定が急速に失われつつある香港，および，民族対立が続くチベットと新疆ウイグルである。最近では特に，香港と新疆ウイグルでの人権弾圧が激しさを増している。

　第二は，中低成長時代における富の分配である。近年の中国経済の状況は，前述した正統性認識の各要素のうち，最も基礎的な「豊かさ」の将来に暗い影を投げかけている。実際，少子・高齢化と労働力人口減少のもと，持続可能な発展を実現するための社会経済改革は停滞している。一般の民主主義国と同じように，中国政治でも今後は「お金の使いみち」「限られたパイの切り分け」がより重要な争点になるだろう。税財政，社会保障，戸籍制度，国有企業などの改革は，中央—地方関係の見直し，政府による経済運営の制限など，政治体制の根幹に関わる議論にも直結している。これらのガバナンス改革の動向は，国政全体のあり方を緩やかに変えていく可能性をもっている。

　第三に，強大な権力をもつ最高指導者の権力継承の問題がある。現在の習近平は2012年に党総書記に就任して以来，個人集権を進め，一強体制を確立した。2018年には憲法が改正され，国家主席の任期制限も撤廃された。これにより習近平は，原理的には終身の国家主席になることも可能となった。だが，政治の経験則としていえるのは，強すぎるリーダーは，サブリーダーが自らのライバルになるのを恐れ，ひ弱な人材を重用する一方，継承の仕組みを十分に整えないままに，時間を浪費する傾向がある。最高指導者の突然の死や引退などに伴い，指導部の分裂や政治の混乱を招かないように，継承のルール作りを整備しておく必要がある。

　本文中で言及した通り，2021年7月，中国共産党は党創設百周年を迎えた。そして，2049年10月には，中華人民共和国の建国百周年となる。現在の習近平指導部は，この「二つの百周年」をスローガンとして国力強化に邁進している。果たして，2049年まで共産党の一党支配が続くのか。あるいは，現行の政治や国家の仕組みは大きく様変わりしているのか。読者がその眼で実見するのも，そう遠い将来ではない。

　しかし，中国の今後がどのように発展するにせよ，我々は，今日の中華人民

共和国を含む「中華世界」の政治に対し，拒絶や共感の感情にのみ囚われて，短兵急に結論を急ぐことを自制し，論理と粘り強さに基づいてアプローチする必要がある。これこそ，ユーラシアの辺境に位置する海洋島嶼国家に住む日本の人々にとって，古代以来の地政学的宿命であり，同時に，世界の学界に対する重要な知的貢献の可能性，学問的醍醐味のカギである。

参考文献

鈴木隆　2022「中国のガバナンス」広島市立大学広島平和研究所編『アジアの平和とガバナンス』有信堂高文社。

中共中央文献研究室編　2011『毛沢東思想年譜（1921～1975年）』中央文献出版社。

●読書案内●

『中華人民共和国史』新版，天児慧，岩波書店，2013年
　　日本の中国政治・社会研究の第一人者が著した，ハンディで読みやすい中華人民共和国の政治通史。1949年の建国前後から，習近平政権発足までの時期を主な対象とする。毛沢東，鄧小平，江沢民，胡錦濤の統治について，それぞれの特徴と政治史の全体的な流れを通観できる。

『現代中国の父――鄧小平』上・下，エズラ・F・ヴォーゲル，益尾知佐子・杉本孝訳，日本経済新聞出版社，2013年
　　2020年12月に亡くなった米国のアジア研究の碩学による鄧小平の政治的伝記。「改革開放の総設計師」と称される鄧小平は，今日の中国の発展と台頭をもたらした立役者にして，1989年6月の民主化運動弾圧の責任者でもある。毀誉褒貶の多い中国の政治家について，学問的手法と資料の根拠に基づく良質な伝記は少ない。本書の存在は貴重である。

『現代中国政治研究ハンドブック』高橋伸夫編，慶應義塾大学出版会，2015年
　　書名の示す通り，中国政治研究分野の国内外の主要な業績について，それらを分野別に整理したうえで，個々の研究の分析枠組みや論点，今後の研究課題などを分かりやすくまとめた研究ガイド。レポートや卒業論文の執筆に有用である。

【コラム①】

中国政治の「主義」あれこれ

　中国政治を扱う書物には，多くの○○主義や××主義の言葉が頻繁に登場し，初学者が困惑を覚える一因でもある。そこで，今後の学習に際して知っておくべき基本的な概念や中国特有の用語の意味を簡単に整理しておく。より厳密な理解は，読者自身の今後の研究と読書に期待したい。

民主主義体制，全体主義体制，権威主義体制

　ある国の統治のあり方（＝政治体制）を類型化するための政治学の概念。民主主義では，政治の自由と参加が制度的に確立している。権力による迫害の心配なしに，政治家を公の場で批判でき，選挙やデモなどの権利も保証されている。全体主義はドイツのナチス，イタリアのファシズム，スターリン期のソ連を典型とし，人々の思想と行動は，指導者の完全な統制下におかれる。権威主義はそのいずれでもない体制を指す。中国の場合，毛沢東時代は全体主義に，鄧小平時代以降は権威主義に区分されることが多い。

資本主義，社会主義，「社会主義市場経済」，国家資本主義

　土地・機械・原材料など（＝生産手段）の私的所有を肯定し，経済活動の中核的役割を市場に見出す経済・社会のあり方を資本主義という。他方，生産手段の社会的共有と計画を重視するのが社会主義である。中国では1953年から五ヵ年計画が始まり，1956年の農業や工業の集団化（本文第2節，33頁の説明を参照）を経て社会主義が実現された。だが，1992年の14回党大会で，中国当局は，自国の経済システムを「社会主義市場経済」と呼ぶようになった。その実体は，一党支配下の資本主義である。しかし，今日でも土地の個人所有は認められず，国有企業の存在感も非常に大きい。これらは計画経済時代からの制度的遺産である。こうした経済のあり方を，国家資本主義と呼ぶこともある。

46

第2章

外　交

中国の構想する世界と中国の自画像

川島　真

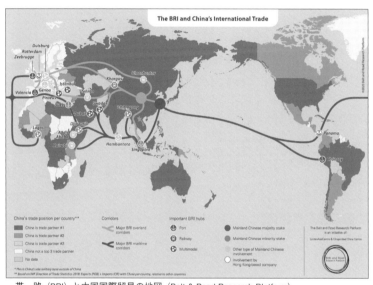

一帯一路（BRI）と中国国際貿易の地図（Belt & Road Research Platform）

　現在，世界の多くが中国を第一の貿易パートナーとし，第2位，第3位を
加えれば世界全体を覆う（上図参照）。ユーラシア，アフリカを中心にイ
ンフラ建設を進める一帯一路は，世界をつなぎ，中国は経済力を梃子に世
界との関わりを深め，さらに政治，軍事面での進出を目指しているよう
だ。ではその中国は，習近平政権のもとでどのような自画像，世界像を
もって外交を展開しているのだろうか。そして，世界はそれをどう見るの
だろうか。

1 習近平政権の構想する世界と中国の自画像

　中国は人口，面積などの面で従来から大国だった。その後，改革開放政策の下での経済発展によって経済・貿易面でのプレゼンスを高め，経済重視の対外協調政策を進めた（「韜光養晦」）。だが，胡錦濤政権後半期には経済力の向上を背景に次第に主権や安全保障を重視する外交へと政策を調整していった。それでは，胡錦濤政権の後の習近平政権はどのような外交を展開しているのであろうか。

　習近平は，中国共産党の成立からの100年（2021年），中華人民共和国建国からの100年（2049年）という二つの目標を掲げ，2049年には「中華民族の復興の夢」が実現するとし，そのときには国力がアメリカを抜き，また世界的には新型国際関係を確立する，としている。その新型国際関係とはどのようなものなのか。中国はどのような自画像，世界像をもち，どのような世界を構想しているのだろうか。ここでは，習近平政権期の対外政策の特徴や背景について，歴史的経緯などもふまえて叙述してみたい。

(1) 中国の描く自画像

　中国であれ，どこの国であれ，外交を行う主体は，自己認識（国益観を含む）と世界認識という認識（パーセプション）をもち，それに基づいて行動する。ここではまず，中国の自己認識，自画像についてみておこう。

　第一に，中国には強い大国意識がある，ということである。これは近代に欧米，あるいは日本に侵略された時期にあっても，「眠れる獅子」（今は眠っているようにみえても，実際には獅子であると，潜在的な強大さを強調した言葉）と19世紀末に曾紀沢が言ったように，大国意識は存在していたと言えるだろう。それは，周辺国との冊封・朝貢関係の歴史（認識），広大な面積，世界第一の人口などといった「事実」に支えられ，さらに昨今は世界第2位の経済力や同じく第3位の軍事力などの実際の国力に支えられるようになった。大国意識があるということは，アメリカなど他の大国と自らを対等にみようとしたり，他国を小国とみなしたりすることがあり，また大国としての「責任」を意識して国

際問題の解決や国際公共財の提供などを行おうとする動機がある，ということにもなろう。

　習近平政権は，「（新時代の）中国的特色のある大国外交」という言葉を用いながら，自らの外交を説明するようになっている。その外交は，「発展・協力・ウィンウィン」を掲げたうえで，発展と安全保障とを統合して調整し，和平発展の堅持，民族復興の促進を目標として，国家の主権，安全保障，発展利益の維持擁護をすることなどを想定したものである。

　第二に，中国が自らを社会主義国，それも中国的特色のある社会主義国だと自らを位置づけていることも重要であり，2018年6月の中央外事工作会議では，「新時代の中国的特色のある社会主義外交思想」が提起されたほどだ。社会主義国であるとうことは，ベトナム，北朝鮮などの社会主義国との間で特別な関係を有するということでもある。具体的には，社会主義国同士は党，軍，政府の三者間の関係が緊密であり，特に党がその関係を主導する点で特徴がある。だが，習近平政権の「新時代の中国的特色のある社会主義外交思想」はこのような旧来の社会主義国同士の外交関係を言っているのではない。例えば，党が「対外工作を集中的に統一的に領導」することを強化していくことがそこには含まれる。習近平体制では，あらゆる政策において「党の領導」が強化され，党が政府を従前以上に強く指導し，また社会主義思想の重要性が強調されている。これは外交においても同様だ。外交部に中国共産党中央紀律委員会の検査が入り，外交官たちも習近平思想，中国共産党の指導性や社会主義などを強調しなければならなくなった。これが戦狼外交というパフォーマンスを生み出したのだが，従来以上に「社会主義」や中国共産党の理念，そして習近平思想や習近平の語る言葉が重視されることになろう。

　第三に，中国は自らを発展（開発）途上国だとし，昨今では発展途上大国だとも自称する。中国のGDPは世界第2位であり，また1人あたりのGDPも1万ドル程度になっている。この数字は中国がすでに発展途上国ではないことを示している。だが，それでも発展途上国だと言い続けるのには理由があろう。まず，平和五原則など建国以来の対外政策の基礎として発展途上国というアイデンティティがあることもある。また，自由貿易枠組みにおいて，発展途上国であれば様々な特典（輸入品に対して関税を設けることができることなど）

が与えられる。そして，国内の貧困問題を解決できていなかったという現実的な問題もあっただろう。だが，2021年に「全面的小康」の実現を宣言して貧困問題解決に成果があったとしている習近平政権にとっては，自らを発展途上国だとするのには別の理由があるようである。すなわち，先進国が創出してきた世界秩序とは異なる国際秩序を創出するうえでの中国の立ち位置を示し，G77（1964年の第1回国際連合貿易開発会議（UNCTAD）総会に際して，アジア，アフリカ，ラテンアメリカの開発途上国77ヵ国によって形成された集団）など途上国の立場にたって秩序形成を担い，新型国際関係，世界人類運命共同体などを創出していくという意思を示すうえで利用価値があるからであろう。だが，すでに一人当たりGDPが1万ドルに達し，2030年前後にはGDPが世界第1位に躍進することが想定される中国が，果たしていつまで発展途上国だと自認，自称できるのか，問題となろう。

　第四に，二つの歴史的な基礎がある。一つは清王朝までの伝統中国としての記憶であり，またいま一つは被侵略国，常に侵略に晒され，それを克服したという近代史の記憶である。この歴史的な経緯や背景は後述するが，外交を司っている部門や担当者にとって大切なのは，歴史的な事実というよりも，むしろ記憶の方だということには留意する必要がある。

　19世紀まで中国の歴代王朝と主に周辺諸国との間にあった冊封・朝貢関係は，基本的に華夷思想に基づいて中国の王朝を上位とする上下関係であったが，冊封される国は必ずしも近代的な意味での「属国」ではなかった。だが，19世紀末，あるいは20世前半になると，冊封関係にある，あるいは冊封関係にあった国を「属国」視する向きも生じた。そうした記憶や認識に基づいた中心意識，優越意識は，第一に挙げた，中国特有の大国意識の構成要素ともなっているといえるだろう。ただ，こうしたかつての華夷思想を中国外交の通奏低音のように考えて現在もこのような思想を中国がもっていると安易に断じることには慎重である必要があろう。

　他方，1840年のアヘン戦争以来，中国が列強から常に侵略されてきたという「国の恥（国恥）」の記憶，また中国の人々による抵抗もまた中国共産党が主導したという中国共産党自身による歴史の語りも重要である。だからこそ，主権や独立などが重視され，内政干渉に敏感だということになるが，同時に中国は

「被害者」であり，常に外国から侵略される可能性があり，現在の中国は不当に小さく見積もられており，本来はより強大であったという考え方にもつながる。近代には奪われた領土や利権などを回収する国権回収運動が展開されたが，その運動は20世紀後半も健在であり，1997年の香港返還，1999年のマカオ返還も「本来の中国」を取り戻す過程として位置づけられる。尖閣諸島や南シナ海の島嶼などは，「本来の中国」の一部であり，それが他国に不当に占拠されているからそれを奪い返すというのが中国の論理であり，台湾もまた中国の一部であるから，共産党政権が「解放」して「統一」しなければならない，ということになる。中国では，このような考え方が「正しい」ものとして教育されており，そのような考えに即した外交が支持されるということになる。

なお，習近平政権のもとでは，「中国の伝統」的な徳目もまた重視される。これは胡錦濤政権期の周辺外交においてもすでに顕著にみられていたが，「和為貴」（和を以て貴しとなす）であるとか，「義」などといった概念で自らの外交を説明しようとする傾向は習近平政権下でむしろ強まっている。だが，これらの儒学に基づく概念は，中国と文化を同じくしない国には極めて分かりにくい。ただ，西洋的な意味での「普遍」的な価値に対抗する意味でもこうした徳目が必要とされている，ということであろう。

(2) 習近平政権下の中国が描く国際秩序と新型国際関係

中国がどのような自画像を描いているのか，ということは上で述べた通りだが，次に中国はどのような世界認識をもち，そこでどのような秩序を作るのが望ましいと考えているのか，ということをみてみよう。

第一に，習近平政権下の中国が自らを世界の秩序形成者と認識しているということである。胡錦濤が2005年に行った国連演説では，世界秩序は先進国が作るという前提でその秩序に対して公正さを求めていたが，中国は次第に国際連合やその関連組織に責任者，スタッフ，分担金などを提供するようになり，世界のルールづくりの現場に関わる姿勢を示した。習近平政権になると，この姿勢はいっそう明確になり，自ら秩序形成を行おうとする姿勢を明確にした。

第二に，習近平政権の想定している秩序像について見てみたい。2016年，イギリスのチャタムハウスで講演を行った，元駐英大使で，当時全国人民代表大

会外交委員会委員長であった傅瑩は，次のように習近平の考え方を伝えた。

> 「イギリスや西洋諸国で一般的に受け入れられているのは，アメリカによって築かれ，主導されている既存の世界秩序，すなわち『パックス・アメリカーナ』として知られるものだ。私のみるかぎり，この秩序は三つの要素から成る。第一に，アメリカ，すなわち西洋の価値観である。第二に，アメリカが主導する軍事的なネットワークである。第三に，国際連合とその関連機関である。この世界秩序は，国際政治の歴史に起源があり，またそれには近代の時代における歴史がある。この世界秩序の主導者であるアメリカは，その主導者であるがゆえに，そこから多くの利益を得てきたのである」（Fu 2016: 2）。

このように述べたうえで，「より広い視野からみれば，この世界秩序なるものは複合的な挑戦を受けている。それは必ずしも中国からの挑戦，ということではなく，より頻繁な挑戦を受けているのである。なぜならば，その世界秩序が現在の世界のすべての問題に対して解決策を提示できているわけではないからであり，また時にはより多くの問題を生み出してしまっているからである」（Fu 2016: 2）とする。そして，第一の要素である西側の価値観がテロリズムなどに対処できなかったことを指摘し，また第二の要素である軍事面について南シナ海問題などをあげながら，中国がアメリカ主導のネットワークとの間で問題が生じていることを指摘している。アメリカ主導の秩序ではもはや世界をおさめられない，というのである。それでは，中国はこの既存のアメリカ中心の世界秩序に対してどのような姿勢をとるのか。この点について傅瑩は，習近平の言葉として次のようなことを述べた。

> 「中国の指導者が伝えるところは何かというと，中国は国際秩序の構成員だということだ。ここで，『国際秩序』という用語が使われていることに留意しなければならない。その『国際秩序』という語は国際連合とその関連機関，そして国際法の諸原則を指している。これは先に述べた『世界秩序』とも重なるが，正確には同じものではない」（Fu 2016: 2）。

つまり，中国はアメリカの主導する世界秩序の第三の要素，すなわち国連とその関連機関，あるいは（独自の解釈に基づくとしても）国際法について受け入れ，そこを軸にして，アメリカの世界秩序とも一定の重なりをもつ「国際秩序」の形成を提唱しているのである。

　第三に，中国が国際連合を支持する理由や背景，また国連をめぐる政策を確認しておきたい。中国にとり，国連は自らを優位におきやすい場である。国連安全保障理事会においては常任理事国であるがゆえに拒否権をもち，また国連総会においては途上国を帯同して多数派を形成しやすい。個々の関連組織や専門委員会においても，同様である。総会において拒否権がないにしても安保理常任理事国は重視されるし，途上国と連携して先進国が設定しようとするルールや標準を抑制したり牽制したりできる。そして，2021年11月現在，国連の15の専門機関のうち，3機関のトップを中国が送り出している。具体的には，食糧農業機関（FAO），電気通信連合（ITU），工業開発機構（UNIDO）である。

　中国の国連重視政策は国連という場や関連組織にだけ及ぶのではない。習近平は，2015年9月の国連における演説でも，「国連憲章の宗旨と原則を核心とする国際秩序や国際システム」を維持，擁護していくと述べた。その国連憲章を基礎とし，それを具現化するのが新型国際関係だ，というのが中国の主張である。習近平が提起した新型国際関係は，主に経済面を中心とした協力とウィンウィンを基礎にした関係性を基礎とし，それがパートナーシップ，朋友圏へと発展し，それらが重なり合いながら人類運命共同体ができあがる，とされている。また，この新型国際関係は2049年の中華人民共和国建国百周年にできあがるものとして想定され，中国が進めている一帯一路はこの新型国際関係の実験場として位置づけられている。この新型国際関係の説明には，軍事安全保障などいわゆるパワーに関連する部分などがみられないなど，その内容には不分明な点が少なくないが，いわゆる「民主主義による平和（民主的平和，democratic peace）」といった先進国の想定する国際関係，国際秩序を支える理念とは異なる理念，いわば「経済による平和」という考え方に基づいているということになろう。民主主義が拡大すれば，世界が安定するというスタンスをとらず，経済関係を重視したのである。また，この新型国際関係が，あくまでも経済関係に基づくウィンウィンという利益に依拠した関係であることから，

中国の経済力の帰趨に左右されるということにも留意しておかねばならないだろう。

　第四に，上述の世界秩序と国際秩序という言葉にみられるように，中国が既存の秩序に対して挑戦的であるとしても，それは決してアメリカなど先進国の主導する既存の秩序に全面的に敵対するということを意味しない，ということがある。例えば，核兵器不拡散をめぐるNPT-IAEA体制については，核保有国である中国はアメリカなどと同調する。また，自由貿易保護などについては，日本などの立場との間に近似性がある。だが，環境問題などになれば，中国は，開発途上国と足並みをそろえ，情報通信の分野では「中国標準」を提唱する。他方，人権や民主主義などの価値をめぐる問題では，中国には中国の独特の価値があるという。人権について，中国では生存権と発展権を重視し，先進国が提唱する精神的人権（精神的自由権。個人の内面やそこから表出する活動に関する自由権。思想・良心の自由，信教の自由，表現の自由，学問の自由などが含まれる）については，中国の憲法の条文には記されていても，先進国からみればそれを認めてはいないと映る。

　このように，中国は既存の秩序に全面的に敵対しているわけではなく，自らの国益観に照らして，有利であれば既存の秩序を受け入れ，部分的に不利だと考えればそれを修正しようとし，自らにとって不利であれば反対し，またより優位性があれば自らで秩序形成を行おうとするといえる。それだけに，問題や領域によって態度を変えるということになる。だが，総じて次第に既存の秩序に挑戦的な部分，あるいは修正を迫ろうとする部分が増えていく傾向にある。

　なお，中国の秩序観や政策の基礎に圧倒的な経済力があるという点にも留意を要する。まずは経済が世界に広がって各国と密接な関係を築き，そのあとに政治，軍事的な側面が広がっていくということである。それだけに経済力の進退が中国の対外的姿勢に影響するという面が強い。しばしば，経済成長が頭打ちになると不満を外にそらすために対外的に強硬になるともされるが，それは統治の安定という，国内政策の一環としてなされるものである。

(3)　いわゆる「米中対立」をどうみるか

　目下，中国の外交にとって対米関係の処理は極めて重要な課題だ。その処理

に失敗すれば政権の帰趨にも影響するし，習近平政権の掲げた2049年の「中華民族の復興の夢」の成否にも影響するだろう。

　アメリカは，長期にわたり，中国の将来の民主化を期待しつつ既存の秩序の枠組みのなかに組み入れていく政策（エンゲージメント政策，engagement policy）を採用してきたし，2001年の9.11事件によって「テロとの戦い」を軍事安全保障戦略の主軸に据えると，中国を「テロとの戦い」のパートナーと位置づける向きも現れた。それが，2010年代半ば以降，次第に変化して「米中対立」とされる時代に入っていったのには，いくつかの理由がある。第一に，長期的には経済力などの面でアメリカが中国に追い抜かれるだけでなく，技術的にも中国が優位性を有する分野が現れてきたことであり，すなわちアメリカの覇権にとって脅威になるという認識，また世界の秩序の面でも中国が既存の秩序に必ずしも組み入れられていくわけではないとの認識が広がったことがあった。第二に，短期的にはオバマ政権末期に南シナ海やサイバー攻撃をめぐる合意が反故にされたりしたこと，またトランプ政権発足後の2018年3月に憲法改正がなされて国家主席の任期が撤廃されたことなどが，中国の民主化が困難であり，エンゲージメント政策に限界があることを印象づけたことなどがあろう。

　トランプ大統領自身は関税問題に拘泥したが，米中対立は次第に超党派的で，包括的で，制度的なものになっていった。しかし，かつての米ソ冷戦と異なり，米中間の経済関係はすでに極めて緊密であり，全面的なデカップリングは難しい状況になっている。そうしたことをふまえ，バイデン政権が成立すると，総体的に米中対立の様相を呈しながらも，米中ともに衝突は避けつつ，軍事安全保障，軍民両用の先端技術，人権，民主主義，自由などの価値観に対立点が収斂され，米中間には「競争」があるとされてきている。また，中国の一帯一路と，アメリカや日本などの同盟国による，自由で開かれたインド太平洋（FOIP）やQUADなどの枠組みとの間の地政学的な対峙もあるが，アメリカのバイデン政権は，気候変動のほかにも，朝鮮半島問題，イラン問題など地域的問題での中国との協力を模索している。こうした点で，米中対立とされるものは，全面的な対立というよりも，領域により敵対的であったり，協力的であったりする，複雑な状況にあるといえるだろう。これはウクライナ戦争発生後も基本的に変わらない。

2 中国外交の歴史的背景・経緯

　以上，習近平政権期を中心に，中国の自画像と世界像，そして目下の米中対立とされる状況について考察した。次に中国外交の歴史的な背景，また経緯について，主に19世紀以降から胡錦濤政権期の状況を中心に叙述したい。そこにはどのような連続性，変容がみられるだろうか。

(1) 中国外交の歴史——冊封・朝貢と国権回収運動

　まず，19世紀末まであった，中国の歴代王朝が周辺諸国との間で結んでいた冊封あるいは朝貢の関係について説明しておきたい。上述のように，冊封・朝貢関係を安易に現在の中国外交に関連づけることには慎重であるべきだ。しかし，中国ではしばしば冊封・朝貢関係が参照されるべき中国型の国際関係，あるいは秩序観を示すものとして言及される。その際には，中国の中心性や上下関係が重視されるのではなく，武力などのパワーを用いずに，文化力などで他者を引き付ける力（「感招力」）によって周辺諸国に敬われたという，平和的な台頭に関連づけられた記憶，言説となっていることに留意を要する。

　その冊封・朝貢関係であるが，これは儒学の華夷思想に基づいて，中国の王朝が自らを中心で高い位置にある「華」，他を「野蛮」で低い位置にある「夷」と位置づけ，その「夷」が「華」たる中国の王朝の皇帝を敬い，臣下の礼をとれば，国王という位や中国の暦などを与えるというものだ（冊封）。また，主に冊封関係にある国が，決められた時期に使節団を中国の王朝に派遣し，使節が決められたルートで王朝の都を訪れて皇帝に臣下の礼をとり，皇帝に貢物を差し出して，皇帝から返礼（回賜）を受け取るという儀式を行う。使節が都に行き，版図に入った地点に戻るまでの間に，使節団に随行した商人たちは，王朝の版図に入った地点の港や陸上の境界にある市場，また都の市場など各地で，特別に交易を行うことができた（朝貢）。この関係は，明らかに上下関係に基づくものだが，中国王朝は冊封関係にある国の内政に干渉するわけではなく，要請がなければ兵を出すことも基本的にはなかった。だが，1880年代になると，清王朝は袁世凱を派遣して漢城（ソウル）に駐在させるなどして，朝鮮

半島の内外政への関与を強め，近代的な意味での「属国」，あるいは「保護国」的な扱いをするようになった。その関係は日清戦争後の下関条約で終わりを告げるが，この清末の朝鮮との関係に基づいて冊封・朝貢関係にある国を「属国」とみる「記憶」が中国に残された可能性も否定できない。

　20世紀初頭から清王朝は近代国家としての外交を展開しようとし，制度を整え，条約改正にも取り組む姿勢をみせる。辛亥革命を経て1912年に建国された中華民国も，基本的に近代国家として主権や独立を重視し，領土や租借地，勢力範囲などの回収，撤廃や条約改正など，国権回収を目指した。20世紀前半の「近代外交」の時期に中国では，主権や内政不干渉，あるいは独立を重んじる傾向を育み，また不平等条約の撤廃や国権回収を主たる国家目標とすることになった。そして，第一次世界大戦後にはドイツ，オーストリアとの条約改正に成功し，また1929年には関税自主権を回復し，1943年には治外法権を撤廃するなど，国権回収は進み，第二次世界大戦に際しては連合国の四大国の一員となるなど，国際的地位も向上した。しかし一方で，国内に多くの問題を抱え，また日中戦争で多くの損害が出たこともあって，実質的にアジアを主導する大国となるには至らなかった。だが，それでも主権，独立の重視や内政不干渉原則の尊重などは戦後中国にも継承されたし，香港，マカオなどが返還されていなかったので，国権回収は未完のプロジェクトとして中華人民共和国にも継承されていくことになった。

⑵ 「二つの中国」「一つの中国，一つの台湾」という問題

　このように19世紀までの冊封・朝貢，20世紀前半の近代外交は，その後の中国外交を形成していく基礎となったが，1949年10月1日に中華人民共和国が建国されたことで，世界に二つの中国政府が存在するようになったことも，中国の外交を考えるうえで決して看過できないことである。

　1945年9月2日に日本が降伏文書に調印し，同月9日に南京で日本軍による中国戦区での降伏儀式が行われた。中国は戦争の最大の被害国であり，戦勝国となった。また連合国が組織した国際連合でも，連合国の四大国の一員であった中国は，安全保障理事会の常任理事国となった。しかし，戦後発生した国共内戦によって国民党が敗退して共産党が勝利すると，国民党が主導する中華民

国政府は1949年12月に台北に逃れた。そのため，北京に中華人民共和国政府，台北に中華民国政府の二つの中国政府ができ，それぞれが中国の正統政府だと主張するようになった。世界の国々は，「中国」と外交関係をもとうとすれば，この二つの政府のうちのどちらかを「中国政府」として選ぶ必要に迫られた。2021年末現在，世界の200前後の国のなかで，台北の中華民国政府を中国政府として承認している国は14である。だが，1971年までは中華民国政府が国連安保理常任理事国の椅子をもち，少なくとも1960年代初頭までは中華民国政府を承認する国が比較的多かった。しかし，1970年以降は中華人民共和国が優勢となっている。

　1949年以降の中国の外交には，自らの政府こそが正統な中国政府であるという，分断国家としての立場が強く反映されてきた。「一つの中国原則」は1950～60年代に次第に形成されたものだが，習近平政権に至るまで，中国が国交をもつ相手に必ず求めるものとなっている。他方，中華民国では，1980年代後半から制度的民主化が進行し，90年代初頭には大陸反攻政策が放棄され，政治社会の台湾化が急速に進行し，「中華民国在台湾」という考え方が定着した。だが，台湾統一を目指す中華人民共和国としては中華民国が台湾となり，台湾として独立することを受け入れることができず，台湾独立を意味する「台独」は中国を分裂する試みだと位置づけて警戒している。しかし，台湾社会では台湾意識がいっそう強まり，両者間の乖離はいっそう顕在化している。

　習近平政権は現在，2049年の中華人民共和国の成立百周年に際してアメリカの国力を抜くとするが，それが台湾の統一を意味し，同時に台湾人を含む「中華民族の偉大なる復興の夢」だとする。そして，その実現のために，軍事的，政治外交的な圧力とともに，台湾社会，企業への浸透工作を強化しようとしている。

⑶　毛沢東政権の外交——革命外交と主権・統一

　1949年10月1日に成立した中華人民共和国は，清王朝，中華民国が継承してきた条約などを継承せず，また中華民国時代の外交官のほとんどすべてを採用しなかった。これは「別に竈を立てる」「部屋を綺麗にしてから客人を迎える」などといった言葉で語られ，政治的には「革命外交」といわれた，過去と

決別する政策だった。独立当初の中華人民共和国政府は連合政府であり，国家としても社会主義国家ではなかったが，社会主義陣営に属し，1950年2月にはソ連との間で中ソ友好同盟相互援助条約を締結して，ソ連から軍事，経済面などでの支援を受けて国家建設を行った（「向ソ一辺倒」）。また，朝鮮戦争でアメリカと敵対することで，自由主義陣営，および国連との対立も決定的となった。他方，建国初期の中国は他の新独立国などとともに主権や独立を重視する姿勢をとっていたこともあり，アジア・アフリカ諸国などからなる第三世界を重視する政策を採用した。その成果は，対インド，インドネシアとの協調外交，また1955年のバンドン会議などへの参加などといった形で現れた。周恩来は，領土・主権の尊重，相互尊重，内政不干渉などからなる平和五原則を唱え，アジア・アフリカ諸国から受け入れられた。平和五原則は基本的に習近平政権も含む以後の政権に継承され，ウクライナ戦争に際しても中国は主権の尊重を唱えている。

　しかし，1950年代末になると，毛沢東政権の対外政策は大きな問題に直面する。第一に，核兵器開発をはじめとする科学技術協力の面，とりわけ核兵器サンプル譲渡をめぐる問題をめぐって中ソ間で問題が発生し，路線をめぐる対立も相まって，1960年代初頭には中ソ対立が激化した。第二に，1959年に発生したチベット動乱を契機に中印関係が悪化し，62年に国境紛争が発生するなど対立が深まったことである。また，65年にはインドネシアで九・三〇事件が起きて中国と良好な関係を保ってきたスカルノが失脚した。

　1960年代，孤立的状況におかれた中国では，アメリカと社会主義国との間を中間地帯とし，その領域をアジア・アフリカ諸国とアメリカ以外の西側諸国とに分類，後者に対しても従来より積極的な外交を展開し，日本とも民間貿易を拡大し，1964年にはフランスとの国交正常化に成功した。他方，同年10月，中国は核兵器を単独開発して核実験に成功し，核保有国の一員となった。

　1966年に始まった文化大革命は外交にも大きな影を落とし，在外公館のなかには閉鎖を余儀なくされるところも多かった。だが，外交系統は比較的早期に機能を回復した。1969年，ダマンスキー（珍宝）島，また新疆ウイグル自治区とソ連との国境付近で軍事紛争が発生した。ベトナムのホーチミンの葬儀の帰路，ソ連のコスイギン首相が北京に立ち寄り全面衝突は回避されたが，それで

も中国は従来の中間地帯論を再開させつつ，方針を修正してアメリカとの接近を図った。ベトナム戦争に苦しんでいたアメリカもそれに応じ，71年のキッシンジャー大統領補佐官の訪中，72年のニクソン大統領の訪中，上海コミュニケの発表により米中関係は大きく改善され，東アジアの「冷戦」に転機が訪れた。また，中華人民共和国は国連の「中国」としての代表権を獲得し，安保理常任理事国の椅子を得た。そして，70年代前半に中国はカナダ，日本，西ドイツなどと相次いで国交正常化，あるいは国交樹立を果たしたのだった。同じ社会主義圏のソ連と対立し，国境紛争まで生じると，中国は「主義」よりも主権，独立を尊重し，陣営の異なるアメリカとの関係改善を行ったのだった。

1974年，ベトナム戦争の末期，すでにアメリカ軍の大半が南ベトナムから撤退している状況のもとで，中国は南ベトナムの統治下にあった西沙諸島を占領した。これも国権回収の一環だった。76年，それまで中国外交を中心的に担ってきた周恩来が死亡し，その役割は鄧小平に継承された。鄧小平は，毛沢東の継承者として改革開放を進めようとしていた華国鋒との権力闘争に勝利した。

(4) 改革開放期の外交

1978年12月の第11期中央委員会第3回全体会議で鄧小平は権力を掌握し，改革開放を掲げた。その直後の79年1月，中国はアメリカと国交正常化し，アメリカは台湾と断交，米華相互防衛条約は破棄されて米軍は台湾から撤退した。

1981年，鄧小平は歴史決議を通じて文化大革命を批判し，これを毛沢東の晩年の誤りとし，82年には12回党大会において胡耀邦総書記が独立自主の外交路線を採用した。これは，いわば同盟国をもたず，他方でそれまで対立してきたソ連とも関係を改善するなどして敵をもたないようにする外交政策であった。習近平政権も基本的にこの独立自主路線を継承しており，同盟国を有していない。最も緊密な関係のあるロシアでさえ同盟国ではない。また，改革開放政策を推進するに際して，1979年に日本の大平正芳首相が訪中した際に決定した対中円借款が大きな意味をもった。中国は，円借款や日本による中国原油購入などを通じて外貨を獲得し，また先進国からの投資を受け入れつつ製品を先進国などに輸出し，同時に技術移転を実現していく輸出加工型の経済成長を目指した。それだけに中国は，中国に投資し，また中国で生産された製品を購入する

先進国などとの協調関係を重視する必要があった。だが，1980年代に周辺の韓国や台湾，フィリピンなどが民主化へと向かうなかで，中国は，経済発展はしても民主化しない道を選んだ。また，80年代には外資導入についても経験が十分でなく，様々な問題が生じた。

　1980年代後半，中国共産党内部で路線対立が発生した。日本の中曽根康弘総理と緊密な関係を築いた胡耀邦総書記が世代交代を目指す人事改革などによって保守政治家との対立を深め失脚した。1989年，その胡耀邦が死亡し，それを悼む人々の集会が民主化運動へと発展した。彼らは民主化を求めるとともに物価騰貴への反発を強めていた。中国は改革開放を進めながらも，通貨政策の経験不足もあってインフレを抑制できていなかったのである。5月，中ソ和解のためにソ連のゴルバチョフ大統領が訪中，その帰国後，6月4日に人民解放軍が運動の鎮圧に当たった（天安門事件）。この天安門事件は，西側先進国からみれば民主化弾圧事件であり，それが対中経済制裁の理由となった。中国は，西側先進国の経済制裁のもとで，事実上の戒厳令を施行し，同時に金融引き締めを行って物価安定政策を推進した。だが，それでも80年代後半から進めていた，韓国など中華民国と外交関係を有している周辺国との国交正常化政策を引き続き進め，韓国のほか，シンガポールやブルネイとも関係を正常化，あるいは新たに国交を樹立した。他方，1989年末には冷戦が終焉し，東欧の社会主義国の政権がドミノ現象のもとで相次いで倒れ，90年代初頭にソ連が解体すると，中国は東欧などの新政権とも外交関係を維持し，また中央アジアの新独立国と外交関係を樹立した。東南アジアでメコン河をめぐる協力を進めたのもこの時期だ。このように西側先進国からの制裁に耐えながらも，可能な範囲で成果を上げていくという経験から「韜光養晦・有所作為」というスローガンが育まれ，90年代後半には正式に採用された。このスローガンは，これ以後経済重視の対外協調政策を意味するようになっていく。

　冷戦が終結し，社会主義が劣勢に立たされるなか，中国は愛国主義教育などを実施して国内体制を立て直し，社会主義体制，共産党一党独裁を維持しながら，鄧小平の南巡講和を経て，1993年に成立した江沢民政権のもとで再び改革開放を進めることとした。そのため経済発展を重視する対外協調政策を西側先進国との間で進め，またロシアや中央アジア諸国，ベトナムとの間では国境確

定交渉を進め，国境線防衛の負担を軽減した。特に中央アジアの国境を接する
カザフスタン，クルグスタン，タジキスタンの3新独立国，そしてロシア，中
国は，国境地域の安定を主たる目的とした上海ファイブを組織し，それが後に
上海協力機構へと発展していった。そして，1990年代後半にはベトナムの
ASEAN加盟を契機にASEANとの関係を強化し「ASEAN＋中国」の協力関
係を推進するとともに，「ASEAN＋日中韓」という新たな東アジアの協力枠
組みが形成された。こうした地域協力関係は，アジア通貨危機を経ていっそう
強化された。

　このように旧社会主義国との，また中央アジア，東南アジア諸国との新たな
協力枠組みを形成していった中国だが，他方で1996年3月，台湾の総統選挙に
合わせてその周辺へのミサイル発射実験や演習などを行い，また同年，包括的
核実験禁止条約の発効前の最後の地下核実験を行った。また対米関係も接近と
離反を繰り返し，99年のコソボ紛争に際して発生した米軍機によるベオグラー
ド中国大使館誤爆事件に際しては，中国の反米感情が強まった。それでも2001
年にはWTOに加盟し，2002年のASEAN諸国との「南シナ海における関係
国の行動宣言（DOC）」において，協力を優先して南シナ海の領土問題を棚上
げにしたように，外交面でも経済発展を重視する姿勢を示していた。

　2002年に成立した胡錦濤政権は，江沢民政権の韜光養晦政策を継承し，経済
を重視し対外協調を進め，2005年の国連演説にあるように，中国の平和的な台
頭を前提とした和諧世界（調和のとれた世界）の実現を掲げた。また，その経
済力の向上に応じてASEAN諸国や中央アジア諸国などの周辺諸国との間で，
中国国内との経済協力関係を進める周辺外交を展開した。この周辺外交は，江
沢民政権の「西部大開発」を継承しており，また後の習近平政権の一帯一路の
基礎となった。他方，アメリカは2001年の9.11事件によって軍事安全保障政策
上の「敵」を，社会主義国ではなく「テロリスト」に設定して「テロとの戦
い」を遂行するとし，中国とはむしろ目的達成のうえでの協力関係にあると位
置づけた。その結果，北朝鮮問題において中国が主導して六者協議が開かれる
など，米中が協力する局面が多くみられるようになっていった。

　だが，格差問題や環境問題など経済発展に伴う問題への取り組みを重視した
胡錦濤政権では社会主義自体を重視しようとする意見が強まり，保守派が息を

吹き返し，また中国の経済力が強まり世界第4位，3位へと躍進するなかで，次第に経済発展だけを対外政策の最大目標に据えるのではなく，主権や安全保障も重視するべきという意見が強まっていった（コラム参照）。2006年の第一次安倍政権成立以後，胡錦濤政権は日本との関係を重視するなど，経済発展を基軸とした外交政策の維持を試みたが，次第にそれが困難になっていった。尖閣諸島の領海に中国の公船が初めて入ったのも2008年12月であった。2008年から10年にかけて，北京オリンピック，中華人民共和国建国60周年，上海万博などのイベントが相次ぎ，また日本を抜いて世界第2位の経済大国に躍進して中国は自信を深め，他方でリーマンショックが生じて先進国の国際的地位や経済力が低下したことにより，中国の対外政策は次第に主権や安全保障面での国益を重視するようになっていった。2002年のASEAN諸国とのDOCとは異なり，南シナ海の南沙諸島などを占領したのもこの頃である。そして，台湾やチベット，新疆などについて核心的利益という言葉を用い，決して妥協しない姿勢を示すようになった。ただ，だからといって当時の中国はアメリカと全面的に対立したり，独自の国際秩序を創出したりすることには一定の躊躇があった。アメリカのオバマ大統領政権期には，中国に対して米中二大国で世界の諸問題を調整していくというG2論がアメリカで提起されたが，2009年11月，温家宝首相は訪中していたオバマ大統領に明確にG2論は受け入れられないと述べたのであった。

　習近平政権は，胡錦濤政権期後半の社会主義の保守的な傾向，ナショナリズム的傾向が強まった外交政策を継承していくことになる。だが，中国自身が国際秩序の創出を想定するようになった点や，アメリカとの関係の面で，胡錦濤政権期と習近平政権期の対外関係には大きな違いがある。

3　中国外交の担い手と制度

　最後に中国外交をみるうえで重要となる，その担い手と制度についてみておきたい。
　第一に，党国体制がある。習近平政権は「党の領導」を強化していっそう中国共産党の主導性を強めているが，それ以前から党が国家を指導する「党国体

制」が中華人民共和国の政治体制の基礎であった。中国共産党の中央外事工作領導小組（習近平政権下で中央外事工作委員会）が政策を立案し，国務院，あるいはその下にある外交部はそれを実施する主体であった。それだけに外交部の政策決定過程への関与は決して強くはない。組，委員会のトップはその時々の総書記があたり，現在であればそのメンバーには党内序列第2位で政治局常務委員である李克強，国家副主席の王岐山，外交担当の中央政治局委員の楊潔篪，中央政治局委員で宣伝部長の黄坤明，国務委員で外交部長でもある王毅らが名を連ねる。なお，2021年現在，中央外事工作委員会弁公室の主任は楊潔篪であり，副主任は外交部常務副部長の楽玉成である。

　第二に，とりわけ習近平政権で進行した党から外交部への管理統制の強化を指摘しておかねばならない。2019年に中国共産党中央紀律委員会の検査が外交部に対して行われて，共産党への忠誠や習近平思想に基づいた外交政策の遂行が外交部に強く求められるようになり，それが「戦狼外交」を生み出す背景になったことはすでに述べた。これは，2019年以来，それまで外交の現場に関わったことがなく，共産党内でイデオロギー部門を歩んできた，中央組織部副部長の斉玉が外交部の書記（外交部長よりも地位が上）となったことからも窺える。

　第三に，対外政策の担い手の多様性である。社会主義国との関係では中国共産党中央対外連絡部や人民解放軍の役割が重要となるし，国家間関係でも政治外交は外交部が担うにしても，経済外交の面では商務部が，文化交流では文化部が重要な役割を担っている。また各国との友好交流については数多くの友好団体が存在する。このほか，とりわけ周辺外交や一帯一路が進められるなかで，地方政府の役割が重要となっている。これは厳密には外交関係ではないが，広西チュワン族自治区の南寧で毎年開かれるASEAN博覧会にはASEAN諸国の要人が集まり，また雲南省は対ASEAN諸国だけでなく，南アジア諸国に対する窓口ともなっている。そして，地方政府が地方の国有企業と連携して行う対外投資事業も多くみられる。このほか，特別行政区である香港やマカオもそれぞれ国際組織に加わったり，独自の関係を国際社会と築いたりしている。なお，中国が在外公館を展開する前，ニュース配信会社である新華社が対外連絡の窓口としての役割を果たすこともあった。

　このように中国の外交を考察する場合には，日本や欧米諸国とは異なる制

度，担い手のもとに外交が展開されているということに留意する必要がある。昨今では国内世論も外交政策の決定過程における要素となっている。単純にトップリーダーがすべてを決めるということではない，複雑な要素，制度，過程のうえに外交が成り立っていることをふまえて考察をしてみよう。

参考文献

Fu Ying 2016. "China and the Future of International Order", Speech, Chatham House, Jul. 06, 2016.（https://www.chathamhouse.org/sites/default/files/events/special/2016-07-08-China-International-Order_0.pdf）

"The BRI and China's International Trade Map", Belt & Road Research Platform, Feb. 2021.（https://www.beltroadresearch.com/the-bri-and-chinas-international-trade-map/）

●読書案内●

『中国外交政策決定研究』牛軍，真水康樹訳，千倉書房，2021年
　　北京大学で中華人民共和国の外交史を教授してきた著者の集大成ともいえる一書で，中国からみた現代中国外交史を，緻密な視点から理解するのに最適であろう。高価な本だが図書館などで借りて手に取ってもらいたい。

『中国の行動原理──国内潮流が決める国際関係』益尾知佐子，中公新書，2019年
　　中国の外交はどのような要因によって決まっているのか。中国の内面から洞察し，「行動原理」を理解しなければその外交は理解できないとして，指導者の思想や秩序認識，イデオロギーなどから解明した一書。

『グローバル中国への道程──外交150年』川島真・毛里和子，岩波書店，2009年
　　中国外交の軌跡を19世紀から胡錦濤政権期まで追い，そこにはどのような連続性と変容があるのかということを考察した一書。胡錦濤政権が対外政策を転換していく前までの状況を歴史的に理解するのに役立つ。

【コラム②】

韜光養晦
経済重視の協調外交

　1990年代に形成された対外政策スローガンで，「韜光養晦，有所作為」などとして，江沢民政権期から胡錦濤政権まで用いられた。韜光養晦の原義は「出過ぎた真似をしない」とういうことであり，有所作為は「取るべきところは取る」という意味である。天安門事件後に，先進諸国からの経済制裁に耐え忍びつつ，韓国，東南アジア，中央アジア諸国との外交関係を築くなど成果を上げていったことを当初は指していた。その後，この言葉は，実質的にその時々で意味が調整されてはいたが，次第に経済重視の協調外交を示すスローガンとなったと言えるだろう。

　しかし，胡錦濤政権期後半には経済的成長を背景に保守的な傾向が強まり，対外政策の面でも強硬姿勢への支持が高まると，「堅持韜光養晦，積極有所作為」（韜光養晦を堅持し，積極的に取るべきところは取る）などと修正された。重要なのは「有所作為」に「積極」がついたことである。胡錦濤政権後半期に外交政策の目標に，発展だけでなく，主権や安全保障も加えられたことなどとも軌を一にする変化だった。

　そして，習近平政権に入ると「韜光養晦」は使われなくなった。それは，習近平政権が経済発展のための対外協調政策を採用しなくなったことを意味している。習近平政権はむしろ経済と安全保障を統合して調整するとしており，経済よりも「国家の安全」を重視する方向性を強めている。他方，「有所作為」の部分は，「奮発有為」（奮起して成果を取る）などとして習近平政権でも引き続き使用されるようになった。これは，習近平政権が協調よりも中国の国益に即した成果を求める傾向を強めたことを意味する。だが，その国益が果たして習近平への忠誠なのか，中国という国家の利益そのものを指すのか，両者は重なるのか，難しい課題となろう。なお，たとえ経済力頼みとはいえ，中国の国益は必ずしも経済的利益に限定されず，政治，軍事などを含め総合的に勘案されることにも留意が必要である。

第 3 章

軍　　事

強大化する軍の実像

山口信治

中国建国70周年記念の軍事パレードを視察する習近平（2019年，北京にて撮影。©Avalon／
時事通信フォト）

　中国の最高指導者である習近平国家主席・中国共産党総書記は，軍に対す
る指揮権も持っている。中国の軍事・安全保障は，現代中国をみるうえで
欠かせない分野であり，またその重要性は大きくなっている。では，その
中国の軍事・安全保障はどのような特徴を持っているのだろうか。

1　中国軍事の実像を探る

　中国の軍事と聞くと，どのようなイメージをもつだろうか。好戦的で領土拡張を目指し覇権を目指す軍事中心の国家だろうか。確かに近年ではこうしたイメージが強い。しかし，かつて冷戦期の日本では，中国は，平和的で公正な勢力というイメージが強かった。どちらもイメージ先行であり，必ずしも地に足のついた議論ではない。中国の脅威に対抗するにしても，日中の協調と友好を追い求めるにしても，客観的な中国の軍事・安全保障の動向に関する知識を身に着けることが重要な出発点となるだろう。

　そこで，本章では，中国の軍事・安全保障の姿を多面的・客観的に捉えることを目指し，中国にとっての安全保障とは何か，軍はどのような特徴をもっているか，どのように安全保障上の目標を追求しているか，軍の能力はどの程度向上したのかという問題を探る。

2　中国にとっての安全保障問題とは何か

　国家の安全保障とは何だろうか。まず結びつくのは軍事のイメージであろう。確かに軍事力を用いて国家の領土・領海を守ることが最も一般的な安全保障のイメージである。しかし，安全保障という言葉にはもう少し広い意味が含まれている。そこには，政治体制や経済，金融などを守ることが含まれることもある。また，それを守る手段にしても，軍事のみならず，様々な手段が想定できる。

　まずは中国にとっての安全保障がどのような問題なのかを，何を目標とするのか，何から守るのかという視点からみてみよう。

(1)　何を目標とするのか

　中国は，幅広い領域と様々な手段を安全保障の概念のなかに含めている。習近平国家主席は，「総合的国家安全保障観」というコンセプトで中国の安全保障についての見方を示した。そこで示されたのは，政治，国土，軍事，経済，

文化，社会，科学技術，情報，生態系，資源，核，生物という幅広い領域の安全を守るのが中国にとっての国家安全保障であるということだった。

　ここでは，特に重要な四つの領域として，①党の安全，②国土保全，③国家統合，④拡大する海外利益をあげる。

　第一に，党の安全である。第1章でみたように，中華人民共和国は，多数の政党が政権の座を争う民主主義体制ではなく，中国共産党の一党支配体制をとっている。中国共産党にとって，この体制を維持し，政権の座を守ることが至上命題である。

　中国共産党からみれば，この体制を脅かしうる脅威には次のようなものがある。まず，国内における民主化や自由化を求める動きである。中国の高度経済成長に伴い，社会の多元化が進むなかで，単一の政党が人民の利益を代表し，これを守ることの限界が明らかとなっている。一党独裁体制下で，人権抑圧が続いていることへの不満もある。こうした不満が党に向けられることを中国共産党は恐れている。

　次に，外国勢力が中国の民主化を促進しようとする動きである。中国は，米国など欧米の民主主義国が，中国国内に民主や人権といった価値を浸透させ，これを広めることで，中国の内からの民主化や自由化の動きを助けようとしていると考えてきた。たしかに欧米諸国や日本が中国により普通の国に変化することを望んできたのは事実であるが，中国は過剰とも思えるほどの警戒心と不信感を抱いている。近年，こうした警戒心は強まる傾向にあり，中国の国内での抑圧の強化や，米国との対立の激化につながっている。

　第二に，領土の保全あるいは回復である。領土や領海を外国の侵略から守ることは，どの国にとっても重要な安全保障問題だ。この点で，中国もほかの国と変わりはない。ただし中国は，その領土形成の歴史的な経緯により，自国が回収すべきと考える多くの領土と領土紛争を抱えてきた。

　中国は，こうした領土紛争において，自国より強力な相手に対して武力攻撃を仕掛けたこともある。例えば1969年3月には，中国とソ連が帰属をめぐって争っていた珍宝島（ダマンスキー島）において，中国軍がソ連軍を待ち伏せ攻撃し，武力衝突に発展する事件が起きている。他方で，これまで中華人民共和国は23の領土紛争を抱えてきたが，そのうち17のケースにおいては何らかの妥

協によって解決を図ってきた。現在までに陸上国境はかなり画定し，残っているのはインドなど南西方向のみとなっている。

　ただし，海洋の島や礁をめぐる紛争については，ほとんど妥協したことがない。南シナ海や東シナ海において，中国は様々な紛争を引き起こしている。東シナ海では，日本の尖閣諸島に対する領有権を1970年代になってから主張している。1992年に定めた領海法では，尖閣諸島や南シナ海の南沙諸島・西沙諸島を中国領土として明記した。特に近年，中国は国力の増強に伴って，海洋においてより強硬な政策をとるようになり，周辺諸国との対立を深めている。

　また中国の海洋における権利の主張は国際法に合致しない部分が多く，様々な問題を引き起こしている。例えば中国は，南シナ海において「九段線」と呼ばれる南シナ海全体を含めるような破線を示し，この線内における「歴史的権利」を主張しているが，この主張は国際法的な根拠がない。

　第三に，国家統合の実現である。中国は多民族国家であり，かつ歴史的経緯から，国家統一が未完の状態にある（第1章参照）。チベット自治区や新疆ウイグル自治区は，中華人民共和国の一部であるが，中央から距離が離れ，漢民族とは異なる宗教的・文化的なまとまりを保っている。香港やマカオはそれぞれ1999年と97年に中国が主権を回復した。香港では，「一国二制度」がとられ，中国の主権のもとで独自の政治・経済システムの存続が認められてきた（第15章参照）。台湾は，内戦と冷戦の結果，中華民国が存在し続けている。中国にとって台湾統一は国家統合を完成させる最後のピースであり，これを大目標とし続けている（第14章参照）。

　中国は，これらの地域における外国勢力の浸透と分離独立の動きを非常に警戒してきた。特に近年ではこうした警戒はますます高まっている。新疆ウイグル自治区では，ウイグル族などを収容する施設が作られ，民族弾圧が行われている。また香港では，一国二制度が有名無実化され，中国への融合が進められている。

　第四に，海外利益の拡大である。中国経済の成長に伴い，中国企業の活動がグローバルに展開するなかで，中国の国益もグローバルに拡大してきた。これに伴って，中国が守るべき安全の範囲も拡大している。これは中国が，国際社会に対してより大きな責任を持ち始めるという意味もある。例えば国連平和維

持活動（国連 PKO）や海賊対処への参加は，国際社会への貢献である。他方で，これは中国軍の活動範囲と作戦経験が拡大し，能力を向上させるという効果も持つ。

　このように中国にとっての安全保障の対象は，まさに中国の近代以降の歴史的経験のなかで，重層的に積み重なってきた。この重層性を理解することが，中国の安全保障に対する考え方を理解するうえで重要である。近年，中国は国力を急速につけるなかで，これらを力で解決しようする傾向を強めている。このことが様々な軋轢を生んでいる。

(2)　何から守るのか

　それでは中国の安全への脅威にはどのような問題があるのだろうか。

　まず，米国から来る脅威である。中国の安全保障問題のほとんどすべてにおいて，米国が関わっている。冷戦期，資本主義国である米国は，そもそも共産主義を目指す中国にとって最大の敵国であり続けた。米国は世界最強の軍事力と軍事同盟によって中国を包囲し，さらに人権や民主主義といった価値観を用いて，内側から中国共産党政権を崩そうとしていると捉えてきた。

　さらに台湾を統一するうえでの最大の障壁も米国の存在である。1955年から80年まで，米国と台湾は同盟関係にあった（米華相互防衛条約）。米中国交正常化と米華断交によって同盟関係は解消されたものの，米国は国内法の「台湾関係法」を制定し，台湾への兵器輸出を継続した。

　中国は1995年から96年にかけて，台湾海峡においてミサイル発射試験と演習を実施することで，台湾の総統選挙を威嚇した（第三次台湾海峡危機）。しかし米軍の空母戦闘群が台湾海峡に派遣されると，中国としてはなすすべがなかった。

　中国の大国化に伴い，中台間の戦力バランスが大きく中国に傾き，中国の台湾への圧力が増大するなかで，米国の台湾への関与も強まりつつあり，再び台湾問題が対立の焦点となっている。

　次に，日本との関係である。日本は，歴史的経緯もあって，中国にとって潜在的脅威であり続けてきた。

　日中間には，様々な政治的・経済的問題があったが，近年では，尖閣諸島を

めぐる対立が深まり，安全保障問題が浮上してきた。2010年には尖閣諸島沖で中国漁船が海上保安庁の巡視艇に体当たりする事件が起きた。2012年以降，中国は尖閣諸島周辺への政府公船の派遣を常態化させるなど，圧力を強化し続けている。

　また日本は，米国と強固な同盟関係にあり，このことは中国からみれば大きな問題であり続けている。日本との紛争は米国の介入を招く可能性が高いし，そのうえ日本には米軍基地がおかれている。

　第三に南シナ海をめぐる紛争である。南シナ海には無数の島や礁があるが，その帰属をめぐって，中国，ベトナム，フィリピン，マレーシア，ブルネイ，台湾が争っている。1970年代から中国とベトナムは武力衝突を起こしてきた。また近年では，中国とベトナムやフィリピンとの紛争が頻発している。

　最後に，インドとの国境紛争である。インドは，中国からみて，チベットの安定を保つ上で重要である。中国とインドは1959年と62年に大規模な武力衝突を起こしている。2010年代に入ると，中印関係は次第に緊張を増し，2020年には再び大規模な衝突が生じた。そのほかに，中国の海洋進出が進むなかで，インド洋をめぐってインドの警戒感が強まっている。

3　何によって目標を追求するのか——軍事組織を中心に

　このような安全保障上の目標を追求するうえで最も重要な手段は，軍隊およびそれに準ずる組織である。ここでは中国の軍事組織とその特徴をみてみよう。

(1)　武装力量——人民解放軍，武警・海警，民兵

　中国の軍事組織といったときに，人民解放軍だけでなく，準軍事組織の武警・海警や民兵も含まれている。中国はこれらをまとめて「武装力量」と呼んでいる。

人民解放軍
　人民解放軍は，中国の軍隊であり，陸軍，海軍，空軍，ロケット軍，戦略支

援部隊，連勤保障部隊の6軍種からなる。兵力規模は200万人と世界最大の軍隊である。

　陸・海・空軍は想像がつくだろうが，ロケット軍，戦略支援部隊，連勤保障部隊には説明が必要だろう。ロケット軍は，地上発射型のミサイルを扱う軍種であり，通常弾頭タイプと核弾頭タイプの両方のミサイルを管轄する。戦略支援部隊は，サイバー・電磁・宇宙の情報関連の機能を集約した部隊である。連勤保障部隊は，軍のロジスティクス（補給）を統合的に担う部隊である。

人民武装警察

　中国には人民武装警察（武警）という治安維持部隊が存在する。武警は国家と社会の安定を守ることを任務としており，中央軍事委員会の指揮下にある。

　中国共産党にとって，社会の安定を維持することは，政権を守るために最も重要である。人民解放軍は党の政権を守るうえで最終的な後ろ盾となる存在であるものの，外敵との戦争に集中すべき人民解放軍を，国内治安の維持に動員することは合理的でない。そのため，武警の役割が重要となっている。武警は，重要施設の警備や社会治安の維持，緊急事態への対応といった役割を担う。

中国海警

　中国海警は，2013年に新たに編成された海上法執行部隊であり，武警の一部である。日本でいえば海上保安庁に近いが，中国海警は軍事組織の一部であり，中央軍事委員会の指揮に従う。

　中国海警が設置されるまで，中国の海上法執行は，様々な行政機関によって行われ，その指揮関係はバラバラであった。海洋における紛争が重要となるなかで，バラバラの海上法執行機関をまとめあげ，一つの組織に合併した。こうして国務院の国家海洋局に中国海警が設置された。さらにその後，中国海警は武警との関係を深め，最終的に2019年に武警の一部として，中央軍事委員会の指揮のもとにおかれることになった。海警は1万トンを超える大型艦艇を導入するなど，その質と量を大きく向上させている。

民　　兵

　中国には民兵と呼ばれる制度がある。民兵は，職業としての軍人・兵士ではなく，別の職業をもって生計を立てており，必要時に動員されて任務につく。民兵は中央軍事委員会と国務院の二重指導下にある。2011年には中国全体で800万人が民兵として登録されていた。民兵は，農村や都市の秩序を維持し，有事には人民解放軍を助けて任務につく。沿岸部の農村では，海上民兵が組織されている。海上民兵は，漁業などに従事しつつ，主権の及ぶ島やその領海などを，海軍や海警と協力して守ることを任務としている。

(2)　党の軍隊

　中国の武装力量の核となる人民解放軍は，党の軍隊である。党の指揮に従い，党の政権を守ることを最も重要な役割としている。民主主義体制では，軍隊は特定の政党ではなく，国家を守ることを使命としており，しかも主に対外的な侵略から防衛することをその任務とすることが多い。しかし中国の場合，軍隊は中国共産党が政権をとること，そしてそれを維持することを最も重要な使命としている。

　これまでにも，中国共産党の政権が危機に陥る重大局面では，人民解放軍が動員されてきた。例えば1989年 6 月 4 日，北京の天安門広場に集まった学生の民主化運動を弾圧するために軍が動員され，その弾圧の過程で北京市民に多くの死傷者が出た（第二次天安門事件）。時の最高指導者・鄧小平は，中国共産党政権を守るために，軍によって市民を弾圧することをいとわなかったのである。

　したがって中国共産党にとって，人民解放軍に党への忠誠を厳守させることが政権の維持のために欠かせない。軍を指揮する権限は，党中央軍事委員会主席だけがもっており，国務院総理（首相）は軍を指揮することができない。この点は，我々が当たり前と考える，普通の政府と軍隊の関係とは大きく異なるだろう。多くの国では，政府内に国防省があり，軍隊はその下に位置する。しかし中国では，人民解放軍は国務院（政府）の下ではなく，対等の存在として，共に党の指導に従う。

　また軍が党の指導に従うことを保証するために，党は軍内にコントロールの仕組みを作っている。それが中央軍事委員会（軍委）主席責任制（党・国家の

最高指導者を兼ねる中央軍事委員会主席に軍権を集中），軍内党委員会，政治将校，政治工作部，軍内紀律検査委員会／監察委員会などである。特に説明が必要なのは，以下の仕組みである。

- 軍内党委員会：中国では，政府や企業・社会団体などのなかに党組織が設置される。これは軍においても例外ではなく，軍内にも党委員会が設置されている。そして軍内の各組織・部隊における決定権限は，この党委員会がもっている。
- 政治将校：中国の軍隊には，軍事指揮官以外に，政治将校という存在がいる。これは民主主義国の軍隊にはみられない仕組みである。政治将校は，軍事指揮官と同格の存在であり，部隊の政治的忠誠を保証する存在である。

このような何重にも張り巡らせた制度により，党の軍に対する政治的コントロールが担保されている。よって，中国において，軍が党の意思を完全に無視して暴走するということは考えづらい。ただし，軍事に関わる政策の実行においてある程度の自主性が軍に付与されるため，軍の行動が，党指導者の意図していたものよりも強硬なものとなることは，あるだろう。

⑶　人民解放軍の組織構造

人民解放軍は，2015年末から始まった軍事改革で，組織構造を大きく変化させた。中央軍事委員会への権力集中を進めるとともに，より実戦向きの組織作りを目指している。現在の組織構造を概観してみよう（図3-1）。

中国共産党中央軍事委員会／中華人民共和国中央軍事委員会

人民解放軍をはじめとする中国の軍事力を指揮する最高決定機関は，党および国家の中央軍事委員会である。

2015年11月から具体的に開始された習近平による国防・軍隊改革のなかで，中央軍事委員会の権限は大幅に強化された。それまで総参謀部・総政治部・総後勤部・総装備部（四総部）が担っていた機能を中央軍事委員会が吸収し，15の直轄部門を作ったのである。これによって，中央軍事委員会ならびにその主席の意思が軍内に直接反映されるようになった。

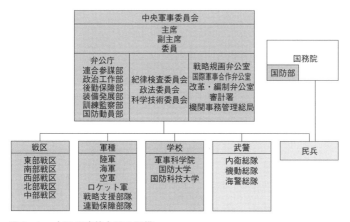

図3-1　中国の武装力量の組織

出所：中華人民共和国新聞弁公室（2019），Office of Secretary of Defense（2020）などより
筆者作成。

　中央軍事委員会は，主席のほかに，副主席2名，委員4名の全7名で構成されており，現在のところ主席のほかはすべて軍人である。中央軍事委員会の委員は国防部長，連合参謀部総参謀長，政治工作部主任，紀律検査委員会書記という構成である。

中央軍事委員会直轄の15部門

　軍改革前までは，四総部が，中央軍事委員会の下に位置し，事実上軍のほとんどすべてを取り仕切る大きな権限を振るっていた。しかし，軍改革において四総部は解体され，中央軍事委員会直属の15の部門（7部，5直轄機関，3委員会）にその機能が分割された。これによって，中央軍事委員会の権限が強化された。

戦区制度

　中国は，従来，中国を七つの軍区に分けた軍区制度をとっていたが，近年の改革で，東部，南部，北部，西部，中部の五大戦区制度へと変更した。戦区司令部は，陸海空各軍を指揮して，統合作戦を実施する。五大戦区はそれぞれ担当正面をもっており，例えば東部戦区は台湾や東シナ海を担当している。

各軍種

　軍改革までの人民解放軍は，陸軍の支配的地位が明白だった。しかし習近平の軍改革において，陸軍は他の軍種と同格となった。各軍司令部の役割は，軍種（陸海空など）ごとの戦力を整備することである。作戦の指揮を行うのは戦区であり，各軍司令部は作戦上の権限をもたない。なおロケット軍，戦略支援部隊，連勤保障部隊は位置づけが異なり，中央軍事委員会の直轄となっている。

国防部

　中華人民共和国国防部は，他の国でいうところの国防省に当たるが，その機能は，広報・宣伝，徴兵，PKO，軍事外交などに限定されており，大きな力をもっているわけではない。

4　軍はどのように安全保障上の目標を達成するのか

　それでは，人民解放軍をはじめとする中国の武装力量は，どのように戦い，安全保障上の目標を達成するのだろうか。

(1)　情報化戦争と知能化戦争に対応

　現代の戦争は，情報化時代の戦争である。工業化時代の戦争は，戦車や軍艦や爆撃機が中心となった。これに対して現代は，情報システムが勝利のカギを握る。米軍は，衛星ネットワークや様々なセンサーによる膨大な情報とそれを処理するコンピュータの適用によって，リアルタイムの情報把握と指揮が可能であり，また攻撃目標をほとんど狂いなく捉える精密打撃を行うことができる。中国が目指しているのも，まさにこのような戦い方である。

　中国は，現代の戦争の特徴を「情報化戦争」という言葉で表現し，情報技術の重要性を強調してきた。かつての戦争で重要なのは，戦車や艦艇，戦闘機・爆撃機といったそれぞれの兵器であった。それに対して現代の戦争では，個々の兵器以上にこれらをつなぐ情報システム自体が重要となっている。

　このような情報化された軍隊同士の戦いにおいて重要なのは，相手の情報システムに何らかの打撃を与えて，これを破壊あるいは麻痺させることである。

これによって，相手は作戦を遂行することが困難となるだろう。

　また現在，世界は新たな技術革新の最中にある。AIやIoT，量子暗号／コンピュータ，ナノテクノロジーなどの技術は，すでに世界のあり方を変化させつつある。こうした技術革新は，戦争の姿も変えると考えられる。中国はこれを知能化戦争と呼んでいる。知能化戦争はまだ研究段階であるが，中国はここで抜きん出ることで，米国に並ぶような軍隊を作ろうとしている。こうした技術革新を推進するために，中国は軍民融合戦略をとり，民間の活力を取り込むことを目指している。

(2) 「積極防御戦略」と接近阻止・領域拒否能力

　中国は，自国の軍事戦略を「積極防御戦略」と呼んできた。これは，戦略的には外征ではなく自国の防衛を中心に据えるが，ただ単に守るだけではなく，積極的・攻撃的な戦術をとることで，主導権を握ることを目標としている。ただし，近年では軍事力の近代化を受けて，より遠方に戦力を投射した，より攻撃的な作戦を目指している。

　中国の軍事力は相当に強化されているとはいえ，現状で米軍との全面戦争に勝利できるレベルにはない。しかし，相手の要衝を突くことによって，相手に大きな損害を与えたり，部隊の展開を難しくしたりすることができると考えられている。特に，ミサイル戦力が充実し，その命中精度が高いこと，そして海軍艦艇や空軍機の活動できる範囲が広がったことから，中国軍が地域内で精密打撃を行う能力は高まっている。また相手の衛星や情報通信に干渉・妨害する能力も高い。その結果，戦争となった場合，米軍など他国軍が中国本土に接近して作戦を行うことは難しくなっている。こうした能力は接近阻止・領域拒否（A2/AD）能力と呼ばれている。

(3) 核戦略——先行不使用原則と核戦力の質的向上

　中国は核保有国である。中国が核実験に初めて成功したのは，1964年11月のことであり，世界で5番目の核保有国となった。現在，中国の核戦力は，米国やロシアに比べるとかなり小規模である。2020年時点で米ロはそれぞれ5800発，6375発の弾頭を保有，それぞれ1750発，1570発を配備しているのに対し

て，中国の保有数は320発程度と考えられている。

　中国は核の先行不使用を宣言政策としている。つまり，中国は戦時に相手の核攻撃を受けるか，あるいはその危機に瀕するまで，核兵器を先に使用しないということを公式に宣言している。

　相手の核攻撃を受けたときに，自国の核兵器が全滅して相手に反撃できないとしたら，核抑止は成り立たない。中国は核の先行不使用を宣言しているため，先に攻撃を受けることになる。そのため中国は自国の核戦力の生存性を高めることに力を入れている。中国は，移動式発射システム（移動するため相手に位置を特定されにくい），固体燃料式（液体燃料よりも注入に時間がかからず，すぐに発射できる）の導入を進めている。また地上発射型のみならず，原子力潜水艦発射型や爆撃機搭載型の開発を進めている。核攻撃能力をどこまで高めるかが注目されている。

(4)　戦争以外の手段

　現代の紛争では，軍事とそのほかの様々な手段を組み合わせて，戦争に至らない形で目標を達成しようとする傾向が強い。いくつか代表的なものをあげてみよう。

　第一に，海警や海上民兵を用いた他国の政府公船や軍艦に対する圧力である。海警や海上民兵は紛争海域でパトロールを行い，他国の漁船を取り締まったり，他国の公船を排除したりするなどの行動をとることで，中国の主権を示そうとしている。前面に出るのは海警や海上民兵であり，人民解放軍は後ろに控えてにらみをきかせる。他国からみれば，こうした事態は非常に対処しづらいグレーゾーン事態と呼ばれている。

　第二に，情報戦争である。情報技術の高まりと世界的なネットワーク依存が深まるなかで，情報のもつ政治的な効果が重要となっている。サイバー攻撃による情報の窃取は古くからある大きな問題である。しかしそれだけでなく，情報には心理的・認知的な効果がある。2020年のコロナ禍や米大統領選挙でフェイクニュースが大きな問題となったのは記憶に新しいだろう。情報を，政治的な影響力に変換しようとする国家の行動は，情報戦，心理戦，影響力工作などと呼ばれる。

中国は伝統的にこれを非常に重視してきた。中国共産党には統一戦線部や宣伝部といった組織があり，抱き込み工作やプロパガンダを行っている。軍についてみると，現在では中央軍委政治工作部と戦略支援部隊がこれを担っている。

(5) 軍事外交と海外への展開

本章第2節で述べたように，中国の安全保障の範囲はグローバルに拡大している。そのなかで，二国間や多国間の軍の交流や共同演習，さらに国連PKOへの参加などを通じて，海外における安全の確保を目指す，「軍事外交」が活発に行われている。

危機管理

中国と衝突の可能性のある国家との間では，危機管理メカニズムの構築が行われてきた。西太平洋海軍シンポジウムにおいて，多国間で海上での偶発的な衝突回避のために手順や決まりを定めた海上衝突回避規範（2014年）に中国も合意した。また米国との間では，米中軍事海洋協議協定（1998年），相互通報メカニズム（2014年）が，日本との間では，日中海空連絡メカニズム（2018年）が作られた。ただし，こうした危機管理メカニズムは，意図せぬ事故から軍事衝突にエスカレーションすることを防止する効果があるが，意図的な攻撃を防げるわけではない。

国連平和維持活動（PKO）や海賊対処

中国は，国連PKOに積極的に参加している。中国はこれまで25の国連PKOミッションに参加し，のべ4万人を派遣してきた。国連PKO分担金は2016年以降，米国に次いで2位となっている。近年では，8000名のPKO待機部隊を創設するなど，積極姿勢を強めている。

また，2008年から中国はソマリア・アデン湾における国際的な海賊対処活動に参加している。これは，中国にとっても重要なシーレーンの安定とともに，責任ある大国としてのイメージの拡散もその主眼にあったといわれている。

同時に，こうした活動に伴って，中国は，2017年に東アフリカのジブチに初めての海外基地を建設した。アデン湾海賊対処を続けるなかで，補給が明らか

な課題であり，そのために海外基地が必要となった。今後，さらに海外基地を増やすかどうかが注目される。

5　軍の能力はどの程度向上したか

　最後に，それでは中国の軍事力はどの程度向上したのだろうか。ここでは装備の近代化と組織の統合化を概観したうえで，人民解放軍の問題点・課題についてもみてみよう。

⑴　装備の近代化と能力の向上

　人民解放軍は装備の近代化を速いテンポで進めており，その強化が顕著である。
　中国の軍事力の中心となっているのは，その強力なミサイル戦力である。ミサイルには，弾道ミサイルと巡航ミサイルがある。弾道ミサイルは一般により多くの爆薬を搭載できるのに対して，巡航ミサイルは艦船や航空機などに搭載可能である。中国は特に短距離（500km 以下）および中距離（500〜5500km）の弾道ミサイル，および様々なタイプの巡航ミサイルを発展させてきた。これら

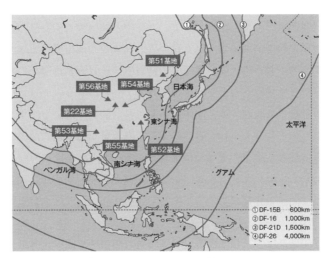

図3−2　中国の主要中距離弾道ミサイルの射程
出所：*IHS Jane's Strategic Weapon* 2015-2016の数値をもとに作成された図版を防衛
　　　研究所編（2016：42）より引用。

は台湾や日本などを射程内に収めている。これらミサイルの命中精度は著しく向上しており、周辺諸国の懸念は増大している（図3-2）。

　また海軍力の増強が顕著である。中国海軍は艦艇・潜水艦など300隻以上を保持し、艦艇の大型化も進んでおり、規模でいえば米国以上で、世界最大の海軍となっている。装備の近代化も顕著である。中国は初の空母となる遼寧を2012年に就役させ、また2019年には国産空母の山東が就役した。

　空軍についてみると、J-11やJ-20など戦闘機の近代化が進むとともに、H-6Kをはじめとして爆撃機の攻撃能力が向上している。また指揮命令の伝達、情報収集、空中給油、輸送などを行う様々な支援機も発展している。そのほか無人航空機（UAV）の導入も盛んに行われている。

　陸軍は、中国の紛争の正面が海洋にあることから、中心的な役割からは外れている。ただし、インドとの武力衝突にみられるように、大きな紛争が起きる可能性は引き続きある。特に、山岳部に素早く部隊を展開させることが重要となっており、ヘリコプターなどの輸送手段が強化されている。

　装備の近代化は明らかであり、この面において強大な中国軍というイメージはかなり正しいといえるだろう。

(2)　軍の課題・問題

　人民解放軍の能力向上は著しいとはいえ、様々な問題や課題を抱えていることも事実である。装備の近代化が進んだ一方で、それを使う組織と人材には、いまだに様々な問題がある。

　第一に、組織の統合化である。現代の軍隊は、陸海空といった軍種ごとにバラバラに戦うのではなく、作戦目標に応じて各軍種を統合的に運用する。このような統合作戦は、従来の軍種の垣根を超えて指揮・情報を統一しなければならないことから、実施が非常に難しい。中国は、世界で最も統合化が進んだ米軍をモデルに、統合作戦の実施を目指して、先に述べた戦区制の導入や訓練の改革に取り組んでいる。

　第二に、実戦経験の不足である。中国は1979年の中越戦争以来、大規模な戦争を経験していない。実戦経験を訓練だけで補うことはできないため、常に実戦を経験している米軍と比べ、この経験不足は中国が明らかに劣っている点で

ある。

　第三に，人材の確保と教育である。現代の戦争が，情報化および統合化して
いくにつれて，より知識集約的となり，軍人にはより高度な知識が必要とされ
るようになってくる。こうした人材を育てるための軍事教育システムは，中国
ではまだ発展途上である。

　これまでみてきたように，中国にとっての安全保障は広い領域を含んでい
る。なかでも党の政権の座を守ることは至上命題であり，軍隊の第一の任務も
党の軍隊として，党の政権を守ることにある。また中国は未解決の領土問題や
国家統合の問題を残しているが，近年では大国化に伴って中国がこうした目標
を追求する方法が強硬化し，様々な軋轢を生んでいる。

　経済発展に伴って，中国の軍事力の近代化は一挙に進展してきた。そして軍
事力近代化とあわせて，中国の対外政策が強硬化したことで，周辺諸国の懸念
が高まっている。この傾向は今後も続くだろう。中国は情報化，さらには知能
化戦争の時代を見越し，さらなる軍事力近代化を進めると思われる。中国は，
自国が平和な外交政策と防御的な国防政策をとっていると説明し，「中国脅威
論」は誤りであると反論してきたが，これを行動で示す必要があるといえるだ
ろう。

　ただし，中国軍事には様々な側面があることも理解する必要がある。軍事力
近代化は，装備だけでなく，組織や人材の変革も必要であり，この面ではまだ
課題も多い。また国連 PKO への貢献など中国の国際社会への貢献が大きくな
ることは，必ずしも悪いことではない。中国の軍事力増強は日本にとって大き
な問題であることは疑いないが，同時に中国の軍事・安全保障の姿を多面的・
客観的に捉えていくことが重要である。

参考文献

防衛研究所編　2016『中国安全保障レポート2016』。
中華人民共和国新聞弁公室　2019「新時代的中国国防」。
Office of Secretary of Defense 2020. *Military and Security Developments Involving the People's Republic of China: Annual Report to Congress.*

●読書案内●

....

『チャイナ・リスク』川島真編，岩波書店，2015年
　　　　　広い意味での中国の安全保障問題を全般的に知るのに適した書籍。軍改革
　　　　　前の出版のため，人民解放軍についての記述はやや古くなっているが，現
　　　　　代中国の様々な問題をカバーしている。

『中国人民解放軍の全貌──習近平　野望実現の切り札』渡辺悦和，扶桑社，2018年
　　　　　陸上自衛隊東北方面総監や防衛研究所副所長を務めた元将官による軍事の
　　　　　視点からみた分析。比較的冷静な評価を下しており，軍そのものについて
　　　　　知るための第一歩となる新書。

『中国はなぜ軍拡を続けるのか』阿南友亮，新潮社，2017年
　　　　　中国の軍拡の政治的背景や経緯を論じた選書。一党独裁，ナショナリズム
　　　　　と暴力の関係に注目し，毛沢東時代から現代にいたる中国現代史を概観し
　　　　　ている。

....

国防費
何が問題なのか

　中国の国防費の伸びがしばしば話題になる。毎年３月の全国人民代表大会の時期に，中国の国防費が大きく伸びたというニュースが流れるのは恒例ともいえるだろう。では，中国の国防費は何が問題なのだろうか。

　まず，中国の国防費が，過去20年にわたって大きく伸びてきたことは間違いない。2021年の国防費は前年比6.8％増の約１兆3553億人民元（日本円で約22兆6000億円）で，米国に次いで世界２位であった。2011年が約6011億元だったので，10年で２倍以上に増えたことになる。また国際的にみれば，日本の令和３年度防衛予算が５兆3422億円であるので，それよりも４倍ほどの資金が注ぎ込まれていることになる。なお米国は7054億ドル（日本円で約77兆円）であり，中国はこれに比べるとまだかなり小さい。

　中国経済の成長を考えれば，国防費が伸びるのはある意味当然ともいえる。ただし，近年中国の経済成長率が下がっているのに対して，国防費はそれを上回る伸びを続けていることも確かだ。

　最大の問題は透明性である。中国は，国防費の内訳を詳細に示していない。また中国が国防費として発表している数値は，中国の軍事関連支出のすべてではない。例えば武警の予算は国防費のなかに入っていないし，民兵，装備の研究開発費，退役軍人の保障，軍事施設費用の一部または大部分も計上されていない。そのため，実際の軍事関連支出は公表数字よりも大きいと考えられている。

第4章

法　　律

中国が目指す「法治」

石塚　迅

人民大会堂の正面外観（2013年，北京にて Songquan Deng 撮影。stock.foto 提供）

法（法律）は，人々が社会を組織し，その社会のなかで生活を営むうえで，なくてはならないものである。中国の憲法・法制度は，私たちがこれまで学んできた日本の憲法・法制度とどこが違うのだろうか。日本にとって，中国は律令制の母国であるにもかかわらず，今日，少なくない日本人は，現在の中国について，そもそも法なんてないんじゃないか，法はあったとしても守られていないんじゃないか，というイメージを抱いている。実際はどうなのだろうか。なぜ，そのようなイメージが生まれるのだろうか。

1　中国法の歴史

(1)　伝統中国の法

　周知の通り，中国は「法」について悠久の歴史を有している。古くは，春秋・戦国時代（紀元前770年〜紀元前221年）にすでに各地域（各国）で成文法典が制定されていたことが明らかにされている。この間，様々な思想が生まれ，とりわけ，国の統治術をめぐり，仁や礼を重視して徳による政治を説く儒家と，道徳的・倫理的基準を排除し信賞必罰を中心的内容とした強制的規範たる法による政治を説く法家との間で，激しい論争が展開された。秦（紀元前221年〜紀元前206年）の始皇帝が法家思想を採用し，宰相李斯によって儒家に対する弾圧，いわゆる「焚書坑儒」が実行されたことはよく知られている。

　その後，法の整備は漢（紀元前206年〜220年）に引き継がれ，魏晋南北朝時代（220〜589年）に法典編纂が大きく進展する。律令制の確立である。隋（589〜618年），唐（618〜907年）の律令が日本に移植され，「大宝律令」（701年），「養老律令」（757年）のもととなった。

　律とは，罪と罰について定めた体系的な法典であり，令とは，国制について定めた体系的な法典である。ざっくりといえば，現在でいうところの刑法にあたるものが律，行政法にあたるものが令である。

　近現代において，法は，しばしば，公権力（国や地方公共団体）と私人（個人）との関係および公権力の内部関係を定めた公法と，私人相互の法律関係を規律した私法とに類別される。伝統中国の法は，刑法と行政法を中心とする公法の領域に限られ，民法・商法をはじめとする私法は欠如していたのである。もちろん，伝統中国においても，土地の売買や賃貸借，金銭消費貸借，財産の分割，婚姻，養子縁組などをめぐる紛争は発生した。こうした（今の私たちからみれば）「民事」の紛争に対して，基本的に国家は当事者間あるいは社会内部での自主的解決に委ねるという態度をとった。国家が関わるとしても，そこに刑事と民事の区別はなく，「民事」紛争は軽微な刑事事件として処理された（小口他 1991：19-50，高見澤他 2019：3-11）。

(2) 近代法の移入

　伝統中国の法体制，すなわち律令制は，清（1644～1912年）の時代に至るま
で，その根幹部分に大きな変化はなかった。それが変容を迫られたのは，日本
と同じく，「西洋の衝撃」によってであった。アヘン戦争敗北（1842年）以降，
清は様々な不平等条約の締結を余儀なくされ，その半植民地化は進行する。直
接的には不平等条約の改正のため，さらには国家・民族の生存，強国の建設
（救亡図存）のために，清はおそるおそる西欧近代法の移植へと舵を切った。
注意すべきは，西洋の法制度・法原理の多くが，いったん日本を経由して中国
に入ってきたことである。1908年に発表された『欽定憲法大綱』は，『大日本
帝国憲法』の模倣であったし，同じ時期に相前後して起草された『大清刑律草
案』『大清民律草案』『大清商律草案』などは西欧近代法の要素を色濃く含んで
いたが，これらの起草には日本人法学者の協力があった。近代になり，先生と
生徒の立場が入れ替わった点が興味深い。

　清は「辛亥革命」（1911年）の勃発で滅亡するものの，西欧近代法の移植は
中華民国（1912年～現在）においてさらに進展した。間断なく続く内戦や外国
（1930年前後からはとりわけ日本）の侵略のなかで，その実効性には自ずと限界
があったものの，1920年代末から40年代にかけて，民法，刑法，会社法，民事
訴訟法，刑事訴訟法といった主要な法律が陸続と制定されていった。アジア・
太平洋戦争終結後の1947年1月には『中華民国憲法』が公布された。中華民国
にとっての悲願であった不平等条約の改正についても，この間に実現してい
る。こうして中華民国による西欧近代法の移植はひとまず結実したが，これら
中華民国諸法が実際に機能し始めるのは，中国国民党の主導する中華民国が戦
後の内戦で敗れ台湾に渡った後のことであった。

(3) 中華人民共和国の法

　大陸において中華民国の法整備が進むなか，1921年に創立された中国共産党
は，中国国民党との内戦（国共内戦）や日本との戦争（日中戦争）のなかで，
その支配地域を拡大し，独自の法制度を形成した。
　中華人民共和国成立直前の毛沢東の論述が示唆に富むので以下に引用する。

「帝国主義の侵略は，西側に学ぼうとする中国人の迷夢を打ち破った。不思議なことだ。どうして，先生はいつも生徒を侵略するのだろうか？　中国人は西側から多くのものを学んだが，それらは通用しなかったし，理想はいつも実現できなかった。（中略）西側のブルジョア階級的文明，ブルジョア階級的民主主義，ブルジョア階級共和国の構想は，中国人民の心のなかで一斉に破産してしまった」（毛1991：1470-1471）。

　中国共産党（以下，共産党または党と略記する場合がある）は，1949年2月に『国民党の六法全書を廃棄し解放区の司法原則を確定することに関する指示』を発布した。中華人民共和国の法が，西欧近代の拒否，中華民国法の全面否定からスタートしたこと，その背景に侵略のトラウマがあったことを確認しておきたい。

　このような経緯から，中華人民共和国成立初期の法制建設にあたっては，社会主義国としては先輩にあたるソビエト連邦の法理論・法制度が全面的に参照された。1954年に制定された中華人民共和国初めての憲法は，『1936年ソ連憲法』（スターリン憲法）に範をとったものであった。憲法制定以降，一時的に法整備・法典重視の路線が採用されるものの，1950年代後半から，法制度そのものが，「大躍進」「反右派闘争」「文化大革命」といった階級闘争や大衆運動を推進するにあたっての「障害」とみなされ，攻撃の対象となっていった。

　1978年に政治経済の路線転換がなされて以降，法整備は急ピッチで再進行した。経済の再建，外資の導入を中心とする「改革開放」政策の推進のために，法整備は不可欠・喫緊の課題であった。各種の組織法，『刑法』『刑事訴訟法』『婚姻法（改正）』『民法通則』『相続法』『行政訴訟法』『民事訴訟法』など，1990年代までに主要な法律がそろっていった。「改革開放」政策の初期の立法において，参照の対象は，渉外経済法などごく一部の法分野を除き，依然としてソ連法が中心であったが，東西冷戦の終焉とソ連の解体，鄧小平の「南巡講話」（1992年）以降，とりわけ，私法（民商法）分野において社会主義法の概念があいまいになっていく。それに伴い，参照の対象も，ヨーロッパ大陸法，英米法，日本法へと多様化していった。ソ連法の影響を脱する形で，『会社法』『労働法』『契約法』『企業破産法』『物権法』などの立法が続いた。

立法のみに着目すれば，現在，すべての分野をほぼカバーしたといってよい。中華人民共和国（以下，中国と表記する場合がある）に法はあるのである。

2　憲法と国家機構

第1節において，現在，中国ではほぼすべての分野における法がすでに整備されていると述べた。それでは，次にその内容についてみていこう。まず，憲法である。

(1)　四つの憲法

中華人民共和国は，1949年10月の成立以降，四つの憲法を制定・公布している。

成立当初は，『中国人民政治協商会議共同綱領』が臨時憲法の役割を果たした。『共同綱領』は社会主義の実行を明示せず，資本主義経済に配慮する規定をも設けていた。その後，「土地改革」や「反革命鎮圧運動」が一段落したことを受けて，社会主義への本格的移行が提起されるなか（「過渡期の総路線」），毛沢東を長とする憲法起草委員会が設置され，1954年9月，第1期全国人民代表大会第1回会議において憲法が採択された（『1954年憲法』）。その後ほどなくして，上述したように法制重視の路線は挫折し，『1954年憲法』は機能不全に陥った。「文化大革命」の末期に制定された『1975年憲法』は，「極左」路線の一つの到達点であり，今日では「文革憲法」などと俗称されている。毛沢東死去，「四人組」逮捕（1976年）後の政治的混迷のなかで採択された『1978年憲法』は，『1954年憲法』のいくつかの原則・規定を復活させ，「四つ（工業，農業，国防，科学技術）の現代化」を国家の全般的任務として掲げるなど，『1975年憲法』の路線からの「決別」を模索しつつも，なおそれは不十分であった。

「決別」が明言されるのは，1978年12月の共産党第11期中央委員会第3回全体会議（11期3中全会）においてである。同会議では，「プロレタリアート独裁のもとの継続革命」論が放棄され，「民主と法制」の強化，「経済建設」の推進の方針が打ち出された。この路線転換を受けて，新憲法の起草が進められ，1982年12月に新憲法が採択された。現行『1982年憲法』である。現行憲法は，

1988年4月，93年3月，99年3月，2004年3月，2018年3月の5度にわたる部分改正を経て今日に至っている。

(2)　人民民主主義独裁と民主集中制の原則

　現行の中国憲法を『日本国憲法』と見比べてみてほしい。憲法の中国語原文は，「百度」あたりでネット検索すれば，すぐに見つかるだろう。日本語訳については，『新解説世界憲法集』（第5版）（鈴木 2020）に直近の2018年部分改正までフォローした中国憲法が掲載されている。

　現行『1982年憲法』は，前文のほか，「総綱」「公民の基本的権利および義務」「国家機構」「国旗，国歌，国章，首都」の全4章143ヵ条から構成される。『1954年憲法』を継承し発展させたものと位置づけられる現行憲法は，まぎれもなく社会主義型の憲法であり，いくつかの点で『日本国憲法』を含むリベラル・デモクラシー型の憲法と対照をなす。

　まず，長文の「前文」に面食らう人もいるかもしれない。字数（日本語訳）にして『日本国憲法』の3倍以上であり，その内容も，前半部では「光栄ある革命的伝統」，すなわち中華人民共和国の建国と発展の歴史が叙述され，後半部では「中国共産党の指導」の正当性，国家の独立性と一体性が強調される。「総綱」も，日本で勉強してきた人にとっては奇妙にみえるかもしれない。『日本国憲法』と異なり，国家の政策目標・政策規定を詳細に規定しているからである。政策を憲法に書き入れているがために，政策が変わればそのつど憲法の修正も余儀なくされる。

　「公民の基本的権利」については，人権と関連づけて第4節で言及することとし，ここでは，「国家機構」およびそれを支える統治構造の基本原理についてみておこう。キーワードは，「人民民主主義独裁」と「民主集中制」という，やはり耳慣れないであろう語である。

　憲法は，第1条第1項において「中華人民共和国は，労働者階級の指導する，労農同盟を基礎とした人民民主主義独裁の社会主義国家である」と，第2条第1項において「中華人民共和国のすべての権力は，人民に属する」と規定する。

　人民民主主義独裁とは，人民（統治階級）の内部においては民主主義を行

い，人民の敵（被統治階級）に対しては独裁を行うという原理である。毛沢東は，中華人民共和国成立当時，「人民とは何か？　中国において，現段階ではそれは労働者階級，農民階級，都市小ブルジョア階級および民族ブルジョア階級である。これらの階級が労働者階級と共産党の指導のもとに団結し，自分たちの国家を構成し，自分たちの政府を選挙し，帝国主義の手先すなわち地主階級と官僚ブルジョア階級およびこれらの階級を代表する国民党反動派とその共犯者に対して専政を行い，独裁を行い，これらの人々を抑圧して，彼らには神妙にすることだけを許し，勝手な言動に出ることを許さないのである」と論じていた（毛 1991：1475）。

　憲法の文言上，基本的権利の享有主体は「公民」である（憲法第2章）。「公民」とは，「中華人民共和国の国籍を有する者」を指し（第33条第1項），それは外国人と対応する法律的概念である。一方で，「人民」とは，異なる歴史的時期において異なる内容を有し，それは「敵」と対応する政治的概念である。つまり，中国の「公民」は，大多数の「人民」とごく少数の「人民の敵」に区別され，「人民」のみが主権の享有主体である（＝人民主権）という論理なのである。

　続いて，憲法第3条を取り上げたい。同条第1項は，「中華人民共和国の国家機構は，民主集中制の原則を実行する」と規定する。

　民主集中制の原則には，次の三つの内容が含まれる。第一に，人民と人民代表大会との関係である。主権の享有主体たる人民が国家権力を行使する機関は，全国人民代表大会および地方各クラス人民代表大会である（第2条第2項）。全国人民代表大会および地方各クラス人民代表大会は，すべて民主的な選挙により選出され，人民に対して責任を負い，人民の監督を受ける（第3条第2項）（選挙については第1章を参照）。第二に，人民代表大会とその他の国家機関との関係である。人民代表大会は，人民を代表して国家権力を行使する機関として，その他の国家機関，すなわち国家の行政機関（人民政府），裁判機関（人民法院），検察機関（人民検察院）などを選出する。国家の行政機関，裁判機関，検察機関などは，人民代表大会に対して責任を負い，その監督を受ける（同第3項）。第三に，国家機関内部の関係および中央と地方の関係である。中央と地方の国家機構の職権の区分は，中央の統一的な指導のもとで，地方の

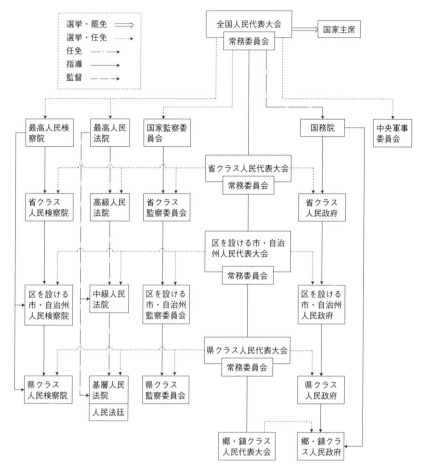

図4-1　中国国家機構図
出所：高見澤他 2019：91。

自主性と積極性を十分に発揮させるという原則に従う（同第4項）。

　民主集中制の原則に基づく国家機構を示したのが図4-1である。図と上述の説明からいくつかのことが読み取れるだろう。まず，三権分立の否定である。「人民主権」を体現する（全国）人民代表大会は，単なる立法機関ではなく，他の機関を統括する全権的な国家権力機関である。また，地方自治も否定される。地方は，中央（国家）の一部分にすぎない。例外的に，少数民族が多

く住む地域では，自治機関を設け区域自治を実施するとされるが（民族区域自治，第4条），実情は「自治」にほど遠い。第31条で設置が認められる特別行政区の香港およびマカオにおいて保障される「高度な自治」も近年急速に形骸化が進んでいる（香港の「自治」については第15章を参照）。

(3)　中国共産党の指導

　中国政治の核心が中国共産党の一党支配にあることは，第1章で詳述されている通りである。もちろん，かかる中国共産党の指導は，憲法のあり方にも強い影響を及ぼしている。

　『1982年憲法』は，「文化大革命」における法制破壊の反省もあり，共産党の地位と役割についてはそれ以前の憲法と比べてやや控えめな記述にとどめた。制定当初の『1982年憲法』において，「中国共産党の指導」の記述は前文にみられるのみである。建前として，「党政分離」を指向したのである。

　そうはいっても，実際には，前文の「中国共産党の指導」を中心とする「四つの基本原則」（①社会主義の道，②人民民主主義独裁，③中国共産党の指導，④マルクス・レーニン主義と毛沢東思想など）は，憲法の指導思想として位置づけられ，その「堅持」は「中国の各民族人民」の法的義務とされた。「四つの基本原則」に反する言論・表現行為は，厳しい取り締まりの対象となった。そして，より重要なことは，「四つの基本原則」の解釈権を党が掌握していること，それによって，党が実質的に超憲法的存在となっていることである。現行憲法の部分改正のいずれもが，その前年または前々年に開催された共産党全国代表大会における政策方針の決定を受けてなされたものである。つまり，中国において，憲法は「政治」そのものなのである。換言すれば，憲法に優位する「中国共産党の指導」は，「法」に対する「政治」の優位を示すものであり，憲法の「軽さ」を表現している。2018年の憲法部分改正で，第1条第2項に，「中国共産党の指導は，中国的特色を有する社会主義の最も本質的な特性である」という一文が挿入された。現在の中国政府・共産党は，「党政不分」体制への回帰をもはやためらっていない。

3 民法と市民社会

　平等な個人（私人）が自由な意思で契約を取り結び社会を形成する。そのことについて規定した民法は，資本主義市場経済の，さらにいえば市民社会の基礎となる法律である。公法の代表格が憲法であるとすれば，私法の代表格が民法である。

(1) 民法と社会主義

　中華民国法との断絶を宣言した中華人民共和国は，社会主義型の民法を一から作り上げる必要があった。もちろん，国共内戦・日中戦争期に中国共産党支配地域で発布した法令，ソ連・東欧諸国の民法など，参照できるものがまったくなかったわけではないが，民法典の編纂は，その時々の政治環境の影響も受け，たびたび挫折した。

　民法典がなかなか制定されなかった理由は，ひとえに，伝統的社会主義と近代民法の相性の悪さに求められる。計画経済，私有財産制の否定を柱とする社会主義体制のもとで，私人の自由な契約はそもそも想定できないのである。一例をあげれば，1964年の民法典草案では，権利，義務，物権，債権，契約といった概念はいっさい使用されず，代わりに，予算，税収，決済，物資配分といった資本主義民法にはない制度が規定されていた（王 2017：124）。

　1970年代後半以降，市場経済を推進するにあたり，中国は社会主義体制と資本主義民法との接合という課題に向き合わざるをえなくなった。この間，「社会主義の初級段階」や「社会主義市場経済」といった新しい概念が提示され，それらは憲法部分改正で『憲法』にも書き加えられた。ところが，実践のレベルにおいては，両者の接合は困難を極め，矛盾が様々な形で噴出し，法学界を中心に学術的論争が展開された。

　まず，民法と経済法の規律対象をめぐる問題である。資本主義国家においても，市場経済に対する国家のマクロコントロールは存在する。独占禁止法や不正競争防止法などの経済法によって国家は企業の公平公正な競争を保障する。中国で，民法を整備していくにあたり，自由な経済活動（民法）と国家のマク

ロコントロール（経済法）のどちらに重きをおくかが問われた。

　次に，私人間の自由な契約をめぐる問題である。1980年以前においては，契約のほぼすべてが計画経済の実現を目的として公的セクター間で締結される「経済契約」と称されるものであった。計画経済に関する規定のほとんどは1990年代に姿を消した一方，民事法において「契約自由の原則」の表現は今日に至るまで採用されていない。「自由」に代わって規定されているのは，「自願」という表現である。

　最大の難問が私有財産権（＝私人の所有権）の保障をめぐる問題であった。この難問があるがゆえに，民事単行法のなかで『物権法』の制定は最後となった。保守派は，「物権法草案」について，これは私有財産の保護を核心としており，「社会主義の公共財産は神聖不可侵である」（憲法第12条第1項）という憲法の原則を廃除しようとするものである，と断じ，草案の採択は，よりいっそう私有化プロセスの加速と貧富の格差の拡大をもたらし，共産党政権の物質的基礎を破壊するに違いない，と激しく批判した。「物権法違憲論争」が展開され，『物権法』の全国人民代表大会での審議はおよそ1年間ストップしたのである。

　なお，財産法分野の法律化が紆余曲折を経たのとは対照的に，家族法分野については，中華人民共和国成立直後の1950年に『婚姻法』が制定されている。女性の解放を謳う『婚姻法』は，労働者の解放を謳う『労働組合法』，農民の解放を謳う『土地改革法』とともに，「新中国」「人民中国」のシンボリックな法律として中国内外にアピールされた。

(2)　民法典の制定

　1980年代に，中国は，民事単行法の制定を先行させ，諸条件が整った後にそれら民事単行法をまとめて民法典を編纂するという方針を立てた。その方針のもと，まず，『民法通則』『契約法』『物権法』といった民事単行法が，上述のような論争を経て制定された。そして2020年5月，ついに中国政府・共産党および法学界の悲願であった『民法典』が採択・公布された（施行は2021年1月）。

　「総則」「物権」「契約」「人格権」「婚姻家庭」「相続」「権利侵害」の全7編1260ヵ条から『民法典』は構成される（ちなみに日本の『民法』は全5編1050ヵ

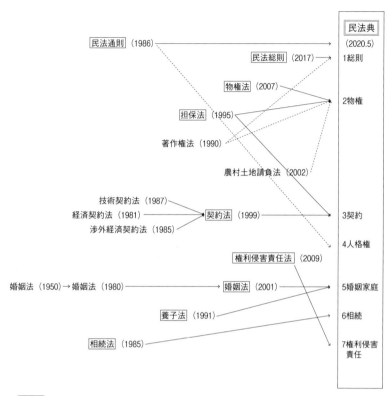

図4-2　民事法の変遷
出所：筆者作成。

条である)。民事単行法から民法典へ至る変遷を大ざっぱに整理したものが図
4-2となる。

　『民法典』は，ドイツをはじめとするヨーロッパ大陸法への傾斜を鮮明にし
ている。計画経済を前提にした規定はもはやみられない。激しい論争のあった
所有権については，「国家，集団，私人の物権は，法律の平等な保護を受け
る」（第207条）という表現に落ち着いた。こうした状況は西欧型民法への「接
近」と理解できるし，あるいは，1930年代の中華民国の民法との連続性を意識
すれば西欧型民法への「復帰」とも捉えられる。

ヨーロッパ，英米，日本，台湾（中華民国）の民法の精華を吸収したという
だけあって，『民法典』は，先進的・ユニークな規定を数多く設けている。民
事活動を行うにあたっての資源節約と生態環境保持の義務（第9条），個人情
報の保護（第111条），知的財産権の享有およびその種類（第123条），死者の人
格権の保護（第994条），臓器提供の権利（第1006条），クローン研究の制限（第
1009条），医療損害責任（第1218条〜第1228条），核施設・高速鉄道の事故に対す
る賠償責任（第1237条，第1240条）など，日本の『民法』では明記されていな
い重要な規定もある。

　しかしながら，このような『民法典』の登場によって中国に市民社会が出現
するのかといえば，必ずしもそうとは限らない。『民法典』第1条は，「民事主
体の合法的な権利利益を保護し，民事関係を調整し，社会と経済の秩序を維持
し，中国的特色を有する社会主義の発展の要求に適応し，社会主義核心価値観
を高揚させるため，憲法に基づき，本法を制定する」と規定している。「社会
主義核心価値観」とは，習近平総書記の体制になって広く喧伝されるように
なったスローガンで，「富強，民主，文明，和諧，自由，平等，公正，法治，
愛国，敬業，誠信，友善」をその内容とする。民主，自由，平等，公正，法治
といった言説・概念の解釈を党が独占し，民法に枠がはめられてしまってい
る。自由な契約関係を前提とする市民社会の形成如何は，今なお，党・政府の
掌中にあるのである。

4　法治と憲政

　1999年の憲法部分改正で，「中華人民共和国は，法律に基づいて国を治める
こと（依法治国）を実行し，社会主義法治国家を建設する」という条文が新設
された（第5条第1項）。ところが，他方で，習近平政権は，「我々は，西側の
いわゆる『憲政』『三権分立』『司法の独立』といった道は決して歩まない」と
繰り返し明言している。ここでいう西側の「憲政」とは，立憲主義（国家権力
の濫用を抑制して個人の権利・自由を保障する思想・制度）を指している。「法
治」の受容と「憲政」の拒絶，一見すると相反するようにみえる中国政府・共
産党の立場について，さらに考察を進めたい。

(1) 人権問題

　個々人の人権の保障は，近代立憲主義の眼目である。それゆえに，人権もまた当然に，第1節で引用した毛沢東の「破産」宣告の対象となった。中華人民共和国成立以降，中国政府・共産党は，国際的な場を除いて「人権」という語の使用を忌避し，憲法・法律用語においても，「人権」ではなく「公民の基本的権利」という語が用いられてきた。西側の「人権」は虚偽的・形式的なものにすぎず，「公民の基本的権利」こそが「広範性」「公平性」「真実性」を具えているというのである。

　憲法の「公民の基本的権利および義務」の章では，平等権，政治的権利および自由，宗教信仰の自由，人身の自由，社会的・経済的権利，文化的・教育的権利など，とても詳細なカタログが示されている。しかしながら，同時に，「いかなる公民も，憲法および法律が規定する権利を享有すると同時に，憲法および法律が規定する義務を履行しなければならない」（第33条第4項）や，「中華人民共和国の公民は，自由と権利を行使するにあたり，国家・社会・集団の利益およびその他の公民の合法的な自由と権利を損なってはならない」（第51条）といった規定により，これらの権利の保障は極めて限定的なものとなっている。

　「人権」という語については，1970年代後半以降，状況に微妙な変化が現れた。「改革開放」政策の進展のなかでしばしば顕在化した民主化運動における民主活動家や民主派知識人の人権要求，および民主化運動武力弾圧に対する西欧諸国や国際的な人権NGOの激しい批判に対抗・反駁する過程において，中国政府・共産党は，一度は拒絶・否定した「人権」という語を再び使用し始めたのである。上述の「法治」に続き，2004年の憲法部分改正では，「人権」という語が憲法入りを果たした（第33条第3項）。

　ただし，中国政府・共産党が提示する「人権」は，西欧近代立憲主義でいう人権とは発想を異にしている。具体的にいえば，①人権に対する主権の優位，②「生存権」最優先および「発展権」重視，③「共産党の指導」の堅持の3点をその特徴とするきわめて国権主義的色彩の濃い人権観である。すなわち，中国の「人権」は，一国の主権の範囲内の問題であり，政府・共産党が国家の安

定を保持し国力を増強することにより，最優先課題である中華民族の「生存権」と「発展権」が十分に実現されるというのである。「人権」は，人の人たる所以から由来する（天賦人権）のではなく，国家・法律により付与されるものであることが強調される。

　中国の人権問題は，「憲法があるにもかかわらず」生じているわけではない（もちろん，そうした側面もある）。立憲主義的意味の憲法とは異質の「憲法があるがゆえに」，人権や自由が抑圧・侵害される場合もあるのである（石塚2019：2-25，140-169）。

(2)　裁判制度

　法治国家では，権利を国や他の私人・私企業から不当に侵害された場合，市民は裁判を通じて権利の回復・実現を求めることができる。中国の権利救済のメカニズムはどのようになっているのだろうか。

　司法機関も，「反右派闘争」「文化大革命」の時期に，「公安，検察，法院（公検法）を叩きつぶせ」というスローガンのもと，大衆運動の激しい攻撃にさらされ，一時壊滅状態に陥った。司法機関の本格的な再建が図られるのは，『1978年憲法』の制定以降のことである。

　現在，人民法院は，最高人民法院以下，高級・中級・基層の地方各クラス人民法院によって構成されている。裁判は第二審が終審となる（四級二審制）。最高人民法院は個別事件の審理は行わない。ただし，刑事裁判で下された即時執行の死刑判決については，最高人民法院での審査・承認を経る必要がある。

　日本を含む西欧近代国家と大きく異なるのは，「司法権の独立」が憲法原理的に否定されていることである。上述した民主集中制の原則からの当然の帰結である。また，法令や行政行為が憲法に違反していないかどうかを審査するいわゆる違憲審査制も司法には認められていない。憲法監督・憲法解釈は全国人民代表大会およびその常務委員会の権限である（憲法第62条第2号，第67条第1号）。公正な判決を下すことを保障するために，人民法院が独立して裁判権を行使することが憲法上規定されているものの（憲法第131条），裁判の独立は，実際には，人民法院内外からの制度的・非制度的な圧力と干渉によって有名無実化している。裁判委員会による討議，判決の内容に対する院長・廷長の審

査，党委員会・党政法委員会による司法機関への指導といった圧力や干渉が，結果として，「先に判決を決め，後から審理する（先定後審／先判後審）」「審理する者は判決を下さず，判決を下す者は審理せず（審者不判，判者不審）」といった深刻な問題をもたらしている。

　1989年に公布された『行政訴訟法』は，「民が官を訴える（民告官）」ことを可能にしたと大きな注目を集めた。中国の行政訴訟において，原告（市民）側の勝訴率は，一時期，30％前後に達していたといわれる。ところが，近年，その比率は急降下しており，そればかりか，行政訴訟，さらには民事訴訟さえ提起することが難しくなってきている。

　まず，法院は，政治的に敏感な案件，社会的な影響が大きな案件については，訴訟を受理したがらない（受理難）。農村の土地収用，強制立ち退き，国有企業改革，労働争議，環境汚染などをめぐる紛争については，法院は，地元の党委員会や人民政府と協調して慎重に対処しなければならないとされている。次に，幸運にも「受理難」を潜り抜けて裁判を実現できたとしても，法院に判決を出してもらえるかどうかは分からない。民事訴訟・行政訴訟において，法院は，判決を出すことにより生じる様々なトラブルを嫌い，調停による和解を奨励ないしは強要する。近年，調和のとれた社会（和諧社会）が強調されていることともあいまって，党は紛争解決にあたり調停優先を前面に打ち出している。さらに，首尾よく判決が出されたとしても，判決が執行されない（できない）という問題が最後に待ち受ける（執行難）。行政訴訟における行政側敗訴，地方をまたぐ民事訴訟などのケースで顕著である。この背景には，それぞれの地方の党委員会が法院に強い影響力をもつという中国独特の地方保護主義があると指摘される（小口・田中 2012：75-100，高見澤他 2019：354-370）。

　これら受理難，調停優先，執行難は，司法の権威を著しく傷つけている。賄賂の授受など，司法腐敗の根源でもある。その結果，一般大衆の司法への不信・絶望は極限にまでつのり，追い詰められた一般大衆の一部は，「お上」に対する直接的な陳情（信訪）や暴力を伴う集団示威行動を選択することになるのである。

(3)　中国の法は異質なのか

　本章では，法史，憲法，民法，人権，司法を概観することで，冒頭で提示し
た問いに接近することを試みた。本章で概観した中国の法理論・法制度の特質
は，主として中華人民共和国のそれである。現在の中国の法，および中国が目
指す「法治」が，社会主義国家，および中国共産党の一党体制の影響を色濃く
反映しているのは明らかであり，それがそのまま中国の法に対する私たちのイ
メージとなっている。

　しかしながら，読者の皆さんには，「中国共産党の一党体制だから」のとこ
ろで思考を止めずに，さらに思考を先に進めてほしい。思考にあたり重要なの
は，比較の視点である。中国の法理論・法制度の特質について，歴史的な連続
性はあるのだろうか（時間軸（タテ）の比較）。あるいは，他の社会主義国，東
アジア諸国（日本を含む），発展途上国との間に共通性はあるのだろうか（空間
軸（ヨコ）の比較）。

　中国の法律の最大の特徴をあげるとすれば，公と私の未分離である。近代国
家は，公的領域（公共圏）と私的領域（親密圏）を分離した。前者については，
市民（国民）は選挙という形で国家意思形成に参画し，後者については私人の
自治・自由に委ねる。私人の自由な活動を十分に保障するために，近代憲法で
は，公権力によって侵してはならない基本的人権を明記し，公権力が暴走しな
いよう権力の分立を定めた。それに対して，中国では，この公的なものと私的
なものが混ざり合っているのである。本章では，憲法における人民民主主義独
裁の理論，民法における「物権法違憲論争」や公権力の関与，人権に対する国
家・集団の優位などを現代中国における一例として紹介するとともに，こうし
た公私の境界の不鮮明という特徴が伝統中国の法との連続性を有しているとい
うことも指摘した。

　本章の冒頭の問いに対する答えは一つではない。そこにおいて考えなければ
いけないのは，中国とはいかなる社会なのか，そして，そもそも法とは何なの
か，という大きな問いである。本章だけでなく他の章を読み思考することで，
読者の皆さんなりの解答を探していただきたい。

参考文献

石塚迅 2019『現代中国と立憲主義』東方書店。

王晨 2017「民事財産法」高見澤磨・鈴木賢編『要説中国法』東京大学出版会，123-150頁。

小口彦太・木間正道・田中信行・國谷知史 1991『中国法入門』三省堂。

小口彦太・田中信行 2012『現代中国法』第2版，成文堂。

鈴木賢 2020「中華人民共和国」初宿正典・辻村みよ子編『新解説世界憲法集』第5版，三省堂，343-374頁。

高見澤磨・鈴木賢 2010『中国にとって法とは何か――統治の道具から市民の権利へ』岩波書店。

高見澤磨・鈴木賢・宇田川幸則・坂口一成 2019『現代中国法入門』第8版，有斐閣。

毛沢東 1991「論人民民主専政（1949年6月30日）」『毛沢東選集』第2版，第4巻，人民出版社，1468-1482頁。

●読書案内●

『中国にとって法とは何か――統治の道具から市民の権利へ』
高見澤磨・鈴木賢，岩波書店，2010年
清末，中華民国から中華人民共和国に至る近現代中国の法史を通観し，立憲主義，司法，市場経済と関連づけて現代中国法の現状と課題を解き明かす。法学を専門としない読者にも読みやすい。

『現代中国と立憲主義』石塚迅，東方書店，2019年
1989年の「天安門事件」から今日に至るまでの30年，中国は西欧近代立憲主義とどのように向き合ってきたのか。人権，言論の自由，人民代表大会と人民法院の関係，情報公開などの具体的論点の検討を通じて，西欧近代立憲主義と中国憲法との間の「距離」を問い直す。

『東アジアの刑事司法，法教育，法意識――映画「それでもボクはやってない」海を渡る』
阿古智子・石塚迅・山﨑直也編，現代人文社，2019年
「人権」や「法」といった，市民社会を支える事柄について，東アジアの若者の法意識を探り，大学の法教育を問う。日本の刑事裁判が抱える問題をあぶりだした映画『それでもボクはやってない』を観て，中国，台湾，香港，日本の大学生は何を考えたのか。

一人っ子政策
政治に翻弄された人口政策

....

　中国の人口は，中華人民共和国成立時にすでに 5 億4000万人を超えていた。多すぎる人口は，経済建設にあたり阻害要因になるかもしれない。早くから一部の学者は憂慮を表明し人口抑制政策の実施を提言していたが，これが毛沢東ら政府・党指導部に受け入れられることはなかった。不採用の背景には「多子多福」「重男軽女」といった農村の伝統的価値観があったともいわれる。

　人口抑制政策が実施に移されるのは1970年代末以降である。『1982年憲法』には，国策として計画生育を推進すること，計画生育の実行は夫婦双方の義務であることが明記され，各地方で計画生育に関する条例が制定された。

　計画生育の柱が「一人っ子政策」である。「一人っ子」を宣言した夫妻には様々な優遇が付与される一方，政策に違反した場合には，高額の「社会扶養費」の支払いが求められた。また，「一人っ子政策」実行の成績は地方政府の幹部の人事評価に直結するため，彼らは血眼になって政策の徹底を目指した。一部地域では強制堕胎や強制不妊手術が行われたといわれ，国際社会から非難を浴びた。

　「一人っ子政策」によって確かに中国の人口増加には歯止めがかけられた。しかしながら，長年にわたる政策によって，少子高齢化に伴う労働力人口の減少や社会保障の負担の増大，無戸籍の子どもの出現といったひずみも深刻化してきた。政府は2010年頃から徐々に「一人っ子政策」の緩和を進め，2015年に至りこれに正式に終止符を打った（『人口・計画生育法』を改正し，子ども二人を提唱）。ただし，「計画生育」が国策であること自体に依然として変更はないこと，そこに女性の産む（産まない）権利という人権の視点は一貫して欠如していたことは確認しておく必要がある。

第5章

経　　済

世界最大の経済大国にむけた発展の軌跡と展望

森　路未央

中国の貿易を牽引してきた深圳港（2019年，深圳福田保税区にて筆者撮影）

中国は，1978年の改革開放政策を契機に，建国以来の計画経済体制から市場経済体制に転換し，2010年までの約30年間で世界第2位の経済大国に発展した。本章では，はじめに，体制移行とグローバル経済への適応による発展を五つの時期に区分して軌跡を概説する。次に，西側諸国の自由市場経済とは異なる中国経済の特殊性を紹介する。最後に，習近平政権第2期にあたる現在の経済課題と今後を展望するヒントを示す。

1 社会経済の構造

(1) 人口——少子高齢化が進む

　世界最大の人口大国である中国の総人口は1949年の建国時に5.4億人，71年に8.5億人，95年に12.1億人と増加の一途をたどり，2019年に14億人を突破，2021年に14億1260万人に達した。しかし，2022年3月の国家統計局の発表によると，2021年の総人口は14億1260万人で，前年比わずか48万人増であった。65歳以上人口は2億56万人で全体の14.2％を占めた。今後の予測について，国連『世界人口推計2019年版』によると，中国は2027年にインドに抜かれ，2029年の14億4157万人をピークに人口減に転じるとされている。

　人口減に転じる兆しについて，国務院が2021年7月に発表した『第7回全国人口センサス主要データ』[*1]から概観する（表5-1）。2020年の総人口は14億1178万人に達したものの，2010年以降の年平均増加率は0.53％にとどまった。増加率を省別にみると，東北地域とその周辺からなる5省・自治区と西部地域の甘粛省はマイナスに転じている。

　少子高齢化についてみると，少子化は，0〜14歳人口の割合が2000年の22.89％から2010年の16.6％に急減したが，2020年には17.95％と若干改善した。この10年間で北京市や上海市など大都市部では少子化に歯止めがかかったが，全国的な改善はみられていない。

　なお，中国の人口政策についてみると，人口増加の抑制政策は，1973年の「計画出産運動」で出産抑制から開始した。79年開始の「一人っ子政策」は1組の夫婦に対して原則1人だけの出産を認めるもので，1980年婚姻法，1982年憲法によって法制化された。「一人っ子」宣言夫婦に奨励金や医療費などを支給，そうでない場合は罰金を科した。しかし高齢化社会，生産年齢人口の減少を迎え，2014年には夫婦のどちらかが一人っ子の場合に第2子の出産を認め，2015年にはすべての夫婦に第2子の出産を認めた。しかし，少子化に歯止めが

＊1　中国の人口センサス（「人口普査」）は，1953年（全国総人口5億9260万人）に開始した。1964年（同6億9458万人），1982年（同10億818万人），1990年（同11億3368万人）以降，10年に1回実施している（2000年：同12億6583万人，2010年：同13億3972万人）。

表 5-1　各省の人口と経済規模

	人口（2020年）			経済（2021年）		
	総数 （万人）	増加率 （%）	高齢化率 （%）	GDP 総額 （億元）	1 人あたり GDP（万元）	消費規模 （億元）
全国	141,178	0.53	13.5	1,143,670	8.1	440,823
北京市	2,189	1.11	13.3	40,270	18.39	14,868
天津市	1,387	0.69	14.75	15,695	11.32	3,769
河北省	7,461	0.38	13.92	40,391	5.41	13,510
山西省	3,492	−0.23	12.9	22,590	6.47	7,747
内モンゴル自治区	2,405	−0.27	13.05	20,514	8.53	5,060
遼寧省	4,259	−0.27	17.42	27,584	6.48	9,785
吉林省	2,407	−1.31	15.61	13,236	5.5	4,218
黒龍江省	3,185	−1.83	15.61	14,879	4.67	5,540
上海市	2,487	0.78	16.28	43,215	17.38	18,079
江蘇省	8,475	0.75	16.2	116,364	13.73	42,703
浙江省	6,457	1.72	13.27	73,516	11.39	29,211
安徽省	6,103	0.25	15.01	42,959	7.04	21,471
福建省	4,154	1.19	11.1	48,810	11.75	20,373
江西省	4,519	0.14	11.89	29,620	6.55	12,207
山東省	10,153	0.58	15.13	83,096	8.18	33,715
河南省	9,937	0.55	13.49	58,887	5.93	24,382
湖北省	5,775	0.09	14.59	50,013	8.66	21,561
湖南省	6,644	0.12	14.81	46,063	6.93	18,599
広東省	12,601	1.91	8.58	124,370	9.87	44,200
広西チュワン族自治区	5,013	0.86	12.2	24,741	4.94	8,536
海南省	1,008	1.52	10.43	6,475	6.42	2,498
重慶市	3,205	1.06	17.08	27,894	8.7	13,968
四川省	8,367	0.4	16.93	53,851	6.44	24,133
貴州省	3,856	1.05	11.56	19,586	5.08	8,907
雲南省	4,721	0.27	10.75	27,100	5.75	10,732
チベット自治区	365	1.97	5.67	2,000	5.5	811
陝西省	3,953	0.57	13.32	29,801	7.54	10,251
甘粛省	2,502	−0.22	12.58	10,243	4.09	4,037
青海省	592	0.52	8.68	3,347	5.65	948
寧夏回族自治区	720	1.35	9.62	4,522	5.28	1,335
新疆ウイグル族自治区	2,585	1.71	7.76	16,000	6.19	3,583

注 1：人口総数は31省・市・自治区の人口に加えて退役軍人（200万人）を含む数値。
　　2：人口増加率は2010年から2020年の10年間の年平均増加率。
　　3：高齢化率は人口総数に占める65歳以上の割合。
　　4：GDP は名目値。
　　5：消費規模は社会消費品小売総額の数値。
出所：人口データは国務院『2020年第 7 次全国人口普査主要数据』，経済データは国家統計局ウェブサ
　　　イトより筆者作成。

きかないのが実情である。

　総人口に占める年齢階層別推移について，15～64歳の労働生産年齢人口は2010年の74.5％をピークに，2019年は70.6％に低下，0～14歳年齢人口は1991年の27.7％をピークに，2013年は16.4％まで低下，2019年は16.8％に微増した。65歳以上の高齢者人口は，1990年は5.6％だったが，2019年は12.6％まで上昇した。

　他方，高齢化率の高まりは歯止めがきかない状況である。2020年の高齢化率は13.5％，我が国（19年28.4％）の水準には及ばないが，2000年の6.96％，2010年の8.87％の推移からみると，近年高齢化が急速に進んでいることが分かる。

(2) 経済——世界最大の経済大国を目指す

　中国の GDP は2010年に日本を抜き，米国に次ぐ世界第2位となった。2021年の GDP 総額は第1位の米国が22兆6752億ドル，第2位の中国が16兆6423億ドル，第3位の日本が5兆3781億ドルで，米中間で6兆329億ドルの差がある。しかし，この2年間で米中間の差は約1兆ドル縮小した。中国は今後10年間で年率5～6％の成長率を維持すれば，2030年に米国を抜き，世界最大の経済大国になると予測されている。なお1人あたり GDP について政府は2035年までに2020年比で倍増する目標を掲げている。

　省レベルでみると，地域間経済格差の存在が分かる。第1位の広東省，第2位の江蘇省は，すでに国別で世界第11位のロシア，同12位のオーストラリアを凌ぐ規模に達し，韓国の1兆8067億ドルに迫っている。世界54位のカザフスタン以内に，26省（26番目は吉林省で1784億ドル）がランクインしている。なじみが薄い省の多くが，よく知られた国の経済規模を超えていることや，地域間の経済格差が拡大している現実がよく分かる。

　中国の人口ボーナス期は1970～90年代といわれる。「人口ボーナス」とは総人口に占める15～64歳の生産年齢人口の割合が高まることで，多くの労働力を生産活動に投入した結果，経済発展できることが特徴である。中国は，生産年齢人口が2010年の74.5％をピークに低下し，「人口ボーナス」が終焉し，高齢者人口の割合が高まり，社会保障負担が大きくなり，経済発展が阻害される恐れのある「人口オーナス」に入っていくといわれている（関 2012）。

2　経済発展のプロセス

　ここからは建国以降の経済について，①1970年代後半までの「計画経済期」，②1978年末の改革開放政策施行から1991年までの「体制移行期」，③1992年の「南巡講話」から2001年末のWTO加盟までの「第一次高度成長期」，④WTO加盟から2012年までの「第二次高度成長期」，⑤2012年から現在までの「構造調整期」の五つに区分し，各期の経済発展状況とその要因を概説する（図5-1）。

(1)　建国以降の計画経済期

　中華民国期の19世紀半ばから1940年代までは市場経済体制下において対外経済関係が盛んで工業化を推進していた。しかし，1949年の中華人民共和国の建国により，毛沢東の革命路線が進み，50年代前半には計画経済の時代となった。78年末の改革開放政策施行までの約30年間は，政治的要因による経済不安定化が顕著な時代で，図5-1のとおり，経済成長率の増減が極めて大きかった。対外経済関係をみると，共産主義・計画経済体制に対して，西側諸国による対中封鎖が行われた。これに対して，中国は自力更生論を主張して鎖国的状

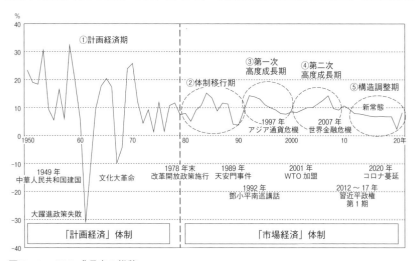

図5-1　GDP成長率の推移
出所：IMF, World Economic Outlook Databases.

況を続けた。この頃の中国の輸入は，自国で供給できない最低限必要とされる物資のみだった。輸出は，輸入に必要な外貨を獲得する程度にとどまった。

1950年代前半には重化学工業が急速に発展したが，50年代後半から60年代前半は大躍進（農業・工業の大増産を目指し，1958～61年の3年間で英国の農工業生産額を追い抜くという，毛沢東による目標）の失敗により，深刻な食糧不足がもたらされ，餓死者2000万人を出してしまう。この影響で，1958年には食糧の大増産を目的に，行政機構と経済組織が合体した組織として人民公社が設立される。この時期の農業生産は，国民に必要な量だけを生産し，その全量を政府に納め，国民に計画的に配給された。農民は自由に生産・販売できなかったため，農産物が供給過剰に陥ることは基本的に存在せず，不足が続いた。1960年代は大躍進の失敗から回復しつつあったが，1966～77年まで続いたプロレタリア文化大革命により経済は大きく後退した。

1976年9月の毛沢東の逝去に伴い政権を握った鄧小平は，経済優先の近代化路線へ大転換した。78年2月の全国人民代表大会（全人代）では鉄鋼や化学品などのプラントを西側諸国から購入することで飛躍的発展を図る方針（「洋躍進」）を掲げたが，輸入するための外貨を輸出で稼げず，貿易赤字，外貨準備高の不足に陥っていた（丸川 2021）。

(2) 体制移行期——農業部門の市場化と農村の工業化

1978年12月の中国共産党第11期中央委員会第3回全体会議（11期3中全会）において計画経済から市場経済への体制移行が決定された。しかし，急いで移行すると社会経済が混乱するので，政府は，計画経済をベースに，市場経済システムを導入してもよいと判断した産業から徐々に導入した。79年以降，経済はプラス成長が続き，安定に向かった（図5-1）。

「洋躍進」を阻害する外貨不足は海外投資の受入と輸出の拡大で解決した。1979年7月に「合弁企業法」を公布し，三資企業（独資，合弁，合作企業。独資は外国資本100％の企業，合弁は出資比率を外国資本と中国資本で分担・出資し合う企業，合作は資本ではなく契約により決定する合弁企業で今はない）の設立を認め，外資導入受入環境を整備した。80年には加工貿易制度を導入した。加工貿易は，他国から輸入した原材料や中間財を加工した製品や半製品を輸出する貿

易形態である。それまで中国の貿易は農産物など一次産品が中心だったが，工業製品の貿易額が増加し，経済成長に大きく貢献した。80年には深圳市など４都市に経済特区を設立し，外貨の集中管理，対外貿易，海外企業の投資受入など，当時の特殊政策といえる市場経済システムの導入を認めた。

　産業面ではまず，農業部門に市場経済システムを導入した。それまでの人民公社を核とした集団農業体制から，「農家経営請負制」が広がった。農民は自身が請け負いしている農地の一部で生産品目を自由に選択し，作付・販売できることになり，現金収入が増えた。こうした農民へのインセンティブ導入の結果，生産量が増加し，それまでの不足の経済から脱却できた。

　農村部では農業以外の産業が勃興，活発化・拡大化し，農村経済の発展に大きく貢献した。1980年代に，農村の末端行政は郷鎮企業を設立，農民は個人事業主として加工業などを起業した。それまでの農民は，学歴や技術に乏しく，都市での生活経験もなく，地元には非農業部門がなかったため，農業に従事するしかなかった。しかし，郷鎮企業など非農業部門で働く機会ができ，現金収入を得るようになった。

　このように政府は市場経済システムを徐々に導入したが，1980年代後半は景気過熱やインフレが繰り返し生じ，金融引締政策が繰り返され，不況となった。1989年６月４日に民主化運動を軍事力で弾圧した天安門事件が生じた。政治経済両面の不安定化により，西側諸国の外国資本は対中投資と貿易を見送り，市場経済化が後退し，経済成長にマイナスの影響を与えた（図5-1）。

(3)　第一次高度成長期(1992〜2000年)——出稼ぎ労働者が都市経済を支える

　これを打開するきっかけは，鄧小平による1992年の「南巡講話」だった。鄧は深圳などに赴き，中国は今後も市場化を加速し全面的に対外開放する趣旨の講和を発表した。このことで，中国は西側諸国の不信感を取り除き，再び貿易・投資を呼び込むことに成功した。この背景には，前述の経済特区や加工貿易制度，誘致側の地方政府間の競争などにより，低廉かつ豊富な農村労働力を生かした労働集約型組立加工工場が広く設立され，生産コストの削減と貿易利便性の提供を生み出したのである。

　沿海地域における労働需要の高まりを受け，政府は農業戸籍者の都市への移

動制限を事実上緩和し，都市部やその近郊には出稼ぎ労働者が増加した。現金収入を得た出稼ぎ労働者は実家に仕送りし，同郷の仲間に出稼ぎ先での仕事や生活などを伝達し，さらに出稼ぎ労働者が増加した（大島 1996）。当時の出稼ぎ労働者は主に中西部地域の農村出身者で，女性は10〜20歳代で工場の組み立てラインやレストランなどのサービス業に従事，男性は10〜40歳代で建設現場に従事するケースが多かった。第二次・第三次産業就業者数に占める出稼ぎ労働者のシェアは，1993年に14.7％，2011年に31.8％まで高まった。2014年の「農民工」（農村部からの出稼ぎ労働者）総数は２億7395万人，うち出稼ぎ農民は１億6821万人で，農村の就業者総数の44.3％に達した。なお，この時期に増加が続いた農民工だが，「2020年農民工観測調査報告」（国家統計局）によると，2020年は前年比1.8％減の２億8560万人で，前年より517万人減少となり，2009年の調査以降，初の減少となった。この要因は，農業戸籍者の減少，新型コロナウィルス感染拡大による移動制限などが挙げられている。

(4) 第二次高度成長期（2001〜11年）──グローバル化への適応

　2001年末のWTO加盟を機に，中国はグローバル化への適応が求められ，関税率の引き下げなどの貿易自由化，自動車部品などの物品や金融・保険・流通業などサービス市場の段階的開放を進めた。こうして国内市場と貿易・投資が拡大し，成長率10％台に至る右肩上がりの高度成長期を再度迎えた。

　しかし，2000年代中頃になると労働者不足が顕在化した。この現象を，イギリスの経済学者ルイスの二重構造論に照らし，労働の無制限供給から制限供給に転換したとする「転換点論争」が起きた。労働者不足は，工場の操業や低コスト生産に影響を与え，輸出志向型開発戦略にかげりが見え始めた。これへの対応として，各工場は自動化・半自動化を促進し，生産効率化を図った。労働者不足の理由には生産年齢人口の減少もあるが，それに加え，職業選択の幅の拡大や工場労働を好まない若年層の広がりなど労働需給のミスマッチが生じたこともあげられる。

　産業別就業者数の推移（図５-２）をみると，第一次産業の就業者は2002年の３億6640万人をピークに減少が始まり，都市で労働者不足が生じた2000年代中頃に急速に減少し，９年後の2011年には約１億人減少した。同年，第三次産

114

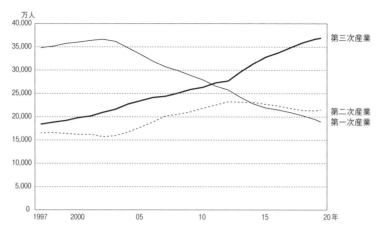

図5-2　産業別就業者数の推移
出所：国家統計局『中国統計年鑑』2020年版より筆者作成。

業が第一次産業就業者数を超過し，12年には第二次産業がピークの2億3241万人になり，以降減少の一途をたどっている。17年には全体の就業者がピークの7億7640万人となり，就業者数は減少に転じた。

　2007年に生じた世界金融危機に対する景気刺激策として，中国政府は金融機関の融資や債券発行などにより4兆元を拠出して，インフラや設備に投資した。これにより，2010年にGDPがV字回復したことは評価されたものの，投資に過度に依存した成長パターンは，過剰生産能力や債務不履行などの弊害を生んだ。政府は工場などの供給側の過剰対策としてサプライサイド構造改革を開始した。

(5)　構造調整期（2012年以降）——成長エンジンの転換を図る

　2010年代になると，成長率が6％台に低下し，高度成長期は終焉を迎えた。政府は，国内外の情勢の変化に伴う経済の中高速成長を「新常態（ニュー・ノーマル）」と称し，成長率7％を目指した。経済発展の質と効率の向上，新興産業の勃興と発展，ハイエンド消費構造の構築など経済発展モデルの転換に本格的に着手した。

　2010年代の経済課題として，第一に，前述のサプライサイド構造改革があげ

られる。同改革は，世界金融危機対応として 4 兆元を拠出したことで生じた「三去一降一補」（過剰生産能力，過剰在庫，過剰債務の削減，生産コストの引き下げ，弱点補強）の解決が目的である。具体策は，地方政府，国有企業，金融機関などに対する過剰生産能力の削減や債務返済のサポートなどである。

　第二に，付加価値や効率性の高い産業が中国経済の強みになるように産業の高度化と構造転換を実施した。製造業はハイテク産業の誘致や振興，科学技術イノベーションの人材育成を強化した。政府は数字上の成長率目標を掲げることをやめ，足腰が強い経済を作るというスタンスに転換した。高度成長の歪みである環境問題の解消にむけては，2015年に環境保護法を改正し，大気・水質・土壌の汚染規制をさらに強化した。例えば「高汚染，高エネルギー消費，資源消費」（「両高一資」）型産業への生産抑制などがあげられる。また，広東省など沿海発展地域では限りある工業用地で最大の利益（産業の高度化や納税額の増加）を得るために，既存の付加価値や技術水準の低い労働集約型産業を内陸地域に移転させ，空いたスペースに高付加価値産業を誘致することで，地域産業の構造転換（「騰籠換鳥」）を推進した。

　こうして，中国の外資誘致の姿勢は，それまでの「全面的歓迎の時代」から「選択の時代」に転換した。特に沿海部では，ハイテク外資の誘致合戦が各地で広がり，法人税率の低減など優遇による誘致強化が行われた。また金融や物流などサービス産業の投資も奨励された。大型，高付加価値型，環境に優しい，高収益型企業に高い関心が示された。他方，労働集約型，環境負荷型，低収益型（低納税型）企業の進出は誘致選好の非対象業種となった。

　2011年に中国の 1 人あたり所得が5000ドルを超え，中所得国の入口に立ったことで，「中所得国の罠」から脱出できるかどうかが議論された。中所得国の罠とは，1 人あたり所得が低所得国レベルから経済発展によって中所得国レベルに達した後，経済が停滞し，高所得国レベルに達しない現象を指す。中国は2002年に低所得国から下位中所得国，2010年に上位中所得国にレベルアップした。1960年の中所得国101ヵ国・地域のうち，2008年時点で高所得国にランクアップしたのはわずか13ヵ国・地域に過ぎない。この要因は工業技術などのキャッチアップの効果が出つくすと，賃金が上昇し，イノベーションが大切になるが，自国のイノベーションによって生産性を高められる国が少ないからとされる。

こうした背景もあり，中国は第三に，科学技術イノベーションを推進している。2012年秋の中国共産党第18回全国代表大会（18回党大会）で，「創新駆動発展戦略」（イノベーションを推進力とする経済発展戦略）を発表した。具体的には，資本・技術・知識集約型産業への転換，サービス業の発展，イノベーション，インキュベーションの強化である。2015年発表の「大衆による創業，万人によるイノベーション」政策に続き，2016年の「国家創新駆動発展戦略綱要」では，①2020年にイノベーション型国家への仲間入り，②2030年にイノベーション型国家の前列に並び，③2050年に世界的な科学技術イノベーション強国を目標に掲げた。

近年では特定の産業やビジネスで世界をリードするまでに成長した中国企業が出現している。例えば，ユニコーン企業（設立10年以内で評価額10億ドル以上の非上場ベンチャー企業）の台頭，配車サービス最大手の「滴滴出行」やレンタルサイクルの「摩拝単車（モバイク）」などのシェアリングエコノミー，アリババ社傘下のアントグループによるオンライン決済プラットフォーム「Alipay（支付宝）」などフィンテックを活用し急速に普及した電子決済システム，環境保護対策を受けた新エネルギー車の開発・製造・販売があげられる。2021年には，科学技術の自立自強を国家発展戦略の主軸とし，科学技術強国の早期構築，基幹技術のイノベーションの強化，「キーとなる核心技術」攻略戦を進める方針を示した。中国政府は自国の産業がいまだ世界を凌駕できていない理由として，基礎研究の弱さを指摘し，「基礎研究10年行動方案」の早期制定・施行を発表した。基礎研究は，中国が得意とするビジネスにつながる実用的な技術開発とは異なり，時間をかけても成果が上がるか分からないこともある。ボトルネックである「核心部品」「キーとなる基礎材料」「先進的な基礎技術」「産業技術インフラ」領域に投入を集中することが課題となっている。

最後に，消費主導型経済成長への転換にむけた内需拡大策である。世界金融危機を契機に，輸出・投資への依存を弱め，国内需要を高めて，消費が経済成長を牽引する戦略を開始した。その結果，GDP成長率の需要項目別寄与度の推移（図5-3）をみると，2011年以降，消費の寄与度が投資を上回る年が増え，投資・貿易に加え消費も経済成長を牽引するようになっている。こうした背景には，第11次5ヵ年計画期（2006～10年）の「輸出・投資への依存度を低

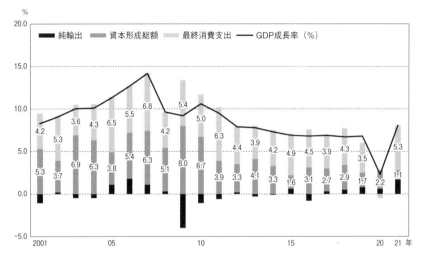

%

凡例: 純輸出　資本形成総額　最終消費支出　GDP成長率（%）

図5-3　GDP成長率に対する需要項目別寄与度
注：GDP成長率の改定にかかわらず，需要項目別内訳は改定値が公表されないため，寄与度の合計がGDP成長
　　率と一致しない年がある。
出所：『中国統計年鑑』各年版より筆者作成。

くして，国内需要を高める必要がある」という方針や，2016年の「都市の消費
力を絶やさず，農村の消費レベルを向上させる」といった「十大拡消費行動」
など，2000年代中頃以降の政策の強化があげられる。
　内需拡大にむけては所得格差の縮小が課題である。都市と農村，都市住民と
農村住民の間で拡大する格差は，市場経済体制への移行，1985年の鄧小平によ
る「先富論」，1980年代後半の沿海地域優先的発展戦略などを発端とする歪み
といえる。90年代以降，地域協調発展へ移行し，2000年代には「西部大開発」
「東北振興」など各地域に特化した成長戦略を開始した。そしてインフラ建設
の強化，生態環境の保全，農業基盤の強化と農村部の生活条件の改善，産業構
造の調整と比較優位産業の育成などを重点的に実施している。近年は，年金保
険制度の全国統一化など戸籍制度改革に着手している。また都市化の推進を通
じて，約1億人の農業戸籍者を非農業戸籍に移転し，大都市への人口集中を抑
制しながら，中小都市の人口拡大などを進める方針である。

3　中国経済の特殊性

　以上のように，中国は市場経済システムの導入とグローバル経済への適応を
進め，高い成長を遂げてきた。このことで，資本主義経済の特徴である私的所
有が国民経済の主要部分を占めるようになったが，西側の自由市場経済とは異
質であるとの見方がある。米欧日など先進資本主義国と異なる特徴として，①
激しい市場競争，②国有経済のウェイトが高い混合体制（国有と民有の併存）
の存在や民有経済への政府介入の大きさ，③政府官僚が担い手となる地方政府
間の市場競争，④官僚・党支配層の利益集団形成があげられる（加藤他 2013）。
　②に関しては，「国進民退」と称されるとおり，市場経済が進み民有経済の
シェアが大きくなりつつあるなかで，国有経済が拡大し，民有経済が縮小する
現象が生じている。背景には，自由市場資本主義に対して，強力な権限を有す
る政府・党・国有企業（国家）が市場のなかで影響力を拡大する国家資本主義
の存在がある（ブレマー 2011）。
　このように，中国には西側の自由市場経済では存在しない，あるいは存在し
てもウェイトが大きくない国家の経済への関わりがある。中国は市場経済シス
テムを導入したが，社会主義を放棄していない。中国共産党が社会主義を維持
しつつも，生産力を引き上げるために市場経済システムを導入し，国家の関わ
りが相対的に強い社会主義を維持または高いレベルに引き上げようとしてい
る。なお，「社会主義市場経済システム」の三本柱は，①株式制度など現代的
企業制度の確立，②財政・金融政策を利用した間接的なマクロ・コントロール
の確立，③全国統一した国内市場の形成であるとの公式見解である（加藤他
2013）。
　こうした特殊性があるからこそ，中国は約40年に及ぶ経済成長を遂げてきた
が，特殊性を改革しなければ，経済成長を持続できないという見方がある。
「国進民退」を問題視した李克強首相は，規制緩和を主とした構造改革の実施
を推進し，金利の自由化や既得権益層の抵抗を排する経済改革（「リコノミク
ス」といわれる）を実施し，世界の注目を集めた。

4 今後の経済政策の方向性

　近年の中国経済をグローバルな視点でみると，世界需要の低迷，米中間の貿易摩擦を発端にした覇権争奪競争の激化とそれに伴う半導体など一部の財のサプライチェーンの変化，新型コロナウィルスの世界的蔓延など外部環境の急変や不確定要素が増大し，新しい課題に直面している。課題に対して，習近平主席は2020年4月に「双循環」戦略を発表した（2020年4月10日開催の中央財経委員会第7回会議における習近平主席の「国家中長期経済発展戦略の若干の重大な問題」と題した講話での発言）。双循環戦略について，2021年3月の全人代で李首相は，「国内大循環を主体とし，国内と国際の2つの循環が相互に促進する新しい発展のパターンを形成する」と説明した。国内と国際の「双循環」とは「内需拡大」「科学技術イノベーションの推進」「産業チェーンとサプライチェーンの最適化と安定」「対外開放の推進」といった四つの要素で構成される。

　これらの要素を強化することによって，国内市場の潜在力を掘り下げ，消費を安定・拡大し，中国市場の魅力をさらに向上させ，海外の投資・技術・需要を惹きつけ，自国内で供給できる体制を構築する。自給体制の再構築は，米国による半導体などの対中供給制限に対抗する狙いもあるだろう。

　この背景として，米国は中国政府が国有企業への補助金の供与により低価格製品を実現し，米国産製品の競争力を低下させていると指摘し，中国製品への制裁関税，中国ハイテク企業への米国製品の輸出規制，ファーウェイ（華為）製品の米国での使用禁止などを実施し，ハイテク分野のサプライチェーン問題に拡大したことがあげられる。

　これに対し，中国はサプライチェーンを安定させるために対外開放の推進の強化を開始し，自給体制を構築する策も積極的に講じている。例えば，日・中・韓・ASEAN10ヵ国・豪・ニュージーランドが参加，人口（22億7000万人）とGDP（25兆8000ドル）が世界の約3割を占める大型の経済連携協定として2022年1月1日に「地域的な包括的経済連携（RCEP）協定」発効，日中韓FTA（自由貿易協定。関税など貿易制限的措置を撤廃・削減する協定）交渉など，米国抜きの対外経済関係を加速させている。

「国進民退」について中国は，米国の圧力を考慮し，混合所有制改革の積極推進，市場競争への公平な参加など実施している。他方，国有企業が質の高い発展をリードし，新たな発展パターンの形成に大きな役割を発揮しなければならないと位置づけている。米中経済関係をめぐる問題の解決は長期化の様相を呈している。

　新型コロナウィルス感染リスクの拡大によって，GDP 成長率は2020年に2.3％増に低下，2021年に8.1％増に回復したものの，2022年に入り，上海市などロックダウン地域の増加と長期化により，人の移動，工場の稼働および通常の物流が制限され，サプライチェーンが分断した結果，生産・消費が減少し，経済の下押し圧力が強まっている。しかし，習近平政権は継続してきた「ゼロコロナ政策」の堅持・強化を明言している。「ゼロコロナ政策」の賛否は常に問われているが，同政策をとらなければ，中国では医療崩壊のリスクが容易に高まり，経済にとどまらず，党・政府に対する人民の不満が表面化し，新たな混乱が生じる。これを党・政府は最も懸念していると考えられる。

　2022年秋開催の第20回共産党大会において第3期目を目指す習近平政権にとって，自国の経済発展は社会の安定を維持するための重要課題である。国内経済の成長と安定にむけた社会経済政策，対外経済関係，利益や価値観が異なる米国とのすりあわせと対立事項などに注視すると，今後の先行きが展望できよう。これらに加えて，新型コロナウィルスの感染拡大策として堅持されている「ゼロコロナ政策」による感染症拡大の完全抑止は，経済成長の維持とトレードオフの関係にある。2022年秋以降の新政権は，いかにこの両者のバランスをとった舵取りを行うのかが注目されよう。

参考文献

大島一二　1993『現代中国における農村工業化の展開』筑波書房。

大島一二　1996『中国の出稼ぎ労働者』芦書房。

梶谷懐・藤井大輔編　2018『現代中国経済論』第 2 版，ミネルヴァ書房。

加藤弘之　2016『中国経済学入門──「曖昧な制度」はいかに機能しているか』名古屋大学出版会。

加藤弘之編　1995『中国の農村発展と市場化』世界思想社。

加藤弘之・渡邉真理子・大橋英夫　2013『21世紀の中国　経済篇──国家資本主義の光

と影』朝日新聞出版。

川島真・21世紀政策研究所編　2020『現代中国を読み解く三要素』勁草書房。

関志雄　2012「ポスト・ルイス転換点の中国経済」『中国経済新論』独立行政法人経済
　　産業研究所，https://www.rieti.go.jp/users/china-tr/jp/ssqs/121030ssqs.html（最終
　　閲覧2022年3月31日）。

関志雄　2013『中国　二つの罠』日本経済新聞社。

ブレマー，イアン　2011『自由市場の終焉──国家資本主義とどう闘うか』有賀裕子
　　訳，日本経済新聞出版社。

中兼和津次編　2014『中国経済はどう変わったか』国際書院。

丸川知雄　2021『現代中国経済』新版，有斐閣。

●読書案内●

`『現代中国経済論』第2版，梶谷懐・藤井大輔編，ミネルヴァ書房，2018年`
　　加藤弘之・上原一慶編『現代中国経済論』の全面改訂版。2012年の習近平
　　政権誕生，安定成長路線への移行，中国経済の「二重の罠」，新型都市化政
　　策，「一帯一路」構想などホットイシューを網羅している。

`『開発経済学と現代中国』中兼和津次，名古屋大学出版会，2012年`
　　1949年以降の中国経済を開発経済学の視点からの理解を試みた専門書。中
　　国の経験が開発経済学に与える貢献として，人口規模の有用性，外資や政
　　府の役割などを提言している。

`『チャイナ・ショックの経済学──米中貿易戦争の検証』大橋英夫，勁草書房，2020年`
　　トランプ政権による一連の対中制裁措置の発動などに伴う米中経済関係の
　　構造変化，米中間の貿易戦争の主要論点を検証し，パンデミック後の米中
　　関係のみならず，現代国際関係・世界経済の基本趨勢を見極めている。

【コラム⑤】

地球環境問題の解決と新エネ車産業の強化

　2020年9月，習近平主席は国連総会演説で「2030年までに二酸化炭素（CO_2）排出量ピークアウト，2060年までにカーボンニュートラル実現を目指す」と発表した。2000年代に世界最大のCO_2排出国，2020年に世界の排出量の3割を超えた中国の決意表明は，国際レベルでの地球温暖化対策に拍車をかけた。

　中国のCO_2主要排出源は，鉄鋼業などの重工業，交通・運輸業である。2001年末のWTO加盟後の自動車産業の発展と急速なモータリゼーションは，CO_2排出量が急増した時期と重なる。中国の自動車産業は，GDPの約1割を占めるまで拡大し，生産・販売台数ともに年間2500万台以上を維持する世界最大市場に成長した。CO_2排出量の削減にむけ，世界の自動車産業は，ガソリン車など従来型の燃油自動車から電気自動車などの新エネルギー車（NEV）へのパラダイム転換期に入っている。中国のNEV販売台数は2012年の1万3000台から，21年には352万1000台に増加，世界の5割強を占めている。

　中国のNEV推進政策は2012年に本格的に開始し，17年4月の「自動車産業中長期発展計画」では，25年までにNEV生産台数を700万台とする目標を掲げた。さらに20年11月の「新エネルギー車産業発展計画」（2021〜35年）では，新車販売台数に占める新エネ車の割合を25年までに約20％に引き上げる目標に切り替えた。目標達成に向けて車両購入税の免除やNEV産業補助金などを進めている。また，大都市に限らず，中小都市や農村部では40万円台で購入できる低速EV車が活況を呈している。

　背景には，世界の潮流に合わせ，中国に進出したグローバルメーカーや中国メーカーがNEV事業を拡大するほか，中国企業の新規参入があげられる。他方，競争激化に伴い，2020年には国有の華晨汽車集団が倒産するなど，淘汰の動きが見え始め，中国を舞台にしたNEV市場は生き残りをかけた群雄割拠の時代となっている。

米テスラ社のEV車と充電ステーション
（2019年，北京市にて筆者撮影）

第 6 章

科学技術

知のオープン化が生み出す創造大国

高口康太

北京市国家博物館特別展「偉大なる復興」（2019年，筆者撮影）

知のオープン化は世界的な潮流だ。今や技術開発は特定の国，企業では完結せず，世界的なネットワークのもとで進められるようになっている。このトレンドの最大の受益者が中国であり，経済力のみならず基礎技術の分野でも世界をリードする存在となった。積極的に海外からの技術移転に取り組んだ歴史的経緯と多くの研究者を他国に送り出してきた蓄積によって躍進した技術力は，一方で米中対立などの摩擦を生み出す背景ともなってきた。

1 中国はイノベーション大国となったのか

　中国経済の高成長が続くなか，日本人の対中認識は近年，急速に変化し，中国は「大国」として認知されたといってもいいだろう。科学技術についても例外ではない。テクノロジーの分野でも，米国に次いで世界をリードする存在との認識が広がっている。

　この変化はごくごく最近のものだ。中国は1978年の改革開放政策を転換点として高度成長の軌道に乗り始めた。2001年の世界貿易機関（WTO）加盟によって成長を加速させ，2010年には国内総生産（GDP）で日本を追い抜いて世界2位の座についた。だが，経済力の日中逆転が起きた段階でも，技術では日本が負けるはずはないという意識が強かった。三村明夫・日中経済協会副会長（当時）が2011年1月に朝日新聞の取材に答えたインタビューは象徴的だ。同氏は「日本には中国にはない産業連携が根づいており，技術開発では負けない」と断言している（朝日新聞 2011）。

　GDPでは負けても技術では負けることはないという意識，これは当時の主流だったが，わずか10年後の今でも，隔世の感がある。科学論文数の国・地域別シェアでは，1996〜98年は日本が2位，中国は9位だったが，2016〜18年になると，中国が1位，日本は4位と逆転している（科学技術・学術政策研究所 2020）。

　日本の対中イメージが変わっただけではない。中国の自画像も変化している。2012年秋，中国中央電視台（CCTV）は「你幸福吗？」（あなたは幸福ですか？）と題した，一般市民へのインタビュー企画を実施した。胡錦濤体制の締めくくりとなる，中国共産党第18回全国代表大会（18回党大会）を前に，「小康社会（ゆとりある社会）実現の基盤」を築き，一般市民の日々の生活にゆとり，楽しさが増えたことがアピールされた（CCTV 2012）。

　その5年後の2017年にも，習近平政権第1期の成果を示すドキュメンタリー番組が放送されたが，そのタイトルは「輝煌中国（アメージング・チャイナ）」である。経済発展に加え，宇宙開発や深海探索などの国家的プロジェクトから，モバイル決済やシェアサイクルなど民間企業のイノベーションに至るま

で，中国の技術力とイノベーションが世界的なレベルに達したことが描かれている（CCTV 2017）。わずか5年の間に「暮らし向きにゆとりが出た」から「世界的なイノベーション大国」という自画像の大変化が起きているわけだ。

　中国の自画像も，日本をはじめとする海外からのイメージも，中国が新たな技術大国であることを認める点では一致している。しかしながら，そこで語られている「中国の技術」とは何だろうか。

　高いステルス性能をもつ第5世代ジェット戦闘機や，迎撃が極めて困難な極超音速滑空ミサイルの開発に成功しているという軍事面の成果。月面着陸の成功などの宇宙開発や深海探査での成果。論文数で世界一という基礎科学の成長。5G通信の標準特許で世界トップの通信設備・機器メーカーのファーウェイや，モバイル決済で世界をリードするアリババグループのような民間企業発のイノベーション。中国全土に張り巡らされた高速鉄道網などのインフラ。顔認証や音声認識などのAI（人工知能）製品の普及とそれらを活用した監視社会化。私たちの身の回りを埋め尽くす，メイドインチャイナのエレクトロニクス製品……様々なトピックが「中国の技術」として語られている。

　さらに派生的な話題にも踏み込めば，監視カメラ網や顔認証システムの大量配備に伴うスマートシティの進展，ICT（情報通信技術）を駆使した少数民族支配の強化という監視社会化といった，人権と抵触する問題もたびたび話題となるほか，先進国に比べると希薄な知的財産保護や，産業スパイ活動による海外からの技術盗用といった問題が提起されることも多い。先進国とはまったく異なる，「異形の技術大国」として紹介されることも多い。

　ことほどさように，「中国の技術」は多くのトピックを内包している。全体として中国の科学研究，技術力が前進していることは間違いないが，すべてが順調に進んでいるわけではない。個々のトピックについて，解像度を上げて見てみると，中国の技術は多くの成果を残しながらも数々の課題を抱えている。また一方で，先進国とは異なる「異形」と呼ばれる問題群についても，中国ではどのような発想から取り組んでこられたのかというロジックを追っていくと，合理的に理解しうるものもある。

　現代社会において，科学技術がもつ重要性は高まっている。これは中国だけではなく，全世界的に共通する傾向であろう。ゆえに科学技術というトピック

が複数の問題群を抱えた分野であることは必然である。本章では，歴史的経緯の理解，官による基礎研究と民による応用研究と社会実装の乖離という二つの視座を導入することで，この課題を理解していきたい。

　加えてもう一つ，中国の科学技術を考えるうえで欠いてはならないポイントがある。それが知の国際的な流通だ。今や技術は特定の国や企業だけで完結するものではなく，国際的な知のネットワークのなかで育まれている。知のオープン化の時代である。中国も例外ではない。いや，むしろ中国こそがその追い風を最も強く受けた国であろう。中国がいかにしてグローバルな知のネットワークと関わってきたのか，知のオープン化というトレンドが中国にどのような影響をもたらしのか。この視点は欠かせない補助線となる。

2　新中国の技術発展史

(1)　インフラ建設と技術開発の復興——1949〜59年

　本節では中国の国家主導の科学技術開発を取り上げる。1949年の中華人民共和国成立以後の中国科学技術開発について，(1)新中国成立から中ソ対立までの1949〜59年，(2)文化大革命を含む混乱の時期であった1959〜78年，(3)改革開放期の1978〜2012年と，時期ごとにみていきたい。

　　「研究設備の不足は深刻で，かつ基礎的な研究条件は落伍していた。一部の科学
　　者は海外に流出している。現代的科学技術は皆無といっても過言ではなかった」
　　（中国科学技術部編 2019：3）。

　中国政府による科学技術の正史ともいえる『中国科技発展70年——1949〜2019』では，新中国成立直後の科学技術研究が潰滅的な状況にあったことを赤裸々に描いている。

　新中国成立以前に，中国に科学技術研究がなかったわけではない。1860年代から欧米の技術を学ぶ洋務運動が始まり，1862年には北京大学の前身となる京師同文館が設立されるなど，近代教育を学ぶ機関が次々と設立されていく。19世紀後半から20世紀初頭にかけて，清朝の崩壊と辛亥革命による中華民国の成

立という激動の時代を迎えるが，教育研究機関の設立と拡大は続いていた。

　さらに海外の知を学ぶための留学も盛んとなった。中国で第一次留学ブームとされるのが，19世紀から20世紀初頭にかけての日本留学だった。黄興，周恩来，郭沫若など中国近代史をリードした人々の多くが名を連ねる。最盛期には中国人留学生の数は１万人を超えており，早稲田大学や法政大学には中国人留学生専門の学科が設立されたほどだった（孫 2012）。

　中華民国成立後も，1928年に国の最高研究機関にあたる中央研究院が設立され，傘下の研究機関として物理，科学，工学などの研究院が設立されるなど，中国独自の科学研究の道は進んでいた。この流れが大きく後退したのが1927年の第一次国共内戦から始まり，日中戦争，アジア太平洋戦争，第二次国共内戦，朝鮮戦争と20年以上にわたり続く戦乱だった。特に激戦が続いた日中戦争下においては多くの大学が研究，教育をできない状況に追い込まれた。北京大学，清華大学，南開大学が合同で雲南省昆明市に西南聯合大学を開校するなど，研究の火を絶やさぬための努力は払われたが，大きく後退したことは否めない。その結果が1949年の「現代的科学技術は皆無」という状況につながった。

　新中国にとって，科学技術研究の復興はまさに喫緊の課題であった。中華人民共和国建国が宣言された翌月，1949年11月に中国科学院が発足し，研究体制の回復が図られる。その大きな助けとなったのが，海外に住む中国人人材の活用だった。1950年８月時点で米国や日本を中心に5541人の中国人留学生がいたが，57年までに約3000人が中国に帰国し，研究教育を担った。また，同じ社会主義国の旧ソ連の支援もあった。60年までに9000人あまりの研究者，学生が留学したほか，旧ソ連から1200人もの技術者が中国を訪問した。旧ソ連から来た技術者たちは研究機関で科学技術を伝授したほか，インフラ建設などの現場で指揮をとった。57年に完成した武漢長江大橋は旧ソ連が支援した156工程（156件の重大プロジェクト）の象徴とされる。ほかにも発電所，製鉄所，化学プラントなど多くのプロジェクトが旧ソ連の支援のもとに推進された。

　米国や日本などからの帰国組と，旧ソ連留学組は中国科学技術事業の二本柱として，建国初期の科学技術を支える柱となったとされるが，中国であまり強調されることのないのが留用日本人だ。日中戦争終了後に中国に居住していた日本人の多くは帰還したが，一部の軍人，科学者，技師，熟練工などの研究

者，技術者は中国政府にとどめおかれた。留用日本人の正確な数は分からない
が，1万人に達するともいう（NHK「留用された日本人」取材班 2003）。日本が
残した兵器や工場，鉄道などのインフラの保守運用から技術知識の伝授まで活
躍した。1952年に完成した天蘭鉄道の建設では，元満州鉄道の技術者たちが設
計，測量，建設監督までこなしている。この留用日本人の帰国活動が終了する
のは58年のことで，日中戦争終結から10年以上にわたり，多くの日本人がイン
フラ建設や生産現場の構築に貢献していた。このように留学組，旧ソ連組，そ
して留用日本人と，新中国の誕生直後から，中国の科学技術は海外との深いつ
ながりによって支えられていた。

(2) 軍事偏重とイデオロギーの時代——1959〜78年

1950年代後半から始まる中ソ対立によって旧ソ連の支援は失われた。中国に
派遣されていた旧ソ連の技術者はいっせいに帰国し，中国は科学技術開発にお
ける重要な後ろ盾を失うことになる。また，社会主義陣営に与したことによっ
て，欧米との技術的交流も失われて久しい。中国は海外とのネットワークを欠
いたなかでの科学技術開発に取り組むことになる。

また，1957年から始まった反右派闘争で多くの知識人が中国共産党に挑戦す
る反右派分子として排除された。さらに66年から文化大革命が始まると，多く
の研究者が労働教育として農村に下放され，工場での生産活動に従事すること
となった。また，66年から69年までの4年間，高考（大学入試）が中止され，
高等教育・研究は麻痺状態に陥った。

反右派闘争から文化大革命へと続く一連の流れは，中国共産党内の権力闘争
を最大の要因とするが，科学技術に与えた負の影響は著しく大きい。特に研究
者をはじめとする知識人排斥は単に技術開発の停滞にとどまらない，多くの問
題をもたらした。

最大の被害をもたらしたのは，旧ソ連の反対を押し切って進めた大躍進政策
（1958〜60年）である。技術に基づかない生産力増強計画によって，大きな問題
が起きた。有名な「土法煉鋼」は鉄鋼生産量を増やすために原始的な溶鉱炉を
大量に造るものだが，実際に製造されたのは粗悪な銑鉄が大半だった。

また，農業分野では「放衛星」と呼ばれる事件もあった。一部地方で，官僚

が自らの政治業績のために，従来の数十倍もの収穫を実現したと虚偽の報告を行ったものだ。虚偽報告の発端となったのは，中国ロケット工学の父である銭学森が，太陽光のエネルギーを植物が吸収する効率を高められれば，農業には飛躍的な成長の可能性があるとの持論を新聞で発表したことにある。銭は米国に留学し，第二次世界大戦中には原爆開発のマンハッタン計画にも関わった一流の科学者であるが，農業については素人にすぎない。多くの知識人，研究者が排斥された結果，非科学的な主張が政治的な力をもってしまったという悲劇として理解できよう。

大躍進から文化大革命と続いた混乱で，中国の科学技術研究は大混乱をきたしたが，そのなかでも着実に発展した分野がある。それが「両弾一星」（原爆と水爆，人工衛星）プロジェクトである。多くの技術者が迫害されるなかで，銭学森をはじめとして同プロジェクトに関わる主要研究者は守られた。かくして，1964年に原爆，67年に水爆の爆発実験に成功。そして70年に人工衛星「東方紅1号」の打ち上げに成功した。

1999年に両弾一星プロジェクトに貢献した23人の研究者に勲章が授与されている。このうち，最終学歴が中国の大学だったのは2人のみ。残る21人は海外の大学で学位を取得している。米国での学位取得者だけでも11人にのぼる。海外とのつながりが縮小した時代であったが，海外での研究がこの間の軍事技術研究を支えていた。

(3) 改革開放と高度経済成長——1978〜2012年

文化大革命の終結後，鄧小平は科学技術研究の立て直しを最優先課題とした。実権を握った1977年には高考の再開など高等教育機関の正常化を発表した。そして翌78年には全国科学大会を開催し，「科学技術こそ第一の生産力」であるとして，最上位の優先順序を与えることを表明した。

同大会では「全国科学技術発展計画綱要」（1978〜85年）が採択された。農業，エネルギー，材料，コンピュータ，レーザー，宇宙，高エネルギー物理，遺伝子工学という8つの重点発展領域を定め，基礎科学の発展に注力すること，研究者数の倍増，高等教育の充実，外国人専門家の招致と留学の推奨などが盛り込まれている。

特に留学については「10人やそこらではなく，千人万人の単位で派遣しなければならない。留学の道を加速させ，その道はどんどん広くしなければならない」と発破をかけた。この鄧小平の号令によって，中国には空前の留学ブームが到来した。しかも今に至るまでその勢いは加速を続けている。中国教育部によると，1978年から2008年末までの留学生数は累計139万1500人だが，2019年3月時点では累計656万600人と激増している。留学生の大半は自費留学で，経済成長に伴う所得上昇が留学生数の増加につながった。

　鄧小平によって打ち出された科学技術重視の姿勢は，その後も歴代総書記に受け継がれていく。江沢民体制は「科教興国」（科学教育により国を興す）をスローガンとし，重点大学を制定し拡充させる211工程，985工程や，大学定員の大幅な拡大に取り組んだ。胡錦濤体制は「自主創新」（独自のイノベーション）をスローガンとした。先進国へのキャッチアップだけではなく，独自の科学技術開発とその産業化に力点をおくことを示すものである。胡錦濤体制の2002年から12年にかけては有人宇宙飛行，高速鉄道運行開始，三峡ダムの完成という，目覚ましい成果もあった。

　そして，習近平体制では「創新駆動発展」（イノベーション駆動の発展）がスローガンとなった。2015年に発表された産業政策「中国製造2025」では，5Gや航空・宇宙設備，新エネルギー車などの次世代産業10分野を重点項目に制定し，2025年までに「世界の製造強国の仲間入りを果たす」との目標が掲げられた。デジタル，AI，電動自動車など中国が強みをもつニューエコノミー分野において，技術開発を産業に結びつけることに重点がおかれている。

　各政権で異なる力点はあるものの，科学技術開発の重視という路線では共通している。研究機関，大学という公的機関での科学技術開発は一貫して着実な成長を続けていた。むしろダイナミックな変化は民間，企業の側にあった。

3　ニューエコノミーと中国

(1)　企業主導の研究開発

　中国の全社会研究開発経費は2020年に2兆4400億元を記録した。2000年の896億元から20年で27倍という成長である。GDPに占める比率もこの間，1%

から2.4％に上昇している。

　前節でみてきたように，研究機関および高等教育の拡充が続けられてきた
が，科学技術投資の爆発的な伸びを支えたのはむしろ企業である。2020年現
在，全社会研究開発経費のほぼ4分の3は企業によって支出されている。この
比率は先進国ではほぼ標準的な数値であり，改革開放以来の40年間で，中国が
国際標準ともいえる企業主導の科学技術開発体制を整備してきた現れでもあ
る。

　改革開放では民間企業の設立を認める市場化改革が進められた。このとき，
「下海経海」という言葉が新たな流行語となった。政府機関や国有企業を辞
め，起業することを意味する。政府の財源が窮乏していた時代であり，政府機
関や国有企業の給与は決して恵まれていなかった。新たに勃興した民間経済の
可能性にかけて，企業に身を投じるものもいれば，やむをえず起業せざるをえ
なかったものもいる。研究者もこの例外ではなかった。

　代表的な事例が，今や世界トップクラスのパソコンメーカーとして知られる
聯想（レノボ）である。1984年に中国最高の研究機関である中国科学院計算機
研究所に所属する研究者11人によって創設された企業だった。技術者による起
業といっても，彼らがもっていた技術を直接ビジネスに展開することはまだ難
しい時代でもあった。初期には郊外から仕入れた野菜を道端で販売して糊口を
凌ぐこともあったという。

　レノボは後に海外から仕入れたコンピュータの販売，そして中国語入力用拡
張基盤の開発と販売によって業績を伸ばしていく。そして，2004年に米IBM
のパソコン事業の買収を経て，世界トップクラスのパソコンメーカーとしての
地位を確立していく。

　ほかにも類似の経歴をもつ企業は多い。1980年代後半から90年代にかけては
校辦企業（学校企業）と呼ばれる，大学設立の企業が数多く誕生した。中国半
導体開発をリードする紫光集団をはじめ，中国を代表するテクノロジー企業と
して定着したものも少なくない。中国の大学は，国家または地方自治体の管轄
にある。その傘下にある校辦企業は純粋な民間企業とはいえない部分もある
が，一方で厳しい市場競争のなかを自力で生き抜くことを義務づけられていた
点では民間企業としての顔を色濃くもつ。

さらに北京市では，大学街の一角である中関村や，清華大学の一角にあるサイエンスパークなど，卒業生の起業を奨励，支援するハイテクパークの建設が進められる。改革開放において，中国政府は研究機関や大学による基礎科学開発を全面的に回復させると同時に，その社会実装においては校辦企業を含めた，民間企業に託していく方針を鮮明にしていった。

　清華大学サイエンスパークは1993年に設立された。米スタンフォード大学のサイエンスパークをイメージしたもので，現在では大学研究者や学生の起業したベンチャーが数百社入居している。清華大学では大学生向けの起業家教育クラス，ベンチャーキャピタルがあり，大学で学んだ知を使ってビジネスを起こしていく道程が整えられている。

　このサイエンスパークは中国全土に広がっており，2019年に筆者が清華大学サイエンスパークを取材した際に受けた説明によると，中国全土29都市に47ヵ所のサイエンスパークとインキュベーション施設があるという。清華大学を卒業後，速やかに起業できる仕組みが整えられているが，一方で海外留学組も多い。2006年，米国の博士号取得者の出身校は最多が清華大学，２位が北京大学となり，話題となった。

　一方で，こうした研究機関，高等教育機関以外からも中国の技術を担う企業が現われている。その最大の揺籃ともいえるのが中国南部，広東省深圳市だ。もともとは小さな町や村が散在している田舎だったが，改革開放以後に香港に隣接する窓口として急速に発展し，現在では北京市，上海市，広州市と並ぶ主要都市の地位についている。

　当初，深圳の発展を支えたのは製造業の下請けだった。「三来一補」，すなわち来料加工（原料支給を受けての加工），来様加工（サンプルと設計指示を受けての加工），来件装配（部品供給を受けての組立），そして補償貿易（海外企業がすべての完成品の輸出を保証）という条件を設けるのが通常だった。つまり中国側が提供するのは土地と労働者だけ。設備，原料，労働者への指示，販売などはすべて外資企業が請け負う。

　外資の参入が進んでいくと，深圳の製造業は新たな段階に入る。それは中国企業による企画製造だ。ゼロから製品を企画開発することは難しかったが，中国人のニーズや好みに合わせた改造，いわゆる「微創新（マイクロイノベーショ

ン)」を行うことで，市場を開拓していった。

　その代表例が歩歩高電子（BBK）だ。創業者の段永平は日本のゲーム機「ファミコン」の海賊版を製造し，成功を収めた人物だ。その後，語学学習用のカセットテーププレイヤー，ビデオ CD 再生機などと事業を拡大していく。現在では傘下にスマートフォン世界５位の OPPO，６位の VIVO など，国際的ブランドまで擁している。両ブランドはソニーやクアルコムなど国際メーカーとの共同開発を進め，多数の特許を擁している。ゲーム機の海賊版製造から成長したはてには，世界的なテクノロジー企業というポジションがあった。

　また，現在では世界を代表するテクノロジー企業として知られるファーウェイも，深圳を本拠とする企業である。もともとは他社が製造した電話交換機を販売する代理店だったが，次第に独自の技術開発を進め，５G 通信ではリーディングカンパニーとしての地位を得るに至った。世界知的所有権機関（WIPO）の統計によると，2017年から19年にかけての３年間，国際特許出願件数で世界一の座についている。

　改革開放以後，中国は研究機関，高等教育機関での科学研究を再開，拡充させてきた。そうした公的部門以上に急成長を遂げたのが，民間企業による技術開発である。海賊版の製造や他社製品の転売といった，もともと技術をもっていなかった企業が，成長するにつれて転身し，独自の技術開発を進めていく。技術があるから企業が成長するのではなく，企業の成長後に技術が後からついてくるという逆転がそこにはある。こうした草の根から生まれ大きく育った企業が，中国の科学技術を支えている。

⑵　AI と監視社会

　改革開放以後，公的機関，民間企業の双方で力を蓄えてきた中国だが，2010年代に入り，その努力が大きく結実する。

　2001年の世界貿易機関（WTO）加盟後，中国経済は飛躍的な成長を遂げた。2000年代の平均成長率は10％という驚異的な数字を記録している。国・地域別の GDP は2000年の７位から2010年には日本を追い抜き２位にまで躍進した。

　中国市場の大きなチャンスは海外に住む高度人材にとっても魅力的に映る。中国政府は留学の拡大を推奨し，学位取得後に海外で働く人々を「人材備蓄」

と肯定的に捉えていたが、一方でいかに留学経験者の帰国を促進させるかも課題であった。経済成長は海外で育てられた「人材備蓄」を国内へと還流させる、大きな原動力となった。

　累計の留学生は2008年3月までで約139万人、同時点での帰国者は約39万人と30％程度だった。これが2019年3月時点で約656万人が留学、帰国者が423万人となった。帰国者の比率は60％超と2倍以上になっている。

　一部の有力研究者に対しては、百人計画、千人計画といった帰国優遇策を提供している。一部で日本人をはじめとする外国人技術者の引き抜き策として報じられることも多い千人計画だが、対象者の80％は在外華人、華僑とされる。千人計画対象者には中国での研究立ち上げに必要な資金の提供などが約束されるが、それ以外にも大都市への戸籍や一定期間働いた後に安価で住宅を販売するなどの奨励策が盛り込まれていることが多い。戸籍や住宅の奨励策では外国人は対象外となるため、中国籍の研究者にとってより強くインセンティブが働く構造となっている。

　また、2010年代に入り、電子商取引のアリババグループやメッセージアプリのテンセントなどが世界的な企業に成長した。飛躍的な成長を続ける中国市場という地盤をもっていることも大きいが、加えて新しい技術トレンドが大きな追い風となった。

　ソフトウェアの分野では単一企業が開発を続けるのではなく、公開されたソースコードを無数の企業、個人が共有することによって、共同で開発を続けるオープンソース化がトレンドとなっている。知的財産を独占することによって得られる利益よりも、知を公開することによって、そのソフトウェアや技術を活用するプレイヤーが増えた方が、利益が大きくなる。

　ソフトウェアのソースコードの管理・共有サービスのGithubの登録ユーザー数をみると、国別でみれば先進国が主流であるものの、都市別でみると北京市や上海市などの中国主要都市が先進国大都市並みの水準に達していることが明らかとなった（伊藤 2020：140）。筆者が中国IT企業大手バイトダンスの元エンジニアにヒアリングしたところによると、米中のIT企業ではGithubを参照してエンジニアの採用を決めることが多いため、中国の若いエンジニアは積極的にGithubに自らが作成したソースコードを開示しているという。

また，スマートフォンと４Ｇ携帯通信によって始まったモバイルインターネットは，多くの中国発のイノベーションを生み出した。その代表例がモバイル決済である。中国ではクレジットカードの普及率が低く，ネットショッピングなどでは銀行口座からリアルタイムで決済するサービスが普及していたが，このシステムを店頭での支払いや個人間の送金にも援用したものだ。

　現在では，モバイル決済は日本をはじめ世界的に普及しつつある。また，ネットショッピングと動画を融合させたライブコマース，スマートフォンの動画やチャットを使った遠隔診療，健康相談など，中国発のイノベーションを他国の企業が取り入れる「Copy from China」のトレンドが生まれている。

4　米中技術冷戦の時代

　中国の科学技術研究は，改革開放を転機として，研究機関による基礎科学の充実，民間企業による科学技術開発という二つの路線を歩んできた。双方ともに大きな成果を上げてきているが，今後は課題も残る。

　オープンイノベーションや国際協力という形で成長を続けてきた民間企業だが，今後は追いかけるだけではなく，新たに自らの研究を増やさなければならない。2021年から始まる第14期五ヵ年計画では，中国政府は全社会の研究開発投資を年７％ペースで成長させることを表明したが，たんに総額を増やすだけではなく，独自の技術開発を可能にするべく基礎研究を重視する方針を示した。2019年時点で全社会研究開発費用基礎研究は全体の６％にとどまっており，先進国の15〜25％と比べると大きな開きがある。

　特に企業の基礎研究の取り組みが弱い。科技経費投入統計公報によると，2019年の基礎研究経費1335億元のうち，企業支出はわずか50億8000万元にとどまっている。研究開発投資全体の約75％が企業によるものだが，基礎研究に限定した場合，企業の貢献は５％に満たない。基礎研究への投入を先進国並みに引き上げるためには，企業の取り組みを強める必要がある。

　企業の基礎研究投資は2019年には前年比51.6％増と急成長したとはいえ，目標達成までの道程は遠い。特に課題となっているのは，中国で先端的な技術開発がビジネスに結びついた事例が少ない点だ。５Ｇ通信のファーウェイのよう

に，基礎研究の成果を製品にまでつなげる事例はイレギュラーな部類に属する。むしろ，すでに他国が開発し成熟した技術を活用した応用技術利益を生み出す構造が一般的だ。日本のデンソーが開発した QR コードを活用してモバイル決済というイノベーションを生み出した事例は典型的といえよう。

　むろん，先端的な技術研究に取り組む中国企業も少なくない。半導体や AI ベンダーなどが代表格だが，企業による基礎技術研究が利益につながっていない。基礎研究への投入が企業の利益につながる，「イノベーション駆動の発展」は習近平体制の科学技術スローガンである。これをかけ声だけで終わらせずに実現できるか，基礎技術への投入がイノベーションとビジネスにつながるかは今後の課題である。

　さらに国際情勢でも逆風が吹く。2018年から米中関係は大きく悪化しているが，経済，安全保障と並んで焦点となっているのが科学技術だ。中国政府は2015年に産業政策「中国製造2025」を発表した。次世代情報技術，工作機械・ロボット，航空・宇宙装備，新エネルギー自動車など重点10分野における技術力と製造力の強化を目標としている。同政策では，国産化比率について明確な数値目標を提示している。例えば産業用ロボットは，2025年までに80％以上の国産化比率を達成すると定められている。政府資金による技術開発，経営支援は公正な競争環境に反するものであるとして米国は警戒を強めた。

　そうしたなか，米国政府はファーウェイなどの中国通信機器メーカーを政府調達から外し，また米国の技術供与を制限するエンティティリストに掲載した。さらに人民解放軍に実質的に支配されている企業として，米国の投資を制限する仕組みも整えた。貿易，金融の面から中国との関係を見直すだけではなく，中国人留学生に対するビザ発給を厳格化し，これまで中国の技術発展を支えてきた知のグローバルネットワークを制限する姿勢を示している。セキュリティクリアランスといえば，政府機関や企業が採用にあたって適格性審査を実施することを意味したが，狭義の機密情報だけではなく，広い範囲での科学技術の流出を阻止すべきとの動きも広まっている。急激な中国の台頭に対し，この数十年にわたり続いた，知のオープンネットワークを再定義する必要性が議論されている。

　こうした議論に拍車をかけるのが，中国において技術が人権侵害に活用され

ているとの指摘だ。国際人権団体ヒューマン・ライツ・ウォッチは，新疆ウイグル自治区で情報技術を活用した監視が行われていると告発した（ヒューマン・ライツ・ウォッチ 2019）。新疆ウイグル自治区では100万人を超えるウイグル族住民が再教育施設と呼ばれる収容所に拘束されている。この対象者を選び出す際に，海外在住の居住者はいないか，海外との情報交換が可能なソフトウェアを利用していないかなど，複数のデータベースを照合することによって，対象者を選び出しているという。また，大手 IT 企業が提供する監視カメラシステムには，カメラに映った人物がウイグル族か否かを確認するアルゴリズムが，大手 IT 企業のクラウドコンピューティング機能として提供されていることも分かっているほか，海外への輸出も始まっている。また，少数民族地域以外でも，デジタル技術を活用した監視体制は構築されており，個人や企業に関する様々な記録を一元管理し，褒賞や処罰に活用する社会信用システムの構築も進んでいる（梶谷・高口 2019）。

　情報通信技術や AI はともすれば人権侵害や差別を促進しかねない，両刃の刃ともなりうる。そのため，世界的にこうした技術の利用については慎重な議論が行われている。中国では民間企業によるプライバシー侵害などについては制限の方向に向かっている一方で，政府による市民の監視については制約がかけられていない。知のネットワークによって形成された技術が中国国内における人権侵害に加担しかねないという問題をはらんでいる。

　こうした問題は米中関係や中国の国内問題にとどまらぬ広がりをもっている。AI や監視カメラなどのソリューションは中国から世界各国に輸出されるようになった。目覚ましい成長を遂げる中国が新興国にとっての学ぶべき模範例となっているが，人権などの課題まで輸出されかねない。新たな技術が新興国の権威主義体制を強化することも危惧されるようになった（伊藤 2020）。

　国際的な知のネットワーク，オープン化を活用して成長を続けてきた中国だが，現在は多くの点で岐路に立たされている。基礎科学の成長と社会実装の飛躍という今までは個別に発展してきた分野を今後融合し，自国での基礎技術の取り組みから新たなイノベーションを生み出せるのか。そして，中国の大国化に伴ってクローズアップされた国際関係や人権という問題をいかにクリアするのか。こうした諸問題は今後，さらに重要性を増していくだろう。

参考文献（ウェブ資料の最終閲覧はいずれも2021年3月20日）

朝日新聞　2011「日中逆転，新たな商機に——新日鉄・三村会長ら3人に聞く」朝日新聞東京朝刊1面，2011年1月21日。

伊藤亜聖　2020『デジタル化する新興国』中央公論社。

NHK「留用された日本人」取材班　2003『留用された日本人——私たちは中国建国を支えた』NHK出版。

科学技術・学術政策研究所　2020「科学技術指標2020」https://www.nistep.go.jp/sti_indicator/2020/RM295_42.html

梶谷懐・高口康太　2019『幸福な監視国家・中国』NHK出版。

ヒューマン・ライツ・ウォッチ　2019「中国——新疆で稼働する大規模な監視システム」https://www.hrw.org/ja/news/2019/05/02/329363

中国科学技術部編　2019『中国科技発展70年——1949～2019』科学技術文献出版社。

孫倩　2012「清末留日学生の教育機関——早稲田大学と法政大学を中心に」『社学研論集』20：169-184。

CCTV　2012「你幸福吗？」http://news.cntv.cn/special/nixingfuma/

CCTV　2017「輝煌中国」http://jingji.cctv.com/special/hhzg/index.shtml

●読書案内●

『中国における科学技術の歴史的変遷』林幸秀，ライフサイエンス振興財団，2020年
　　中国の科学技術政策の変遷や重要トピックを，清朝末期から現代に至るまで時系列に沿って解説している。科学技術における中国の躍進は近年始まったものではなく，どのような歴史的基盤をもつのかが理解できる。

『「科学技術大国」中国の真実』伊佐進一，講談社，2010年
　　ちょうど日中のGDPが逆転した時期に，大使館書記官として中国に滞在していた著者による一冊。状況分析もさることながら，2010年当時に日本社会が中国の技術力をどのように評価していたのかを知る意味でも貴重。

『「ハードウェアのシリコンバレー深圳」に学ぶ——これからの製造のトレンドとエコシステム』藤岡淳一，インプレスR&D，2017年
　　広東省深圳市でEMS（電子機器受託製造）企業を経営する日本人社長がみた，中国製造業エコシステム発展の記録。国家政策とは異なる，民間自生の技術活用の広がりが生き生きと描かれている。

知財保護がなくてもイノベーションは進む？

　中国は知的財産が守られない，ニセモノ大国としても知られてきた。一般に開発者の権利が守られなければイノベーションは生まれないといわれるが，米MITメディアラボのアンドリュー“バニー”ファンは，中国にはコピーを前提としつつ開発者に利益がもたらされる「公開（ゴンカイ）」というシステムがあると指摘している。

　エレクトロニクス製品の中核を担う部品が電子基板である。中国にはソリューションハウスと呼ばれる基板設計の受託開発企業が数多く存在している。彼らの商品は設計図，すなわち情報そのものであるため，簡単にコピーされてしまう。だが，それでも利益を生み出すことができるのは，設計した基板と適合する部品メーカーのリストも同時に作っているためである。設計図そのものは入手できても部品というモノは実際に購入する必要がある。設計図を入手した事業者はリストに掲載された部品メーカーから部品を購入する。部品メーカーの立場に立てば，設計図に掲載してもらえれば，その部品が売れることが約束されているため，いわば広告費としてソリューションハウスに料金を支払う。設計図という情報そのものはコピーによって価値を失うが，コピーされて無料で流通する設計図は部品の広告媒体として利益を生み出すツールとなっているわけだ。

　知財を守る特許と公開システムはどちらも完璧ではないが，長期にわたり保護される特許は技術革新に追いつかないため，公開システムの方が短期間で急激に変化する市場には適しているとファンは分析する。知財が守られることが必ずしもイノベーションの前提ではないことを示唆している。

参考文献
アンドリュー“バニー”ファン　2018『ハードウェアハッカー——新しいモノをつくる破壊と創造の冒険』高須正和訳，山形浩生監修，技術評論社。

第7章

農　業

農業大国の実態とその構造転換

寳劔久俊

西湖龍井（中国銘茶）の茶畑（2019年，浙江省杭州市翁家山村にて筆者撮影）

「世界の工場」の陰に隠れてしまいがちだが，中国は世界有数の農業大国でもある。コメや小麦，リンゴやブドウなど，多くの農産物で世界一の生産量を誇り，日本向けの農林水産物の輸出総額（2020年，農林水産省）も１兆1907億円に達する。だが，中国農業の姿は日本人にとって必ずしも馴染み深いものではない。そこで本章では，知られざる農業大国の実態と中国農業の直面する課題について，農業・農村の歴史的変遷と現代農業の経営方式，そして環境問題とその対応策を中心に解説していく。

1　中国農業の概況

(1)　世界のなかの中国農業と日中貿易

　「中国の農業」と聞くと，あまり好ましくないイメージをもつ人が多いのではなかろうか。冷凍野菜の残留農薬問題や冷凍ギョーザへの毒物混入，粉ミルクの汚染など，中国産農産物の安全・安心を疑わせる事件が日本でも数多く報道されてきた。また，「崩壊する農村」や「搾取される農民」など，読者をあおるような報道や出版物もこのような傾向に拍車をかけている。他方，中国への留学や駐在などを通じて，都市部や観光地に馴染み深い日本人は少なくないが，農村部を実際に訪問したり，農業生産者と直接交流をもったりする人は必ずしも多くない。しかしながら，中国の農村には厳しい環境のなかで逞しく生きる人々が存在しており，農業経営のあり方や農村住民の生活もダイナミックに変化している。そこで本章では，「知られざる農業大国」の実情とその変遷について概説していく。

　まず，世界のなかでの中国農業の位置を理解するため，主要国の農業関連データを表7-1に整理した。中国の農林水産総生産額は1兆62億ドルで，農業就業者数も2億497万人を誇り，アメリカやEU-28など他の国・地域を圧倒していることが分かる。そして，農林水産総生産額の対GDP比と農業就業者の全産業就業者対比でみても，中国はそれぞれ8.2％と26.8％を占め，他の国・地域の比率を大きく上回っている。また，中国の農産物輸出額は643億ドルで，農業大国であるオーストラリアの輸出額を大きく超え，農産物輸入額でみてもアメリカと同水準の1382億ドルに達するなど，中国は農業貿易大国であることが明確に示されている。

　それに対して，中国の耕地・永年作物地面積は1億3600万haで，アメリカやEU-28と並ぶ広さであるが，農業経営者あたりの平均経営面積はわずか0.7haにとどまり，日本やEU-28の平均経営面積と比べても大きく下回る。実際，中国の「農業センサス」（1996年，FAO（国際連合食糧農業機関）の国際比較データ）によると，経営面積が1ha未満の農業経営者の割合は中国全体で93％を占めるなど，農業の経営規模は非常に零細である。このように農業GDPや

表7-1　主要国の農業関連指標

	対象年	アメリカ	EU-28	オースト ラリア	日本	中国
人口（万人）	2017年	32,446	50,894	2,445	12,748	140,952
農林水産業総生産額（億ドル）	2017年	1,692	2,568	355	542	10,062
対GDP比（％）	2017年	0.9	1.5	2.5	1.1	8.2
農業就業者数（万人）	2018年	225	966	32	224	20,497
全産業就業者対比（％）	2018年	1.4	4.2	2.6	3.4	26.8
耕地及び永年作物地面積（100万ha）	2016年	155.0	117.0	46.0	4.5	136.0
平均経営面積（ha/戸）	2013〜18年	178.5	16.1	4,477.3	3.0	0.7
農産物輸入額（億ドル）	2016年	1,236	4,709	124	517	1,382
農産物輸出額（億ドル）	2016年	1,378	4,920	306	40	643

出所：『ポケット農林水産統計』令和元年版（46-47頁）より筆者作成。

就業者数，貿易額といった面で中国農業は世界に冠たる存在である一方，膨大な数の零細農家が農業経営に従事するといった，中国農業の特徴を示すことができる。

　次に農産物貿易をめぐる日中関係について，簡潔に説明していきたい。高度経済成長期の1960年代頃から，日本では小麦やトウモロコシなどの穀物，大豆やパーム油などの植物油脂原料の輸入が顕著な増加をみせてきた。そして70年代には農産物関税の引き下げと見直しが行われ，日本が輸入する農産物の品目も増えていった。さらに80年代には，日米貿易摩擦の影響で牛肉とオレンジの輸入自由化が進展し，野菜や魚介類の輸入も急速に広がってきた（佐伯1989）。野菜に注目すると，日本で消費される野菜（農林水産省の「食料需給表」）のうち，輸入野菜の占める割合（重量ベース）は，1980年の2.9％から90年には8.9％，2000年には18.6％に達し，その後も20％前後の水準を維持している。

　この野菜輸入の増大を実現可能にしたのが，中国における日本向けの野菜生産の急速な発展である。日本の大手総合商社や台湾のアグリビジネスが中心となり，中国の安価な労働力を利用して，日本市場向けの野菜生産を展開する仕組みが1990年代から形成されてきた。2000年代に入ると，外資との合弁企業に加えて地場の農業企業の展開も著しく，中国産の生鮮野菜や調味・調理食品は，国内外で広く販売されている（坂爪他編 2006，大島編 2007）。

中国産野菜の輸入動向を明確にするため，図7-1では日本の野菜（生鮮，冷凍・調理野菜）輸入額と中国産野菜の構成比を整理した。この図から分かるように，日本の野菜輸入は1990年代に急速な拡大をみせ，1990年の2424億円から2000年には3582億円に増加していった。2000年代には増減を繰り返すものの，2010年代には再び増加傾向が強まり，15年の輸入額は5467億円に達し，20年の輸入額も5033億円であった。そのうち，中国産の比率をみると，1990年の22％から飛躍的な発展をみせ，2000年には46％，2006年には54％に上昇してきた。ただし，中国産農産物の安全・安心問題や，野菜輸入に関する日本の残留農薬基準の強化の影響を受け，中国産野菜の比率は2000年代後半にはやや低迷した。それでも2010年代には5割程度の比率を依然として保っている。

　日本が輸入する中国産野菜（生鮮）のうち，輸入量の多い品目について詳しく説明すると，2020年には約21万トンのタマネギが中国から輸入され，タマネギの輸入全体に占める割合は96％であった。また，中国産のニンジンとゴボウの輸入量は8万トンと4万トンで，それぞれ輸入全体の96％と99％を占めてい

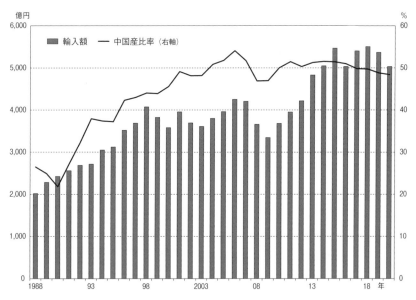

図7-1　日本の野菜輸入額と中国産比率の推移
出所：財務省「貿易統計」の概況品コード（01103）より筆者作成。

る。その他，ニンニクやショウガ，キャベツや里芋などについても，中国産の輸入比率は軒並み90％を上回っている。これらの輸入野菜は，主に外食・中食産業の総菜や定食の食材などに幅広く利用され，日本の豊かな食生活を支えてきたのである。

(2) 農業の地理的特徴

　次に，中国農業の地理的・気候的特徴について整理していく。図7-2に示されるように，中国農業は伝統的に，華北東北畑作地域，東南水田地域，西北内陸農業地域，青蔵高原地域という四つの地域に分類される。華北東北畑作地域と東南水田地域との境界線である「淮河—秦嶺ライン」（江蘇省北部を流れる淮河と陝西省西安市の南部の秦嶺山脈を結んだ線）は，年間降水量1000mmの線とほぼ一致し，この線を境に北部では畑作，南部では稲作が行われてきた。

　降水量が少なく，冬は乾燥して寒冷な華北東北畑作地域では，小麦とトウモロコシを主な作物としている。東北（黒龍江省，吉林省，遼寧省）では1年1作，華北（河北省，山西省など）では小麦（冬小麦）とトウモロコシの1年2作を中心としてきた。ところが1990年代に入ると，黒龍江省などを中心にジャポニカ米（粒が短く，粘りけがある品種）の栽培が急速に広がり，コメの一大産地

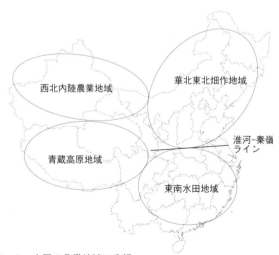

図7-2　中国の農業地域の分類
出所：大島編（2007），天児他編（1999）より筆者作成。

となっている。それに対して，温暖で降水量も多い東南水田地域はインディカ米（粒が長く，粘りけが少ない品種）の主産地で，華東（浙江省，江蘇省，安徽省など）では小麦（冬小麦）と水稲の1年2作，華南（広東省，広西チュワン族自治区など）では1年水稲2作が主流となっている。またこの地域では，コメのほかに，油料作物，生糸，茶などの栽培も盛んである。

　他方，草原や砂漠地帯が多い西北内陸農業地域（新疆ウイグル自治区，甘粛省など）では，小麦（冬小麦）とトウモロコシの1年2作を主とするが，降水量が少ない地域では1年1作を余儀なくされている。また草原が多いことから，羊や牛の放牧といった畜産業が発展し，さらに乾燥した気候と寒暖差を活かしたブドウや瓜類，綿花の栽培も広く行われてきた。そして青蔵高原地域（チベット自治区，青海省，四川省の一部）は標高4000m以上の高地に位置し，作物栽培は困難なため，放牧を中心とした畜産業が中心となっている。

　ただし，このような農業の産地区分は，必ずしも固定的なものではない。新たな品種や栽培方法の普及などの農業技術の発展と，所得向上による消費者の需要変化につれて，農業生産にも大きな転換が起こっている。前述のように，寒冷な東北においても稲作が広く普及し，地域の特徴を活かしたブランド米が東北から全国各地に流通しているのに対し，食味の面で劣る南方のインディカ米は栽培が低迷し，二期作や二毛作といった輪作体系も崩れ始めてきた。その一方で，野菜や果物，茶やコーヒー，そして花卉や漢方薬といった，より付加価値の高い農作物への作目転換も顕著な広がりをみせている。

　では，中国の農業・農村は歴史的にどのような変化を経験してきたのか。次節では中国の近現代史に立ち返り，その変遷過程について解説していく。

2　農業発展の歩み──伝統社会から現代まで

(1)　伝統社会と近代化のなかの農村と農業

　中国農村の伝統社会の姿について，長年にわたる研究によってその特徴の一端が明らかになってきた（小林1997，田原2008，菅2009）。すなわち，地縁的な村落共同体が形成されていた日本とは異なり，中国の農村では個人主義が高度に徹底され，バラバラな個人は利害関係に基づき，宗族や同業組合など「関

係」に組み込まれるが，その「関係」自体も実際には流動的かつ可変的であったという。そのため，中国の村落はその境界が必ずしも明確でなく，村を自由に離れることもでき，村落を越えた地縁的な関係も存在していた。

　その一方で，伝統的な国家支配機構における末端組織は「県」（省の下の基本的な行政区単位）にとどまり，それ以下の農村統治は民間の自然的秩序に任され，緩やかな農村統治が展開されていた。この官と民の調整役を担い，地域社会をとりまとめていたのが「郷紳」（官僚身分をもつ者の郷里での呼称）であった。彼らは納税面での優遇や徭役（強制的な労役）免除などの特権を利用しつつ，土地所有を通じて地主となったり，商業活動に従事して経済力を高めたりするなど，その経済力と名望によって地域社会を指導し，農村の秩序維持にも当たっていた。

　しかし，「清末の新政」と呼ばれる近代化政策や辛亥革命のなか，郷紳の立場も変化を余儀なくされてきた。地域社会の利益を代弁する郷紳のリーダーシップは薄れ，様々な官のポストに従事する人も増えたという。また，民国期の政情不安から，一部の郷紳は自己の財産や地位を守るため，武装集団である土匪と組んで自己防衛を図ったり，土匪や軍人出身者が官僚機構と結びつくことで，地域社会の有力者となったりするなど，その姿は大きく様変わりしている（田原 2008）。このような政治社会環境のなか，農村部での支配を着実に強めていったのが，中国共産党であった。

　地域や時期による程度の違いはあるものの，解放闘争期に共産党は各地の根拠地において，地主や富農から土地を強制的に回収し，その土地を無償で貧農や雇農に分配する急進的な土地改革を進めてきた。そして抗日戦争の終結後，共産党は立法化を通じて土地改革の路線を定め，1952年まで中国全域で土地改革を展開した。その際，共産党は工作隊を各地に派遣して現地のリーダーや共産党員を指導するとともに，人事交流も進めてきた。この手法はその後の政治運動でも広く利用され，国家の統治機構が農村に浸透していく契機となった。土地改革を通じて，全国で4666万 ha の土地が３億人の農民に分配され，土地私有に基づく多くの自作農が形成される一方で，かつての郷紳に重なる地主や富農の経済的影響力は失われていった（孫 1991，田原 2008）。

　そして新たな土地を手にした自作農の生産意欲は高まり，中国全体で1949年

から52年までの３年間で，食糧（穀類のほかに豆類やイモ類も含む）は45％，油料作物は64％，綿花は194％の大幅な増産を実現した。しかしながら，人口あたりの土地面積は絶対的に少なく，農家は零細規模での農業経営を余儀なくされた。加えて，自作農は地主からの庇護も期待できないため，自衛のために備蓄を重視する傾向も強まっていた。その結果，1952年は豊作にもかかわらず，市場に供給される農産物量が低迷し，都市に流入する人口の増加と私営の食糧業者による売り惜しみも相まって，都市部では深刻な食糧不足が発生したのである（孫 1991）。

　この問題に対処するとともに，1953年の「過渡期の総路線」で提起された重工業優先戦略を実現するため，農産物の「統一買付・統一販売制度」が導入された。この制度は，国家による食糧流通の独占的管理・統制の仕組みのことで，余剰食糧を農民から義務供出として安価な公定価格で買い上げ，都市住民などの需要者は食糧配給を受けるというものである。もともとは食糧を対象とした制度であったが，油料作物や綿花，畜産物や水産物，野菜や茶なども国家管理の対象に追加されていった。それと軌を一にする形で，農村から都市への人口・労働移動に対する管理も強化されてきた。そして1958年には戸籍制度が導入されたことによって，「農民」は職業ではなく，農業戸籍の保有者という社会的身分として扱われ，都市戸籍への転入や都市での定住も厳しく制限されることとなった。

　さらに，農業の生産・流通面の管理強化と急速な社会主義化を実現するため，中央政府によって農業集団化運動が展開された。この運動は1955年頃から急進化し，ほとんどの農民は56年末までに高級合作社に，58年末までに人民公社に加入させられた。その過程で，人民公社の規模が急速に拡大し，農地，役畜，大型農機具だけでなく，農家私有の小農具や家畜までもが公社所有となっていった。このような人民公社の肥大化と非効率な運営は，農業生産の大きな減産を招き，自然災害も相まって，大躍進期には深刻な食糧危機と飢餓が引き起こされた。

　この農業集団化運動の失敗を是正するため，人民公社の基本法となる「農村人民公社工作条例」が1961年の共産党工作会議で制定された。本条例では，人民公社―生産大隊―生産隊の三層構造のもと，20〜30世帯で構成される生産隊

を基本採算単位とすることが定められた。そして生産隊は共同労働のみならず，生産手段と生産隊労働を所有し，生産計画の策定と収益の配分に関する直接的な責任も担うこととなった。そのなかで，村落の境界が行政区画と一致するようになり，生産隊への共同体的な意識も次第に醸成されていった。

しかしながら，人民公社のもとでの集団農業には構造的な欠陥も存在した。農民が集団耕作に参加する際，作業の種類と各自労働力の質に応じて労働点数が割り当てられ，それに基づいて集団からの配分が決められることになっていた。だが，農作業は散らばって行われることが多く，しかも作柄は天候にも強く影響され，労働の質や生産への貢献を適正に評価することは困難であった。そのため，実際には性別や年齢，作業内容に応じて労働点数が便宜的に割り当てられていた。

また，集団農業にむけて農民を結束させるためには生産隊レベルでの強いリーダーシップが必要不可欠であったが，有能なリーダーは十分に存在しなかった。この平等主義的な労働評価とリーダーシップの欠如は，農民の労働意欲の減退と生産低迷を引き起こす大きな要因となった（中兼 1992）。その一方で，集団農業の効率的経営に必要な農業の機械化に関して，コンバインや田植え機などの利用は進まず，水利建設や土地改良といった公共事業においても，労働動員による自力更生に依存していた。

(2) 改革開放後の農業政策の転換

人民公社の生産管理と独占的な農産物流通は，農民の生産意欲の減退と農業生産の低迷を招き，毛沢東時代の人口増加と相まって，多くの農民は貧困に苛まれていた。このような状況を受け，1970年代末から80年代前半にかけて，人民公社による集団農業体制が見直され，農民の自発的な意思によって「農家経営請負制」（「農業生産責任制」とも呼ばれる）が急速に広まり，政府もそれを追認していった。

農家経営請負制とは，行政村や村落が所有する農地を人口や労働力に応じて農家ごとにその使用権を配分し，定額上納分と集団留保分を差し引いた残りすべてを農家が自分のものにできる制度のことである。同時期に進められた農産物流通市場の自由化や食糧買付価格の引き上げと相まって，1980年代前半には

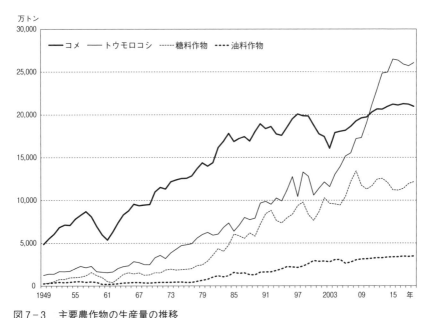

万トン

図7-3　主要農作物の生産量の推移
出所：『新中国50年農業統計資料』『新中国農業60年統計資料』『中国統計年鑑』各年版より筆者作成。

農家の農業生産意欲が顕著に向上してきた。その結果，食糧の増産を実現する
とともに，収益性の高い商品作物（油料・糖料，野菜，果物，茶など）への転作
と増産も進み（図7-3），農家の農業所得向上に大きく貢献した。なお，食糧
の増産には品種改良や化学肥料・農薬投入を通じた単収上昇の貢献も大きく，
人民公社期に構築された公共サービス（技術普及，水利設備など）の遺産がその
基盤になったことも忘れてはならない。
　さらに農家経営請負制は，農民による就業選択の幅を広げる機能も果たし
た。当時，人民公社を母体とする農村企業や，農民が所有・経営する個人企業
は急速な発展をみせ，それらは「郷鎮企業」として1980～90年代の中国経済を
牽引する役割を担っていた。農村に滞留していた人々は，より多くの収入や就
業機会を求め，地元の郷鎮企業や沿海部の工業地帯に吸収されていった。そし
て戸籍制度の段階的な緩和措置もその動きを促進し，80年代半ばには農民の地
方都市への移動が部分的に認められ，90年代には大都市への労働移動の認可と
地域限定の戸籍発行も行われてきた。

その一方で，この農業政策の転換は大きな副作用も伴っていた。人民公社の解体によって，基盤整備向けの公的積み立てが大幅に減額され，農業技術普及機構の予算削減と独立採算化も進められた。そのため，水利施設や土地基盤整備向けの投資が抑制され，農業の技術普及や水利管理，生産資材の共同購入や農作物の共同販売といった農家向けサービスの提供も大きく後退させることとなった。この公共サービスの弱体化と自作農による零細経営は，農業所得の低迷や都市・農村間の所得格差の拡大とも強く関連している。

　また，1970年代末から食糧流通の段階的な自由化が進められてきたが，社会的安定を保つため，都市住民向けの食糧配給制度と農民に対する食糧生産の義務は維持されていた。ただし改革開放前とは異なり，政府は比較的高い価格で食糧を購入し，それを都市住民向けに安価で販売するため，食糧流通では多額の財政赤字が発生した。さらに，所得水準向上とともに都市住民の食糧への需要が減少するなか，国は農民からの食糧買付を続けたため，食糧の過剰生産が広まり，1990年代後半には食糧の過剰備蓄と財政赤字の増大も顕在化してきた。

(3)　2000年以降の農業政策

　このような「三農問題」（農業，農村，農民をめぐる問題）の深刻化を受け，2000年代の胡錦濤—温家宝政権下では，「多く与え，少なく取り，制限を緩めて活性化する」という原則のもと，「三農」支援を展開している（池上・寳劔編2009）。まず「少なく取る」とは，農民が郷鎮政府や行政村に納める税金および賦課金である農民負担の削減を意味し，農業関連の税を撤廃する動きが2004年頃から各地で進められた。2004年には農業特産税が廃止され，2005年には牧畜業にかかる牧業税，2006年には農業税（賦課金の多くは2000年代前半に農業税に統合）が廃止された。そして農業関連税の撤廃による郷鎮政府と行政村の歳入不足は，中央・地方政府による財政移転と末端の自助努力によって行われることも定められた。

　他方，「多く与える」政策とは，農村世帯を対象に各種の補助政策を積極的に展開することである。具体的には，食糧生産者向けの直接支払金の支給が行われ，優良品種と農業機械の購入者向けの補助金も導入された。農村からの出

稼ぎ労働者（「農民工」と呼ばれる）の増加につれて，農村部でも労働力不足が顕在化してきたため，農業機械購入の補助金は大型トラクターやコンバインの普及を促進する機能を果たしている。実際，収穫時期にあわせて省の間を移動し，穀物の耕耘や収穫作業を専門的に行う「賃刈屋」も数多く出現するなど，農業の姿は大きく様変わりしてきた。さらに，農業用ディーゼル油や化学肥料といった農業生産資材価格の高騰に対応するため，生産資材向けの補助金も支給されている。

　また，食管赤字の削減のため，食糧の政府買付は廃止され，食糧流通は2004年から完全自由化された。その一方で，食糧供給の確保と農民利益の保護を目的に，コメの最低買付価格制度が2004年（小麦は2006年）から導入された。この制度は，特定品目の最低買付価格の基準を収穫期の前に政府が公開し，主産地の市場価格が最低買付価格を下回る場合には，後者の価格で政府が食糧の買い取りを行うものである。もともとは食糧価格の大幅な下落を抑制する農業保険的な制度であったが，生産者保護を目的とした支持価格の性格が次第に強くなり，相次ぐ買付価格引き上げによって国内の穀物価格が国際価格を上回る状況も生み出している。

　そして「制限を緩めて活性化する」とは，土地や労働力などを取り引きする市場や農村関連制度の規制緩和と規範化を通じて農民の積極性を引き出し，経済の活性化を図るものである。その一環として，農家向けの公的サービスの改善や農産物の品質・付加価値の向上，農産物の販売競争力の強化を目的に，「農民専業合作社」設立への政策的支援が進められた。農民専業合作社とは，農業技術や農業経営に関する協同組合的な組織のことで，特定の農作物の生産・加工・販売，あるいは特定のサービスを対象に形成されている。1980年代から中国各地で設立されてきたが，90年代には農民専業合作社に対する政策的支援も強まり，2007年に施行された農民専業合作社法によって明確な法的地位が与えられ，その管理・運営の規範化も進められてきた。

　さらに2010年代の習近平政権下では，「新たな農業経営体系の構築」が提唱された。これは家族経営を農業の根幹として堅持しつつも，農地貸借を通じて発展してきた多様な経営主体（大規模専業農家や農民専業合作社など）による集約的な農業経営と，それを支える農業の社会的サービス（技術普及，農作業機

械化サービス，農産物の品質・安全に関する認証など）を振興・強化するもので
ある。第1節で説明した農産物の開発輸出においても，農民専業合作社をはじ
めとした多様な経営主体が活用されている。それらはアグリビジネスと連携し
ながら農業生産者に対する技術指導や品質管理を行ったり，農産物の販売や加
工・輸送面でもサービスを提供したりするなど，農産物の品質向上に対して大
きな貢献を果たしてきた。

3　中国農業の直面する課題

(1)　都市・農村間の経済格差

　その一方で，都市と農村の間には依然として大きな経済格差が存在し，中国
の抱える深刻な問題となっている。図7-4では都市世帯と農村世帯別の1人
あたり平均所得と所得格差を示した。図から分かるように，都市・農村間の所
得格差は1980年代から緩やかに広がり，都市部の発展が本格化する90年代前半

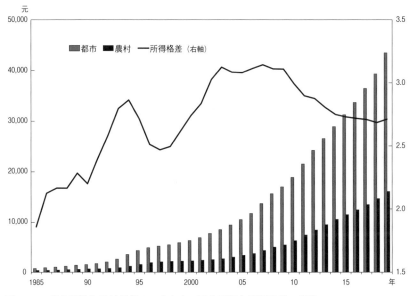

図7-4　都市世帯と農村世帯の1人あたり平均所得と所得格差の推移
出所：『中国統計年鑑』各年版，『中国住戸調査年鑑2018』より筆者作成。

から格差拡大が顕著になってきた。農村世帯に対する都市世帯の所得比率は，1985年の1.9倍から95年には2.7倍へと大きく上昇した。90年代半ばには一時的に格差が縮小したものの，90年代後半には再び拡大してきた。

　だが，前述の胡―温政権による三農保護政策によって，2000年代半ばには格差拡大の傾向に歯止めがかかり，2010年代には緩やかな低下傾向もみられる。この所得格差縮小は，農村世帯の非農業所得（主として出稼ぎによる収入）の増加によるところが大きいが，農業所得も2007年以降は毎年10％を超える成長を示し，所得格差の縮小に貢献している。ただし，都市と農村との間には依然として約3倍の所得格差が存在し，学校や医療などの公共インフラや社会サービスも含めると，その格差はさらに大きくなる。また，製造業と比べて農業就業者の平均所得は極めて低く，農業だけでは十分な収入を確保できないため，農村世帯の子弟を中心に出稼ぎ労働が広がり，農業就業者の高齢化も深刻化してきた。したがって，農地の適正な流動化や専業農家の育成，地域全体での連携などを通じて，持続可能な農業経営を広めていくことが求められている。

(2)　環境問題と農業生産

　中国農業の長期的な課題を考慮する際，環境問題の視点を欠かすことはできない。長年にわたる人口増加や森林開発によって，中国では土壌浸食が広がり，過剰な耕作・放牧もそれに拍車をかけてきた。そして土壌浸食によって自然災害が深刻化し，1998年には長江と松花江で大規模な洪水が発生した。

　このことを受け，中国政府は1999年から「退耕還林（還草）」をスタートさせた。「退耕還林」政策とは，25度以上の傾斜地の耕地や土壌浸食が著しい土地，土壌の砂漠化や石漠化（表土が流出し石灰岩が露出した状態）が進んでいる地域を対象に，耕作や牧畜を中止し，植林を実施して森林や草地を回復させる代わりに，農家に対しては5～8年にわたって補助金を支給するというものである（大島編 2007，梶谷・藤井編 2018）。「退耕還林」は2007年に実施期間が更新され，2014年以降は規模が大幅に縮小されながらも，事業は継続されている。1999年から2019年の20年間に，中央政府は「退耕還林」政策向けに累計で4425億元の補助金を支給し，3432万 ha の土地（耕地，荒れ山・荒れ地も含む）を森林・草地に戻し，その面積は全森林面積（2017年）の約14％に達したとい

う。その一方で，国内木材の供給不足を背景に，ロシアなど海外からの原木輸入が1990年代末から急増している。

　また，農業の持続的な発展にとって，水資源の確保は必要不可欠であるが，「退耕還林」と天然林資源の保護政策は，土壌の保水力の向上にも貢献している。その一方で，化学肥料や農薬，家畜の糞尿などを含んだ農業排水，さらに工業・生活排水による水質汚染も深刻である。政府による環境規制の強化やNGOなどの草の根の活動によって，2010年頃から中国全体としての水質は改善してきているが，北方流域では水質の改善が不十分で，水資源の減少傾向もみられる（田島・池上編 2017, 大塚 2019）。このような自然資源の維持・管理には，長期的なビジョンに基づく政府による適切な施策とともに，農業生産者や地元住民の意識向上と継続的な取り組みが必要不可欠である。

参考文献

天児慧他編　1999『岩波　現代中国事典』岩波書店。

池上彰英・寳劔久俊編　2009『中国農村改革と農業産業化』アジア経済研究所。

大島一二編　2007『中国野菜と日本の食卓——産地，流通，食の安全・安心』芦書房。

大塚健司　2019『中国水環境問題の協働解決論——ガバナンスのダイナミズムへの視座』晃洋書房。

梶谷懐・藤井大輔編　2018『現代中国経済論』第2版，ミネルヴァ書房。

厳善平　2002『農民国家の課題』名古屋大学出版会。

小林弘二　1997『20世紀の農民革命と共産主義運動——中国における農業集団化政策の生成と瓦解』勁草書房。

佐伯尚美　1989『農業経済学講義』東京大学出版会。

坂爪浩史・朴紅・坂下明彦編　2006『中国野菜企業の輸出戦略——残留農薬事件の衝撃と克服過程』筑波書房。

菅豊　2009「中国の伝統的コモンズの現代的含意」室田武編『グローバル時代のローカル・コモンズ』ミネルヴァ書房，215-236頁。

孫潭鎮　1991「農村はどのように変遷してきたのか——土地改革・人民公社・生産責任制」渡辺利夫編『中国の経済改革と新発展メカニズム』東洋経済新報社，39-70頁。

田島俊雄　1989「農業生産力の展開構造」山内一男編『中国経済の転換』岩波書店，153-191頁。

田島俊雄・池上彰英編　2017『WTO体制下の中国農業・農村問題』東京大学出版会。

田原史起　2008『20世紀中国の革命と農村』山川出版社。

中兼和津次　1992『中国経済論——農工関係の政治経済学』東京大学出版会。

浜口允子　2019『現代中国——都市と農村の70年』左右社。

南亮進・牧野文夫編　2016『中国経済入門』第4版，日本評論社。

●読書案内●

『中国野菜と日本の食卓——産地，流通，食の安全・安心』大島一二編，芦書房，2007年
> 中国農業の実情と日本向け野菜輸出の仕組みに関して，テーマごとにコンパクトにまとめた一般書で，写真と図表も豊富。中国産農産物の安全・安心問題についても，現地での情報に基づいて分かりやすく解説している。

『20世紀中国の革命と農村』田原史起，山川出版社，2008年
> 農村のリーダーに注目して，現代中国農村の変遷を考察するユニークな図書で，一般向けながら，最新の研究成果もふまえた骨太な内容である。農村と農民の姿が生き生きと描かれ，現代史の裏舞台が明らかにされている。

『WTO体制下の中国農業・農村問題』田島俊雄・池上彰英編，東京大学出版会，2017年
> 2000年以降の中国農業・農村について，農業（農業経営，食糧需給，畜産業），財政，金融，資源，労働，経営組織の観点から考察する研究書。必ずしも読みやすい内容ではないが，「三農問題」を本格的に勉強したい人はぜひ，本書にトライしてもらいたい。

中国人の主食
小麦粉とコメが彩る食文化

　広大な国土と多様な風土を抱える中国の食文化は，非常に多様である。主食を含む中華料理の奥深さを理解するには，中国中央電視台のドキュメンタリー番組『舌尖上的中国』（A Bite of China）をお薦めしたい。厳しい気候条件と輸送技術の制約のため，ともすれば単調になりがちな穀物を，創意工夫によって多種多様な主食料理を作り替える民衆の知恵が鮮やかに描かれている。主食は，中国人にとってそれほど大切な存在なのである。

　中国の主食は大きく，長江を境に北方の小麦と南方のコメに分類される。北方地域では小麦粉を利用した食品の種類が非常に豊富である。とりわけ，小麦粉をこねて平たく焼いたパン（「餅」）や蒸しパンは，北方の主食の中心となっている。クレープ状に焼いた皮に具材を巻いた煎餅，油を練り込んだ生地をパンケーキのように円くして焼いた烙餅，挽肉を練り込んだ肉餅など，その種類は非常に多い。また，蒸しパン類としては，具の入っていない発酵生地を蒸した饅頭と，肉，野菜などの様々な具材を入れた中華まんじゅうである包子が有名である。そして，小麦粉でこねた生地を油で揚げた麻花や油条は豆乳と組み合わされ，庶民の朝食の定番だ。そのほか，日本ではおかずとして人気のギョーザも，中国では主食（水餃子が中心）として食されている。

　それに対して，南方地域では豊富な水資源と温暖な気候を反映して，古代から稲作が盛んに行われ，コメ（インディカ米）を蒸したり炊いたりして食べる米食が中心であった。また，米粉で作った麺である米線は，南方を代表する主食である。米線はビーフンに近いが，それよりもコシがない生麺で，その食べ方には，碗に米線だけ入れて調味料を振りかける涼米線，沸騰したスープの鍋に米線や具材などを入れて煮込む小鍋米線，アツアツの油で作られたスープにスライスされた豚肉や魚肉，野菜や米線をつけて食べる過橋米線などがある。

　中華料理はとかく「四千年の歴史」と一括りにされがちだが，中国の食文化も実はダイナミックに変化していることを忘れてはならない。中華料理に箸をつける際には，その悠久の歴史と力強い変化にも思いを馳せてもらいたい。

第Ⅱ部

社会・文化
からみる
中華世界の広がり

第 8 章

社　　会

一元化と多元化，社会変容の力学

及川淳子

「社会主義の核心的価値観」を宣伝するポスター
（2018年，北京市内にて筆者撮影）

習近平政権が掲げる「社会主義の核心的価値観」は，12のキーワードで定義されている。個々のキーワードをみれば，「民主」「自由」「平等」「公正」「法治」などが目を引くが，中国共産党が規定した価値観であり，日本語と同じ漢字でも意味するところは異なる。ポスター中央に記された「人民有信仰，国家有動力」（人民に信念あり，国家に動力あり）も思想の統一を強調している。

1　中国社会を考察する視点

　「中国」を理解するのは至難の業である。広大な国土，人口規模，多様な民族，歴史，文化，いずれにしても圧倒的な存在だ。現代中国について理解を深めるためには，政治，経済，外交，軍事，科学技術など，様々な分野の知識が不可欠だ。国際社会における中国の影響力が強まるほど最新情報が世界を飛び交い，インターネットを活用すれば情報の速さや量は理解の助けとなる。だが，中国の全体像を捉えることはかえって難しくなっているといわざるをえない。その難しさは，中国という規模の大きさに加えて，急速な変化を遂げているそのスピードと中国社会の複雑性にも起因している。

　それでは，中国の「社会」について学ぶとは，どういうことだろうか。「社会」や「文化」は包括的な概念だ。いわば，人が生まれてから，やがて死を迎えるまでのすべて，人間に関わる森羅万象のすべてが「社会」や「文化」に包摂される。人々の暮らしは家族や地域社会の共同体として営まれ，様々な集団によって社会が構成されている。社会について理解するには，その社会を成り立たせている制度や規範などについて総体的に把握する必要がある。重要なのは，社会を構成する「人」について関心を寄せることだろう。

　人々が作り上げる社会と，そうした社会が変化していく力学をどのように捉えたらよいだろうか。中国社会について網羅的に把握することは困難だが，社会の輪郭や社会変容の力学について可能な限り正確に捉えようとする意識が必要だ。誤解や偏見のないように，固定観念やステレオタイプの先入観などからも自由になって，中国社会をありのままに捉える視点をもちたい。筆者は中国社会という現実に向き合い，社会構造や政治社会思想の研究をするなかで，ジグソーパズルを思い浮かべることがある。巨大なパズルの全体像を描くのは困難だが，一つ一つの小さなピースを丹念に組み立てていく作業が必要だ。細部をじっくりと見つめる「虫の視点」と，全体像を大きく俯瞰する「鳥の視点」を同時にあわせもつことが不可欠だろう。本章ではこのような問題意識に基づき，現代中国社会の構造変容とその力学について解説する。複雑化する中国社会の諸様相を検討し，SDGs の視点も取り入れて複眼的に考察したい。

2 中国社会の構造変容

(1) 「多子多福」から「未富先老」へ

「多子多福」という言葉があるように，中国の伝統的な価値観では子どもが多ければ多いほど幸福だと考えられていた。人口抑制のために1979年から開始された「一人っ子政策」は農村地域や少数民族には例外が設けられたが，基本的に一組の夫婦に子どもは1人までと定められ，厳格な産児制限が2015年まで続けられた。現在は産児制限が緩和され，一組の夫婦に3人までの子どもを認める方針に転換した。

長年にわたる「一人っ子政策」は，急速な少子高齢化を招くこととなった。中国の人口は14億人を超えて世界一の規模だが，人口の年平均増加率は減少しており，特に経済成長を担う15〜59歳の生産年齢人口が総人口に占める比率が低下している。一般的に，先進工業国では高齢化社会を迎える前に，国民1人あたりのGDPが一定水準に達するなどの指標によって経済的な豊かさを計ることが多い。だが，中国の場合は経済的に豊かにならないうちに社会が高齢化してしまう，いわゆる「未富先老」が深刻な社会問題となっている。

「一人っ子政策」の制度は廃止されたが，家族観や結婚観など人々の価値観に多大な影響を及ぼし続けている（小浜 2020）。晩婚化や非婚化に加えて，結婚した場合でも子どもをもたない選択をする人も多い。結婚や出産という人生のライフステージにおいて，個人が自由な意思に基づいて自己決定権を行使できればよいが，結婚，出産，子どもの養育，医療や介護など，生活をとりまく経済的なプレッシャーが増大しているため，少子高齢化が加速している。政策や制度が変更されても，それとは異なる側面で人々の選択や判断は合理的なものとなる傾向がある。政府が出産を奨励しても「未富先老」の状況を打破することは困難だろう。中国社会の今後を展望するうえで，人口問題は最重要の課題である。

(2) 「一元管理」と「多元社会」

中国社会の構造的な特徴として，中国共産党が主導する一元的な管理を指摘

する必要がある。1950年代から農村地域では人民公社が組織され，政治経済を
はじめ生活のあらゆる面で支配的な影響力をもつ組織として存在していた。人
民公社は1980年代前半に解体されたが，その後も人々は「単位」と称する何ら
かの組織に所属することが必須だった。中国語の「単位」は，党および政府の
機関や組織，社会団体，事業体などを意味する。改革開放政策によって市場経
済が開始される以前は，「単位」から支給される「糧票」や「油票」などの配
給切符がなければ，都市部では生活必需品を入手することも困難だった。「単
位」に所属することで生活物資や住居などの分配を受け，就学や就業について
も党や政府が介入し，社会保障のいっさいが提供される社会体制が構築されて
いたのだ。しかし，1990年代に市場経済が加速すると，労働市場が次第に自由
化され，「単位」の拘束力も弱化した。例えば，大学を卒業した若者が個人の
意思や能力よりも党や政府の意向によって就労先を分配されていた時代から，
自由な職業選択が可能になり，転職や起業，組織に所属しない自由な働き方も
一般的になった。時代の変化とともに「単位」の意味するところも変化し，現
在は「職場」や「勤め先」という意味合いで使用される。
　経済の自由化によって「単位」の社会的役割は変化したが，党と政府が一元
的に管理する社会制度が廃止されたわけではない。社会管理の体制は，組織か
ら個々人に対するものとして顕著になった。中国の国民が所持する身分証に
は，氏名，身分証番号，民族が明記されているほか，都市戸籍か農村戸籍のい
ずれかの戸籍が記されている。都市と農村を区分する戸籍制度は，人の移動を
制限して都市部における食糧事情や社会保障の改善を目的として始められた。
改革開放政策の開始後，経済の市場化によって都市部の労働力が不足すると，
内陸の農村地域から沿海の都市部に出稼ぎに行く「農民工」が急増した。豊か
さを求めて移動した「農民工」は，中国経済の急成長を支えた原動力だ。しか
し，農村戸籍保有者が都市部で生活する場合，都市戸籍保有者と同様の各種社
会保障を享受できないという問題がある。「農民工」の第一世代が家庭をも
ち，やがて子どもを産み育てるようになると，都市部で就学できない「農民
工」第二世代の教育問題が深刻化した。都市部で出稼ぎを続ける父母と離れて
戸籍のある農村に戻り，祖父母や親戚と生活する「留守児童」の存在も戸籍制
度の弊害によるものだ。都市部での大学進学や就業によって戸籍の変更の可能

性があるため，大学受験や就職などの競争が過熱する遠因にもなっている。都市戸籍と農村戸籍によって区分される社会制度は，医療や教育機会などの社会保障において格差が生じる構造的な要因である。全国人民代表大会では戸籍制度改革が幾度も提起されているが，未だに根本的な改正には至っていない。

　中国の社会は，中国共産党が主導する政治体制によって一元的な社会管理が徹底されている。しかし，別の視点からみれば，極めて多元的な社会へ変容しつつあるともいえる。

　例えば，経済的に豊かになった中間層の存在を指摘することができる。中国社会は，かつてプロレタリアートやブルジョアジーなどの「階級」が強調されていたが，経済の市場化と社会の自由化によって，「階級」は次第に「階層」という用語に代替された。現在，職業の分類や所得水準などをみても，社会の各種階層は極めて多様化している（梁 2014）。そのなかでも，経済的に一定水準の豊かさを享受する中間層が拡大していることは象徴的だ。前述した「単位」に対する帰属意識の変化もその一例だが，経済の市場化によって人々の価値観も多様化している。中間層が拡大して社会的に大きな影響力をもつようになり，多元化の傾向はますます顕著になっている。

　社会の発展段階を分析する際に，市場経済の発展に伴う中間層の誕生と拡大は，政治の民主化や市民社会の形成につながるという考え方がある。現代の中国社会についても，近年は市民社会の観点から考察した研究が注目される（石井他編 2016，李 2018）。社会の構造変容を分析するうえで，中間層や市民社会に着目することは極めて重要だ。しかし，前述したように，中国共産党によって一元的に管理されているのが中国社会である。つまり，社会は絶えず変化して多元化の傾向にあるが，その変化が中国共産党の統治を揺るがすようなものにならないよう，党や政府による社会管理が強化されるという構造を把握する必要がある。一般的に，管理が強化されれば反発や抵抗が強まるものだが，中国では経済発展の成果を享受する中間層が既得権益の受益者となって安定志向が顕著になり，政治的には保守化して民主化などの社会変革は志向せず，中国共産党の統治を支持する傾向にある。経済の発展と社会の安定を最優先課題とする中国共産党政権の政治目標は，国民から広く支持されている。積極的な支持でなくても，民主化や政変などの社会混乱によって経済が悪化するよりは，

むしろ現体制を支持するという消極的な支持層も存在している。

　そもそも中国は56の民族から成る多民族国家であり，言語，生活様式，宗教などの文化も極めて多様である。新疆ウイグル自治区やチベット自治区のように少数民族の居住地域が自治区に制定されている地域もあるが，少数民族は自治区内に限定されることなく中国全土に広く分布して居住しており，中国社会における多様性の象徴でもある。だが，少数民族自治区において言語や宗教などの独自の文化が尊重され，十分に保全されているかといえば，疑念を抱かざるをえない。近年は，少数民族自治区の義務教育における「漢語」教育の徹底，宗教や固有の文化に対する規制や取り締まりなど，「漢化政策」が顕著だ。一元的な社会管理が徹底され，少数民族地域における社会の多元化は停滞あるいは逆行の傾向にあり，政治権力と緊張関係にある。

　現在の中国社会は多元化の傾向にあるが，中国共産党政権による一元管理も徹底されている。一見，矛盾するかのような「一元化」と「多元化」が同時に進行し拮抗しつつ，「社会の安定」という価値のもとで併存しているのが，中国社会に作用する力学といえるだろう。

3　民生問題の諸様相

(1)　「小康社会」をめぐる政策目標

　習近平総書記は，「中華民族の偉大なる復興」という「中国の夢」を政治目標として掲げ，「二つの百年」を強調している。一つめの百年は，中国共産党が創立した1921年から百周年にあたる2021年までに「小康社会」を実現するという目標で，二つめの百年は1949年の中華人民共和国の建国百周年を迎える2049年までに「社会主義現代化強国」を建設するという目標だ。「小康社会」とは「ややゆとりのある社会」という意味で，改革開放政策が開始された当時，鄧小平は「小康」という用語を用いて発展の目標を掲げた。衣食に対する要求をどうにか満たすという意味の「温飽」から脱し，経済的に発展して豊かになるというイメージを国民に広く浸透させるために「小康社会」が強調された。

　2012年の中国共産党第18回全国代表大会（18回党大会）では，経済建設，政治建設，文化建設，社会建設，生態文明建設を総体的に発展させる「五位一

体」という政策目標が提起された。習近平総書記は，その後「四つの全面」と名づけた戦略を打ち出した。これは，小康社会の全面的完成，改革の全面的深化，全面的な法に基づく国家統治，全面的かつ厳格な党内統治を意味する。「五位一体」の社会建設において，最も重視されたのが「小康社会」の全面的完成である。18回党大会では，「小康社会の全面的建設」が奮闘目標だったが，2017年の19回党大会では「小康社会の全面的完成」という表現に変更された。「建設」から「完成」におきかえることで，「小康社会」をめぐる政策が着実に履行されていることを強調したものと考えられる。「二つの百年」で提起された「社会主義現代化強国」は，富強・民主・文明・調和・美麗の社会主義現代化強国と定義されている。2020年から35年までの第一段階では「小康社会の全面的完成」を土台として社会主義現代化を実現し，35年から今世紀半ばまでに「社会主義現代化強国」を築き上げるという発展戦略だ。

　2021年，習近平総書記は党百周年記念式典の演説で，「小康社会を全面的に建設し，絶対的な貧困問題を解決した」と強調して「小康社会」の実現を宣言した。鄧小平時代から継承されている「小康社会」の実現と発展は，習近平政権下における重要な政治課題であり，国民生活に最も密接に関わる社会問題である。

(2)　多様化する民生問題

　「小康社会の全面的建設」には，貧困からの脱却，経済格差の解消，所得水準の向上など様々な問題の解決が含まれる。習近平総書記は貧困問題の解決を宣言したが，実際には多くの課題が残されているといわざるをえない。

　人々の暮らしに密接に関わる社会的課題は，「民生」という言葉に凝縮される。かつて孫文が1905年に提起した「三民主義」においても，民族主義，民権主義と並んで民生主義が謳われた。「民生」とは人々の生活であり，社会の根幹である。日本語には「衣食住」という表現があるが，中国語では生活に不可欠なものを「衣食住行」という。「行」は「交通」を意味する。経済の市場化が加速した1990年代半ばから2000年代初頭にかけて，中国で庶民の話題にのぼっていたのは，①住宅問題，②子どもの教育，③交通事情（自家用車の購入），④医療問題であった。例えば，前述したように「単位」から住宅が供給

されていた時代から，マイホームの購入や不動産投資が身近な話題になるなど急速な変化を遂げた。

「民生」は，人々の暮らしに関わる各種の社会保障を概括する用語としても重要だ。多様化する民生問題を概観するために，ここでは18回党大会，19回党大会の報告から，「民生の保障と改善」について言及された箇所を比較検討しよう（党大会報告は新華社 HP を参照。ほか，宋 2018，李編 2019）。毎年開催される全国人民代表大会の政府活動報告でも同様の問題提起があるが，5年ごとに開催される党大会の報告に着目することで，中国社会の変化を概観できるだろう。党大会の報告において，「民生」に関して「保障」と「改善」という言葉で繰り返し言及しているのは，これらの問題解決が喫緊の社会的課題であり，「民生の保障と改善」が国民に対する約束だからだ。

2012年の18回党大会では，当時の胡錦濤総書記が報告を行い，「民生の保障と改善」について「社会の調和と安定を保証する社会建設の重点」と強調した（新華社 2012）。「五大民生問題」として取り上げられたのは，①教育，②就業，③収入，④社会保障，⑤医療である。前述したように，18回党大会では「小康社会の全面的建設」が奮闘すべき目標として提起された。これら「五大民生問題」には社会的課題が集約されている。

2017年に開催された19回党大会では，①環境，②農業，③文化，④教育，⑤就業，⑥社会保障，⑦住宅，⑧貧困，⑨医療が「九大民生問題」として言及された。2012年の「五大民生問題」から項目が増えている。民生問題が多様化したことと同時に注目すべきは，習近平総書記が「人民の獲得感，幸福感，安全感をさらに充実させ，保障と持続可能性を確保する」と述べたことだ（新華社 2017）。19回党大会以降，「獲得感，幸福感，安全感」という表現が多用されるようになった。2018年12月に開催された改革開放40周年祝賀大会の重要講話で，習近平総書記は「より多く，より直接的で，より確かな獲得感，幸福感，安全感」と強調した（新華社 2018）。中国のメディアでは，「獲得感，幸福感，安全感」を省略して「民生三感」と記述することも多い。様々な民生問題が改善され，国民がこれらを実感できるようになることが中国社会の安定と発展につながり，中国共産党による統治の正統性を強化することにもなる。だが，同時に指摘しておくべきは，民生問題への取り組みと「獲得感，幸福感，安全

感」が強調されている背景として，中国共産党政権の強い「危機感」が潜在していることだろう。

4　せめぎあう「党の指導」と価値観の多様化

(1)　「社会管理」と「社会治理」

　社会という人的環境は，秩序と無秩序の間で揺らぎ，せめぎあうところがある。社会を成り立たせている制度や規範について理解するためには，その社会における伝統的な秩序や行動様式などの文化的側面にも着目する必要がある。中国人社会は「コネ社会」といわれることが多いが，何らかの利益をめぐる縁故関係が重視されるだけでなく，より広範囲に及ぶ互助的な紐帯としての人間関係をイメージした方がよいだろう。中国では伝統的に「血縁」「友人縁」「地縁」などのネットワークが重視されており，このような人的ネットワークは「関係（guanxi，グアンシ）」と総称され，中国社会をコミュニケーション論の観点から分析する際にも重要な視点だ。身内や内輪の親しい人は「自己人」と呼び，特定のグループや集団など一定の関係性が及ぶ範囲については「圏子」という言い方がある。このような人的ネットワークにおいては，「面子」を立てることや「合情合理」（人情に合致し，道理に合致すること，すなわち面子を立てて筋を通すという意味）が重視される。いずれも，中国社会を文化面から特徴づけるキーワードだ。

　社会秩序は，法や制度によって管理されることで保障される側面もある。中国の都市部では，人々の生活に最も身近な社会秩序を運用する制度として「社区」がある。「地域社会」や「コミュニティ」と翻訳されることもあるが，ここでは基層社会の統治制度として「社区」を取り上げる。前述した「単位」の弱化に伴い，都市部では地域社会の安定を目的として「社区」を基盤とした社会管理が強化されている。中国共産党の統治を社会の基層レベルにまで浸透させるために「社区居民委員会」という住民組織が設置され，社会管理が徹底されている。法的には「大衆自治組織」と位置づけられているが，政府の末端組織である「街道弁事処」の指導のもとで行政補助組織として機能している。「一人っ子政策」が実施されていた時代は，計画出産の管理も「社区居民委員

会」の重要任務だった。現在も，ゴミの分別から独居老人のケアや近隣住民の
トラブル解決まで，衛生管理や治安維持など基層社会のガバナンスにおいて
「社区」の役割と機能は極めて重要だ。

　中国社会のガバナンスについて分析する際は，統治や管理の主体および対
象，関連する法律，制度，組織，方法などのほかに，「社会管理」と「社会治
理」という二つの用語を比較検討する必要がある。2000年代初頭，胡錦濤総書
記の時代に「社会管理」が意味していたのは，前述した「民生の保障と改善」
などのいわゆる社会保障や公共サービスを中心とした概念だった。その後，社
会の安定維持が党や政府の最優先課題となり，治安維持のほかにも，自然災
害，大規模事故，テロ，感染症対策などで「社会管理」が多用されるように
なった。その意味で，「社会管理」は実質的に「危機管理」と同義で使用され
るようになったと考えられる。

　党や政府の公式文書で「社会管理」に代わり「社会治理」が多用されるよう
になったのは，習近平政権が本格的に始動した時期と重なる。中国語の「治
理」は，日本語の統治，管理，整備などの意味を含み，「ガバナンス」に相当
する。習近平政権は「法治」を掲げ，前述した「社会主義現代化」に関する公
式文書でも「法治国家」「法治政府」「法治社会」などの文言がみられ，国家の
「治理体系」と「治理能力」の現代化が強調されている。一般的に「ガバナン
ス」とは，利害関係者の相互作用や意思決定によって何らかの制度や規範を形
成し，再構成しながら利害の調整を図り社会矛盾を解決するという意味で，多
種多様なステークホルダーが関係する。「社会のガバナンス」といえば，統治
者である政治権力のほかにも，権力を監視するメディア，NGOなどの各種社
会団体，主権者としての市民の存在を想起するだろう。しかしながら，現在の
中国における「社会治理」の実態は，多種多様なステークホルダーによる利害
調整ではなく，中国共産党による強権的な統治である。中国社会の構造変容を
統治の面から分析する際は，「ガバナンス」という用語のバイアスに留意する
必要がある。社会の安定維持や社会矛盾の解決において「法治」が重視されて
いるが，その「法治」を定義して指導するのは中国共産党にほかならない。

⑵　「党の指導」と「市民社会」の拮抗

　「中華人民共和国憲法」の第2章では，公民の基本的権利および義務について規定されている。例えば，憲法第35条では「中華人民共和国の公民は言論，出版，集会，結社，デモ行進，示威の自由を有する」と明記されている（国務院法制弁公室 2018）。中国には「言論の自由がない」という批判があるが，正確にいえば「言論の自由を有する」と明記された憲法が遵守されていないと批判すべきで，「有する」と「保障される」の相違を精査しなければならない。憲法の前文には，「中国共産党の指導のもとに，マルクス・レーニン主義，毛沢東思想，鄧小平理論，『三つの代表』の重要思想，科学的発展観，習近平の新時代の中国の特色ある社会主義思想に導かれて」という記述がある。つまり，憲法の各条文よりも，前文に記された「中国共産党の指導」が優先されているのだ。憲法よりも「党の指導」が上位にあることは，中国の政治や社会を分析するうえで本質的な問題である。

　急速な経済発展は人々に豊かさをもたらし，「小康社会」の実現を着実に進める原動力となった。しかし，その一方で前述したような「民生問題」が多様化し，様々な利害の調整が困難になっている。何らかの社会的課題や問題が発生し，その当事者となったとき，人々の権利意識や納税者意識が高まり，2000年代に入ってからはインターネットを活用した「維権運動」（権利擁護の運動）と呼ばれる各種の社会運動が勃興した。

　ここでは，中国社会に関する日本の研究動向を概観しよう。例えば，労働争議や土地収用をめぐる紛争などの具体的な社会問題の解決を模索するなかで，社会と国家の関係性について分析した研究がある（呉 2014）。各種の社会問題を通して「ネット民主主義」の可能性や「公共圏」の形成について考察し，公共知識人や人権派弁護士にも焦点を当てた研究（阿古 2014），草の根の活動から「市民社会」の萌芽について詳述したリポートなどもある（麻生 2014）。習近平政権が本格的に始動するまでは，中国社会の急速な変化を前にして，個別具体的な社会問題への対策やインターネット空間の拡充，さらには社会起業家などの活躍によって「市民社会」が形成され，やがては政治の民主化につながるのではないかという研究や，すべてにおいて「党の指導」が優先される中国

政治の本質に対する分析などが議論の焦点となった。

　習近平政権が本格的に始動すると，言論や思想の統制が強化された。最も象徴的なのは，2013年にインターネットで拡散され，香港や海外のメディアがスクープした「七不講」（七つの語ってはならないこと）である。各種報道によれば，北京と上海の大学に対して授業で扱ってはならないとされる7項目が内部通達され，大学教員やジャーナリストがインターネットで暴露した。「七不講」とは，①普遍的価値，②報道の自由，③市民社会，④公民の権利，⑤党の歴史的誤り，⑥権力と資本をもつ階級，⑦司法の独立である。「自由」「民主」「人権」などの「普遍的価値」をはじめ，「市民社会」や「司法の独立」に関する言論が厳しく統制されるようになった。「党の指導」のもとに言論や思想が厳格に統制されても，知識人による「普遍的価値」をめぐる論争は活気を呈し，日本では代表的なリベラル派知識人による言説の翻訳紹介や研究書なども発表された（例えば，石井編 2015，張 2019，許 2020など）。

(3) 「価値観」をめぐる攻防

　中国メディアの報道ぶりを継続的に観察し，中国の友人や知人と交流する際に多用される語彙について着目する中で，近年，若者世代が重視する「三観」（世界観，人生観，価値観）など，価値観を巡る用語が目につくようになった。例えば，メディアで多用されている「正能量」（ポジティブ・エネルギー）とは極めて対照的に，「90后」（1990年代生まれ）や「00后」（2000年代生まれ）の若者達は「小確幸」（小さいけれども確かな幸せ）という表現を愛用する傾向がある。近頃は，過度な競争社会で疲弊した「躺平族」（寝そべり族）などの流行語もある。このような社会変化を象徴する言葉からも，価値観の変化が窺えよう。

　社会の多元化の傾向とは逆行して，中国共産党は一元的な価値観の指導を強化している。2012年の18回党大会では，以下の「社会主義の核心的価値観」が提起された。

　　　国家の建設目標としての「富強，民主，文明，和諧（調和）」
　　　社会の構築理念としての「自由，平等，公正，法治」
　　　国民の道徳規範としての「愛国，敬業（勤勉），誠信（信義誠実），友善（友好）」

個々のキーワードをみれば,「民主」「自由」「平等」「法治」などが目を引く。「普遍的価値」のようにもみえるが,「社会主義の核心的価値観」の本質は,その前提条件に着目しなければならない。個々のキーワードの前には,「国家の建設目標」「社会の構築理念」「国民の道徳規範」という前書きがあり,さらにいえば「国家」「社会」「国民」には序列がある。そして,それらよりもさらに優先されるのは「党の指導」なのだ。

　「社会主義の核心的価値観」が明確に定義された背景には,国家,社会,国民に関わる価値基準を一体化する狙いがあったと考えられる。現在,習近平政権下では言論や思想の統制がいっそう強化されているが,その根拠となっているのが「社会主義の核心的価値観」である。中国の街中を歩くと,空港や駅,繁華街,住宅地,学校など,あらゆる場面で「社会主義の核心的価値観」を宣言する大規模なキャンペーンを目にする。人々の価値観が多様化し,社会が多元化するなかで,言論や思想を統制して一元化を強化する「党の指導」が強化されているのだ。価値観をめぐる攻防は,中国社会の変化を見極めるうえで重要な研究課題である。

　言論や思想が厳しく統制される社会で,中国の人々は中国共産党の統治に不満を抱かないのだろうか。当然ながら,矛盾や反発を感じる人もいるだろう。憲法で保障されているはずの言論や示威行為の自由を行使しようとしても,近年は社会秩序騒乱罪や国家政権転覆扇動罪などで重罪に問われるケースが相次いでいる。知識人のなかには,沈黙という名の抵抗を続ける人もいる。だが,一般的には「社会主義の核心的価値観」に強い抵抗感をもつことは少ないのかもしれない。個々のキーワードで謳われている理念は,「国家の建設目標」「社会の構築理念」「国民の道徳規範」として受けとめられているのだろう。筆者が考えるに,「社会主義の核心的価値観」には明記されていない「安定」という価値こそが,習近平政権の最重要課題であると同時に,国民に広く共有されている点を指摘したい。

　社会の「安定」に関する最新かつ最重要の課題は,新型コロナウィルス感染症に対する取り組みである。中国では,武漢市が都市封鎖された2019年初めの頃にはメディアの報道規制に対する批判が相次いだが,その後は一転して党や政府が主導するコロナ対策を支持する世論が圧倒的だ。コロナ禍は全人類にか

つてない行動変容を迫り，社会における「自由」や「規制」をめぐり各国で試行錯誤の対策が続けられた。そうしたなかで，ハイテク技術を駆使した社会管理を徹底した中国では，コロナ禍の封じ込めと同時に経済のプラス成長を実現した。例えば，「健康コード」のようなアプリの開発や使用の義務づけをみても，一党支配体制であるがゆえに，圧倒的な速さで社会に浸透させ，絶大な効果を発揮している。新型コロナウィルス感染症に対峙する国際社会は，ウィルスと格闘するだけでなく，強権的な政治権力による一元的な社会管理と民主的な社会の基本原則である「自由」という価値観をめぐる攻防にも対峙することとなった。

　社会インフラの重要政策としてインターネットプラスを推進している中国では，身近な生活のなかでもキャッシュレスの浸透などのハイテク技術が活用されている。例えば，アリババグループのアント・フィナンシャルサービスが運用する信用スコアサービスの「芝麻信用（ジーマ信用，ゴマ信用）」は，スマホ決済の「支付宝（Alipay，アリペイ）」に紐づいており，社会的に認知されて一般的に活用されている。日本社会では依然として抵抗の強い個人信用スコアサービスが中国社会で受容されている背景には，個人情報が管理されるという抵抗感よりも，ハイテク技術によって安全や信用が担保されるという利便性が重視されるからだろう。ほかにも，中国の都市部では街頭で無数の監視カメラが設置されており，顔認証による各種サービスが急速に普及している様子にも目を見張るばかりだ。そうしたハイテク技術を活用することによって，治安維持が強化され，利便性が向上すること，何よりも「社会の安定」を優先するという価値観が社会に浸透しているのだろう。

　かつて，鄧小平は「安定がすべてを圧倒する」と語った。政治や社会の「安定」がすべてに優先されるのは，政治権力のみならず，中国社会に広く共有されている「価値観」といえよう。

⑷　中国社会と SDGs

　2015年国連サミットで採択された SDGs（Sustainable Development Goals, 持続可能な開発目標）は，持続可能な世界を実現するための17のゴール，169のターゲットから構成され，2030年までに実現すべき国際目標として掲げられてい

る。SDGs は発展途上国のみならず先進国も含めて全世界で取り組む普遍的な課題と規定されている（国際連合広報センター 2019）。中国では，2016年に開催された G20杭州サミットにおいて「2030アジェンダに関する G20行動計画」を策定し，外交部を中心とする政府部門が SDGs 推進体制を構築したほか，全国6ヵ所に「国家2030アジェンダ・イノベーションモデル区」を選定するなど，国をあげて SDGs の実現に取り組んでいる。政府が定める五ヵ年計画や各種開発計画においても，SDGs との関連が強調されている。

　中国社会の構造変容を分析するなかで，筆者が SDGs に着目するのには理由がある。それは，中国国内の社会問題解決にむけた取り組みと国際社会における共通目標を有機的に関連づけて，実質的な効果が発揮されていると考えるからだ。実際のところ，中国の政治目標を概観すると，SDGs の理念に共通するところもある。例えば，「社会主義現代化強国」や「社会主義の核心的価値観」で謳われている「和諧」（調和）という理念だ。これは，胡錦濤政権が提起した「和諧社会」（調和のとれた社会）と「科学的発展観」に基づくものだ。胡錦濤政権は「人を基本とした全面的で均衡のとれた持続可能な発展」を重視し，「科学的発展観」という理念を掲げた。習近平政権に移行してからは，以前ほどメディアで強調されることはなくなったが，中国共産党の党規約と憲法前文に明記された「科学的発展観」は，「和諧社会」を実現するための重要思想として位置づけられている。これらの理念は，「持続可能な開発目標」を意味する SDGs と共通するところが多い。現在，「習近平の新時代の中国の特色ある社会主義思想」，いわゆる「習近平思想」が重要思想として強調されている。「小康社会」の実現を宣言し，中国の「新時代」を牽引するのが習近平政権であり，その根幹となるのが習近平思想といわれている。前項では，社会の多元化と党主導の一元化の拮抗について概説したが，視点を変えてみれば，党の重要思想を国際社会に共通する SDGs の理念と共鳴させて，多元化する社会の問題解決に対して一元的に取り組むという中国共産党政権の巧みな社会政策とみることもできる。中国の社会変容に作用する力学を分析する際には，国際社会との連関性についても検討する必要がある。

　「小康社会」実現の宣言に先立つ2020年末，習近平総書記は農村部における絶対的貧困の撲滅を達成したと発表し，脱貧困の勝利宣言を行った。SDGs17

の目標のうち，目標1「貧困をなくそう」，目標2「飢餓をゼロに」として，貧困の撲滅が掲げられている。SDGsは2030年までの目標で，それと比較すれば中国は10年前倒しで貧困問題を解決したことになる。脱貧困は，まさしく「小康社会」の実現に直結する。習近平総書記は党と政府の政治目標を達成すると同時に，国際社会の共通目標を早期に実現するという快挙を成し遂げたとして，中国メディアをはじめ国際的にも大きく報道された。

　中国は急速な経済発展によって著しい変貌を遂げており，今後も発展が見込まれる新興国の代表である。世界をリードする最先端のハイテク技術などを考えれば，先進工業国ともいえる。先進工業国と共通する各種の社会問題を抱えていると同時に，発展途上国と共通する社会的課題も多く残されている。SDGsで掲げられた17の目標を概観すると，中国が取り組むべき社会的課題が網羅されている。例えば，目標6で提起されている「安全な水とトイレを世界中に」というテーマから想起される政策として，習近平総書記が主導した「トイレ革命」があげられる。かつて，中国の公共トイレは衛生面や使用習慣に問題があり，壁や仕切りのないスタイルのトイレはとりわけ外国人から不評だった。当初，観光産業を発展させるための政策の一環として開始された「トイレ革命」は，次第に農村地域における衛生問題の改善にもつながった。現在では，ハイテク技術を活用した様々なトイレが話題になるほどだ。ほかにも，労働問題，気候変動などの環境問題，都市化の問題など，中国社会が抱えている各種の社会問題は，その多くがSDGsに包括されている。党や政府が圧倒的な政治力と資金力をもって取り組めば，中国では短期間のうちに極めて高い効果を発揮することが可能だ。これもまた，中国共産党による一党支配体制によるところが大きい。

　少し視点を変えてみよう。SDGs目標3「すべての人に健康と福祉を」，目標10「人や国の不平等をなくそう」，目標16「平和と公正をすべての人に」は，いずれも基本的人権の擁護に直結する課題だ。そのなかでも「平等」と「公正」は「社会主義の核心的価値観」において「社会の構築理念」として掲げられている価値でもある。SDGsと「社会主義の核心的価値観」に共通する用語ではあるが，果たして，その理念も共有されているだろうか。少数民族地域における人権の抑圧，言論や思想の統制，社会的弱者の問題など，各種の社

会問題をみると，中国社会は人権保障の観点で深刻な課題を抱えているといわざるをえない。もっとも，貧困撲滅こそが最大の人権擁護だという議論もあるだろう。社会の発展段階によって，取り組みが優先される社会的課題があることも事実だ。しかし，世界第2位の経済規模を誇り，国際社会で重要な影響力を発揮している中国であればこそ，国内の社会問題をいかに解決するか，国際社会が注目していることもまた事実である。

　SDGs目標17には，「パートナーシップで目標を達成しよう」と記されている。これは，まさしく「共生」の視点で，国際社会に共通する問題の解決に取り組む重要性を強調した理念だ。近年，国際社会では中国の強権的な外交姿勢や国内統治をめぐり強い批判が繰り返されている。国際社会は「普遍的価値」を擁護する観点から，中国政府に対して批判すべき点は批判する必要があるが，同時に，中国に対して敵視や排除をするのではなく，国際社会のパートナーとして中国と共存していく姿勢が不可欠だろう。その際に，習近平総書記に代表される中国共産党政権の政治勢力だけでなく，中国社会に生きる人々の姿を想起したい。同時代に生きる生活者としての視点をもって個別具体的な社会的課題に向き合うことで，中国社会を多角的に，さらに深く理解することが可能になるだろう。

参考文献

阿古智子　2014『貧者を喰らう国――中国格差社会からの警告』増補新版，新潮社。

麻生晴一郎　2014『変わる中国――「草の根」の現場を訪ねて』潮出版社。

石井知章編　2015『現代中国のリベラリズム思潮――1920年代から2015年まで』藤原書店。

石井知章・緒形康・鈴木賢編　2016『現代中国と市民社会――普遍的《近代》の可能性』勉誠出版。

許紀霖　2020『普遍的価値を求める――中国現代思想の新潮流』中島隆博・王前監訳，法政大学出版局。

小浜正子　2020『一人っ子政策と中国社会』京都大学学術出版会。

呉茂松　2014『現代中国の維権運動と国家』慶應義塾大学出版会。

張博樹　2019『新全体主義の思想史――コロンビア大学現代中国講義』石井知章・及川淳子・中村達雄訳，白水社。

李妍焱　2018『下から構築される中国――「中国的市民社会」のリアリティ』中国社会研究叢書21世紀「大国」の実態と展望3，明石書店。

国務院法制弁公室　2018『新編中華人民共和国常用法律法規全書』中国法制出版社。

宋学勤　2018『改革開放40年的中国社会』中共党史出版社。

李文主編　2019『中華人民共和国社会史（1949〜2019）』第2版，当代中国出版社。

梁暁声　2014『中国社会各階層分析』増訂版，文化芸術出版社。

（ウェブ文献）

国際連合広報センター　2019「SDGsとは」https://www.unic.or.jp/news_press/features_backgrounders/31737/（最終閲覧2021年5月25日）。

新華社　2012年11月17日「胡錦涛在中国共産党第十八次全国代表大会上的報告」http://www.xinhuanet.com//18cpcnc/2012-11/17/c_113711665.htm（最終閲覧2021年5月1日）。

新華社　2017年10月27日「習近平：決勝全面建成小康社会　奪取新時代中国特色社会主義偉大勝利——在中国共産党第十九次全国代表大会上的報告」http://www.xinhuanet.com//2017-10/27/c_1121867529.htm（最終閲覧2021年5月1日）。

新華社　2018年12月18日「習近平：在慶祝改革開放40周年大会上的講話」http://www.xinhuanet.com/politics/leaders/2018-12/18/c_1123872025.htm（最終閲覧2021年5月1日）。

●読書案内●

『中国社会はどこへ行くか——中国人社会学者の発言』園田茂人編，岩波書店，2008年
　　中国研究者の編者と中国人社会学者7名による対談の記録。「階層分化」「不安心理」「新しい価値の共有」をキーワードにして，社会の力学について議論している。現代中国を理解するうえで「社会」は不可欠の視点。

『中国社会の見えない掟——潜規則とは何か』加藤隆則，講談社，2011年
　　「潜規則」とは中国で使用頻度の高い現代用語で，社会を動かす目に見えないルールを意味する。本書は具体的な事例を通して「潜規則」の実態を解明し，公正なルールに基づく法治社会を目指す人々の姿を描いている。

『中国人のお金の使い道——彼らはどれほどお金持ちになったのか』
　　中島恵，PHP研究所，2021年
　　中国人の家計で大きな比重を占める住宅費，食費，教育費，介護費，若者の消費行動などを中心に，「お金の使い道」から価値観やライフスタイルの変化が紹介されている。生活者の視点で中国社会を知る手がかりとなる。

中国における LGBTQ＋
自分らしさを求める人々

　「LGBTQ＋」はセクシュアル・マイノリティの総称で，LGBTQ＋をとりまく社会的課題は基本的人権に関わる問題として国際社会で重視されている。

　中国では，同性愛が犯罪や病気としてみなされていた時代があった。刑法改正によって同性愛に対する「流氓罪」の適用が廃止されたのは1997年で，その後，政府機関の衛生部が認定する精神疾患のリストから削除された。法律の改正は行われたが，中国における LGBTQ＋をとりまく社会環境には依然として課題が多い。

　LGBTQ＋の当事者が自分らしい生き方を模索するなかで，様々な社会的課題に直面することがある。中国でも，LGBTQ＋当事者や家族の苦悩が社会問題として注目されるようになった。中国の伝統的な価値観では，結婚して家庭を築き，子どもを産み育てることが人生における幸福であり，最大の親孝行だという考え方がある。例えば，故郷を離れて暮らす若者が旧正月の春節に帰省すれば，家族や親族が一堂に会する機会に，仕事や収入，結婚や出産について話題になる。毎年春節の時期になると，結婚や出産の話題を避けるために帰省をためらう若者の話題がニュースになるほどだ。親世代との価値観の相違に悩むのは，LGBTQ＋の当事者だけでなく，より広範な若者世代に共通することだが，LGBTQ＋の若者と「面子」を重視する親世代の間で，矛盾や摩擦が生じることが多い。

　近年は，LGBTQ＋の当事者や家族をサポートする NGO など各種団体の活動も増えている。人権擁護運動や啓発活動に取り組むオピニオンリーダーなども注目されるようになった。一方，LGBTQ＋に関する言論への規制が強化されている。多様な人々によって構成される多元的な社会のあり方として，中国における LGBTQ＋をめぐる話題にも注目したい。

第9章

文　　学

時間を往来して自由に旅してみたい

橋本雄一

北京の公園。著名な唐詩を大きな水筆で達
筆に書くおじいさん。そこはたちまち市民
のサロンの場に（2005年，筆者撮影）

中国近代文学とは，中国の文化史が外来の近代文化・文学・概念と衝突し
交流して，またホームグラウンドの古典作品の流れも当然汲みつつ，変貌
した新たな〈中国文学〉だ。そこに育まれた言語と〈ひと〉（作者・語り
手・読者）の延長線上に，現在の文学がある。昔も今も一貫するのは，"漢
語"が生んだ世界史上類い稀なる文字〈漢字〉によって書かれてきた文学
空間，ということである。

1 言語と文学の旅をはじめる

──故人謫遐遠　留硯寵斯文　白水浮香墨　清池満夏雲　　　　　　（韋応物）

(1)　旅のはじまり

　中国文学と聞くと，あなたは何を思い浮かべるだろうか。いわゆる「漢文」
「漢詩」あるいは「諸子百家」の文章，さらに話し言葉による世界文学として
の「水滸伝」「西遊記」……に接したことがあるかもしれない。あるいはその
ような古典作品が元になった他のメディア，つまり中国・日本を問わぬ漫画・
映画・音楽またゲーム……に。長い時間のなかに育まれ，かつ今も生まれる漢
字で記された中国文学の作品たち，読者たち。

　しかしこの章で紹介し考えたいのは，現在という時間を含んで隣り合わせの
近現代という時間だ。文学作品こそは，〈ひと〉の生活と心そして生存，を分
かりやすく伝えてくれる。自分にもつながる〈ひと〉のそのような顔へ，自分
がいまだ知らない歴史の時間へ，タイムマシンのように一瞬にして連れて行っ
てくれる。

(2)　中国の言語へ

　その中国文学が用いる言語が“漢語”＝「中国語」である。「中国語」とひ
とことで言ってしまうと見えなくなるが，広大な地理に居住する多様な人々が
多様な方言を使用している。著名な広東語，福建語，山東方言，四川方言，陝
西方言，そもそも首都北京を含む北方方言……それらの内部にまた細かな差異
がある。さらに例えば東北地方南部は近接する南方からの移住者が多いゆえそ
の南方方言が色濃い，といった歴史事情もある。

　「中華人民共和国憲法」は現在，「国家は全国通用の普通話を推進する」と規
定する。“普通話”とは国家が定めた標準語のことだ。2000年には「国家通用
語言文字法」が制定され，公共空間における“普通話”と方言そして“規範漢
字”を規定し，メディア・文化空間にも言及する。現代の漢字世界のデュアル

性たる簡体字・繁体字をめぐっては，“書法”（いわゆる書道）のような文化活動など多局面に言及する。たいへん中国らしい〈漢字〉の法律といってよい。毎年建国記念日前の９月に行われる“普通話”普及キャンペーン・ウィークも興味深い。

　近代期を経て漢字の識字率が限りなく高まった現代社会では，音を文字に書き起こして社会に広く示すことは，無限に容易になった。地域社会ごとに話される日常の会話（それはいつも話しことば＝その地の方言の音声である），さらに公共圏の“普通話”が漢字に映され，生活の各場面また街の看板，テレビ・インターネットなどに表される。その文字を理解する受け手も歴代で最大の人口である。漢字文の祖型たる書きことばも，例えば“朝三暮四”“一挙両得”“愚公移山”のような多数の四字熟語，文学作家による瞬間的な押韻言語，政治社会による街角標語などとして息づいている。多様なことば同士の地域や世代の壁をインヴィジブルにするのも，魔法のようなこの文字なのだ。

　このような文字を使用する最たる心・娯楽・生存・生命。それが〈文学〉作品である。

　中国大陸にあっては，漢民族ではない異民族（公式用語で“少数民族”）による固有文字による貴重な文化的営みも古来続いてきた。また現在，少数民族の作家たちで漢字を使って“漢語”で書く人も多い。異なりかつ重なりあう文化行為と事実を大切にしつつ，本章では特に漢字による“漢語”文学を旅しよう。

(3)　〈文学〉へ

　手始めに，次の中国の新聞記事をみてみよう。

　「これは中国籍の作家が初めてノーベル文学賞を獲得したのであり，この日を中国の作家は長く心待ちにしていた。（中略――引用者）秦王朝以前の諸子百家や漢や唐の時代の気風，宋や明の風格をもってきたこの伝統文学の国，かつて孔子や屈原，李白や杜甫，曹雪芹を生み出した文明の歴史の国。その中国籍の作家が今日に至ってついに，ノーベル文学賞受賞者の名簿にその名を残すこととなった。（中略）これは証明であり，一つの肯定であり，さらには新たなスター

トの始まりである」（『人民日報』2012年10月11日「祝賀莫言栄獲諾貝爾文学奨」部分。引用者訳。本章の以下すべて同じ）。

「現在の中国文学史を遡る必要がある。莫言の創作が熟したのは，ちょうど前世紀1980年代の中国独自の『文芸ルネッサンス』のときだった。それは理想と闘志に溢れ高揚した黄金期であり，今も無数の文学を愛する若者が記憶する時代である。『ルーツ探索文学』に分類される莫言だが，その『ルーツ探索』の成功は，作品中に表された故郷を懐かしみかつ故郷を恨む複雑な感情から来ている。決してこの土地を深く愛する結果だけではない。作家の視界は社会という大きな環境と切り離せない，（中略）80年代，多くの西洋の学術著作や文学作品が中国に導入され，ゆえにモダンあるいはポストモダンの様式の文学の道が開かれたのだ。中国の作家が世界と合流したのであり，莫言はこの開放的な思想環境に感謝すべきである」（『南方都市報』2012年10月12日社説「莫言獲奨：文学的，世界的」部分）。

　現代の小説家，莫言が2012年に中国在住作家として初めてノーベル文学賞を受賞した。そのときの，中国国内における反応の違いが鮮明な二つの新聞記事である。古代からの長い歴史の「伝統」を語る前者と，文化大革命終結後から世界の文学の潮流に影響を受けた中国文学を語る後者。二つをあわせて読めば，2012年のこのイベントを通して，奇しくも中国という場所がもつ長大で多様な〈文学〉事実に近づけるだろう。
　ちなみに，この前に，中国語で書く作家がノーベル賞を受賞した事実として，フランスで創作する高行健がいる（フランス国籍で，2000年受賞。「霊山」など日本語翻訳あり）。文学作家に限らず職業をもつ人間が，外部へ移住・亡命し，〈他〉なるスペースでものを考え活動する事例は多い。移住した作家のそうした創作活動が高い評価を得ることもまた，今日の地球では映画界なども含めて一般的である。中国の文学作家も現代世界のこの事情と同じといえよう。だがまた，中国大陸に居住を続けて小説を書く莫言は，自身の故郷である山東省の農村をディープに描き，中国近代史がもった世界史とつながる。清末―ドイツ植民地期―対日本の抗日戦争期……を股にかけ，そこに生きる庶民たちの

生命のネイティヴ性を刻印する作品世界は分厚く，詳密だ。「紅高梁」（1986年「赤いコーリャン」），「檀香刑」（2001年「白檀の刑」）など，日本語翻訳も多数ある。

2　近代文学へさかのぼる

(1)　清朝末期の文化交通

　外界との文化交通のスタートは，清朝末期だった。主に西洋文化・文学作品・思想書の輸入に始まる。その新たな出発と外部との関係を冷静に指摘するのが先の『南方都市報』の社説だ。古代中国に眼を転じたとき，漢字は強力無比なる政治と創造の力として，いわゆる「文章」の古来ジャンル区分「経・史・子・集」を確立する。男性の政治と伝統的文章の規範が作られていく。そのような長い時間に積み上げられた文学の地位を，移動・反転させたのが「西洋」近代とのフロントたる中国近代だった。

　外来侵略への対応・対抗から，近代中国は様々な社会ジャンルがいわば「国民国家」建設を目的として，自己変革を意欲していく。うちの〈文学〉ジャンルもその途上で，大陸の〈ひと〉の近代的連帯と統一に貢献することが期待されていく。つまり新たな文学とは，歴代の現地ドメスティックから，地球上の同時ユニヴァーサルへ，という変化そのものだった。

　新たな文学の役割が提唱されるきっかけの大きなものは，清朝の政治改革を目指した変法自強運動（1898年）だった。新しい世代の政治官僚たる康有為や梁啓超たちが日清戦争後に，自国の将来を模索する。中国版近代国家像をイメージし追求する提言として，康の評論「日本書目誌・識語」（1897年），梁の評論「変法通議・論幼学」（同年）などに接してみたい。これらは，広く中国近代の政治や社会にとって文化問題がいかに大切だったか，を今日知らせる。また同時代の明治日本の「政治小説」隆盛にも着目しており，東アジアの広がりをも観察できる。

　この改革運動が弾圧され，康・梁たちは日本に亡命する。この世界史上の交通はさらに中国と日本の近代的関係を教えてくれる。梁が横浜で発表した評論「論小説與群治之関係」（1902年「小説と政治の関係を論ず」）も重要だ。文学作

品を通じてその読者を近代中国人に向かわせることを説く。そのように理想的にすぐに変われない現実にユーモラスな批判を加えるのは，李宝嘉の長篇小説「官場現形記」（05年）だ。作者は当時上海のジャーナリストとして中国最新事情をみており，〈伝統〉と〈現在〉が背中合わせに活写されている。

(2) 「文学革命」家による「現在」の話しことばへ

　先人たちのそのような主張は，辛亥革命（1911年）で成立した「中華民国」の場へつながっていく。1915年上海創刊の雑誌を舞台としたいわゆる「文学革命」である。陳独秀（中国共産党初期の中心人物でもある）によって始動，その運動の旗手として，文芸評論家の胡適また文学創作を手がけた魯迅たちが集う。長い歴史と中国の現状との矛盾を先鋭に発見するエネルギーだった。それは文学言語をめぐる歴史問題でもあった。古典漢字文＝書きことば＝"文言"と決別して，今を生きる自分たちの日常会話＝話しことば＝"白話"を使おう，という主張である。歴代の政治家＝漢字による書きことばによってきた中国「正統文学」，ではなく，社会の人々の生活言語を漢字に変換した話しことば文学。そのような大衆的な言語による作品は古来からもあるが，その近代版を創作して正統な文学としようという「革命」である。胡適の評論「文学改良芻議」（1917年。「芻議」とは「浅見」の意），魯迅の小説「狂人日記」（18年）は興味深い代表だ。のち魯迅は講演「無声的中国」（27年）で「我々は今後なお書きことばを抱きしめて死ぬか，それを捨ててサヴァイヴするか，二つに一つだ」と強調する。

　しかし「文学革命」の担い手自身が，歴史的文人のステイタスそのものだった伝統的書きことばに，苦しむ。また「話しことばを」というアピールは多様な方言の問題を導く。そこで言語政策と教育の方面で進む「国語」という共通語が，文学でも急務となる。胡適自身もやっと書きことばを脱し，主張を話しことばで読みやすく書き直した。「建設的文学革命論――国語的文学，文学的国語」（18年）だ。辛亥革命に向かう革命家が外来植民地統治・内政問題の現状ゆえに清朝政権を否定したように，革命が実現し中華民国成立ののち成熟した文学の「革命家」も現状を変えるために歴史的文化言語を否定したのだった。先に紹介した『南方都市報』社説は，政治的経済的改革開放に伴って1980

年代から世界の文学とのルートが開いたことを，中国文学の新たな始まりだとサマリーした。それは20世紀初頭からの中国近代文学がもった世界・東アジアとの関係とアナロジーなのである。

官僚＝文人が古来からの文学芸術の担い手だったという伝統地図は，すぐには変わらない。官僚を目指すルート＝公務員試験の科挙は，気の遠くなるような長い歴史をもつ。例えば魯迅も幼少時から勉学を開始，清末に留学した日本で本国の科挙の消滅を知る。帰国後，故郷で学校教員となるも首都北京に上京，教育省庁の官僚として働いた時期があった。短篇小説「一件小事」（19年「小さな出来事」）の語り手は官庁に勤めているが，通勤のために乗った人力車が道を歩く一人の女性と接触事故を起こす。人力車を引く〈労働者〉と〈女性〉とによって，安易な〈男性〉政治への道を阻まれる自分。社会の基層に生きる多様な中国人による，歴史的政治＝文学への批判ともなっている。

(3) 女性作家の登場

近代文学に関連してさらに知っておきたいのが，多くの女性作家が登場してくる事実である。それまで男性によってきた中国の政治＝文学に，女性が参入し始めたことを意味する。長い歴史のうちにほとんどなかったことといってよい。政治への参画という広い問題にしてみると，いわば政治の社会的大衆化こそ，中国近代の課題だった。言語と文学の問題もそうで，〈女性〉という地平が発見され表面化していく。中華民国期では小学校の「国語」授業が1920年から始まるが，こうした制度と教育も，文字＝文学＝女性という新たな文化のトライアングルを推し進めていく。近代最初の女性作家といってよい謝冰心の短篇小説「最後的安息」（1920年）や詩「假如我是箇作家」（22年「もし私が作家だったら」）は，文字を近代教育のもとで「学べるようになった」女性，依然学ぶ機会がもてない女性，を対比する。しかし後者にも漢字を欲求する姿が描かれるのだ。少女あるいは子どもと文字，という問題系はこの作家の初期作品に通底するテーマだ。ちなみに清朝期の蒲松齢による短篇小説集『聊斎志異』には「顔氏」という短篇がありお薦めだ。女性主人公が夫の代わりに科挙を受け，男性を装って地方政治の頂点にまで登りつめるという反「中国史」譚である。この政治ファンタジーを，男性を装うことなく女性として実際に体現して

いくのが，近代女性作家とその作品世界だ。もちろん近代女性が抱えた人生の悩みも描かれ，さらに例えば黄廬隠の短篇「何処是帰程」（27年「帰る場所はどこ」），「跳舞場帰来」（32年「ダンスホールから帰って」），凌叔華の「繍枕」「喫茶」（25年）などにもアプローチしたい。

　女性による文学言語は，〈女性〉性を主人公にすることが多い。つまり一つの文学作品における作家・語り手は，登場人物の社会的位置・精神世界・生活と生存の空間と表裏一体なのである。男性が「自分」の外界を描くことが特徴の一つだった中国文学だが，それを違うように動かしたのも近代文学だった。

(4)　戦争と植民地の場所と文学

　そのような中国近代の文学が目指す地平の背景に，また目指す地平を阻むものとして，常に外来帝国列強からの暴力があった。このことを，日本の場所で中国の近現代文学を考えるとき，現在やはり確認しなければならない。産業革命を経た西欧列強国による戦争発動と大きな意味で植民地統治が中国南方から始まり，眼を転じると，東北地方では日清戦争（"甲午戦争"），ロシアによる統治，日露戦争（"日俄戦争"），日本による統治，義和団事件による外国の北京出兵（"八国連軍"事変）……「満洲事変」（"九一八事変"），傀儡「満洲国」成立，盧溝橋事件（"七七事変"）から日中戦争（"抗日戦争"）……近代日本が発動した大きな戦争と植民地統治が続いた。すべて中国領土内で起こった。このような国際・国内情勢に直面し，中国自身も激しい政治変動を遂げていく。市民・大学生たち幅広い社会層が，植民地化とそれを許す国内軍閥政治に反対して上げた声と意識が，高まっていく（大きなものとして1919年の「五四運動」）。社会の動きと連動して，西洋にならった児童文学の必要論（周作人），言語改革論（例えば銭玄同），女性解放言論なども立ち上がっていく。

　「文学革命」から「新文化運動」へと文学の場も進展，中国漢字文学史上最も権威あるジャンル"詩"も大きな変化を迎える。字数や韻律といった伝統コードから離れようとし，かつ視線の先に捉える対象が〈外〉に向かって解き放たれていく。例えば日本に留学する郭沫若の詩「晨安」（1921年「おはよう」）や「地球，我的母親」（同）は，中国内部の風物・事象・心象からスタートし，中国語で地球各地を一周する。世界史と現時の国際事情のなかの「中国」を前

提に，新たな世界観の胎動が提示される。別グループの詩人で米国に留学した聞一多は，「洗衣歌」（25年）で，その地の衣料クリーニング店で働く中国人の独白を通して，アジア人が外部でどう見られているか，を声にする。中国大陸の植民地事情を問う「七子之歌」（同年）と合わせて読みたい。ドイツ語を学んで西洋のポエムの様式を取り入れた抒情詩人，馮至などもいる。

　革命の活動家また思想家である孫文や章炳麟たちによる日本亡命期に続き，後輩世代の魯迅やのちに言語学者となる銭玄同たち，のちに日本植民地統治下の大連で「中華民国」言論をリードする傅立魚……多くの若者が「日清戦争」後の清末官費留学生として日本に渡る。この時期の留学体験を描いた魯迅のエッセイ「藤野先生」（26年）は，先に「近代化」した日本での滞在学問としかし日本帝国主義による中国政策の事実とに引き裂かれる若者の姿を刻印する。後輩の郭沫若や郁達夫（中篇小説「沈淪」21年）など新しい作家たちも，そのような矛盾した東アジアの一大都市東京で留学と文学創作を開始したのだった。これらの作家名はごく一例に過ぎないが。

　さらに例えば女性作家，蕭紅のことを知っておきたい。故郷の中国東北が「満洲国」となり，言論と生存を求めて彼女や仲間たちは南の中国中心部へ亡命，文学の道をさらに切り開く（蕭紅の長篇小説「生死場」35年，故郷を離れる前の体験に基づくエッセイ集『商市街』36年）。抗日戦争下に中国人女性が日本軍によって強いられた暴力の体験と記憶を描く短篇小説は，丁玲「新的信念」（39年），「我在霞村的時候」（41年「私が霞村にいた時」）だ。女性作家たちの近代的登場を先に紹介したが，それは日本をはじめ外部勢力が中国大陸を戦場・植民地として見て接した事実と，無縁ではない。中国言論社会に女性自身が立ち上がるさまは，東アジアの外部帝国による地政学によっても始まった。

　東北に「満洲国」が成立し抗日戦争の手前という時期の上海を描く茅盾の長篇小説「子夜」（33年），抗日戦争下の男性と女性を社会的に描く巴金の同「寒夜」（47年）もある。中国と日本の近代関係史は，中国近代文学史とパラレルなのだ。現代日本で〈中国〉のことを考えるとき，この事実は学問と記憶のための大きなヒントである。

　別の局面も紹介したい。蕭紅たちが離れた故郷東北の「満洲国」期にとどまって創作活動を続けた作家たちである。外来植民地ゾーンにおいて母語中国

語で自分を保ちその言語文化を持続させようとしたといえる。蕭紅たちと既知であった山丁、また別のグループの古丁や爵青、石軍、女性作家の梅娘や但娣、呉瑛たち。南方では上海～香港の〈女性〉をはじめ新しい近代人を描いた張愛玲たち。その作品世界を知りたい。

3 文学の「現在」へ

(1) 近代戦争の場所から新たな建国へ

近代文学とつながるその後の現代文学の空間へ。それは時間を下りながら歴史の現在を知り記憶する〈中国〉の旅だろう。あるいは先に今を知って、今につながる歴史へ遡る旅を始めてもよい。

「中華人民共和国」建国の中心人物の一人、毛沢東は早くも抗日戦争時、共産党根拠地の延安にてのちに「文芸講話」と呼ばれる講演座談会を行っている。"人民大衆"の生活に根ざし、それを重視し、それに貢献する文学の役割を強調した（1942年）。それは、マルクスとエンゲルスが例えば『ドイツ・イデオロギー』のなかでいう交通手段としての〈言語〉の社会性にも通ずる、中国近代文学の思考と宣言だった。それ以前の近代文学史の歴代にわたって重視されてきた「文学」概念、つまり広く中国社会の統一に貢献する文学の役割を、さらに明確なピンポイント"人民大衆"の視点で推し進める、中国コミュニズムによる一つの回答だった。眼の前の抗日戦争の後の課題をも見据えていたと思われる。

しかし建国後からの対外戦争（朝鮮戦争やソヴィエトとの紛争など）、国内の政治闘争や経済政策の試行錯誤また権力闘争に、文学者たちも参加し巻き込まれ、時間が動いていく。最大はやはり文化大革命（1966～76年）という全国的社会混乱である。これが大きな転換となり、それへの公式的反省（81年の政治会議における否定）がなされ、批判された近代文学者たちの復権も始まる。言論の自由化、社会の民主化が市民や知識人によって求められ、文学の新たな空間が生み出されていく。市場経済の導入や社会改革（「改革開放」）、また資本主義国との国交開始などが基盤となったのは、やはりあの『南方都市報』社説にある通りだ。

近代文学が培ってきた〈現在〉の話しことばで書くという命題も，より普遍化していく。今日の小説や詩，エッセイが内部に湛える漢字の流れをみつめるなら，語彙のパーソナリティたる地方方言の単語が読者に挨拶してくれる。次に登場人物の発したセリフを物語の舞台の地域性とともに連想できたときには，音のパーソナリティたる地方方言の音声が迫ってくる。テクストの作者や語り手と読者との想像的協働作業は，想像・事実・時間が行き交う豊かな文学空間の生命じたいだ。学ぶのに時間がかかり，しかし中国語を知るに最も便利な（当然だが）文字，漢字。その漢字こそが生命を奏でる。中国のこの文字は，人民共和国建国後から強力に推し進められた識字政策・教育とあいまって，限りなく広範囲かつ普遍的に文学の生命を運ぶ道具となった。では具体的な文学作品によって現代中国の〈ひと〉の〈心〉を知る旅も始めよう。

(2)　文化大革命の終結からの文学

　　——黒夜給了我黒色的眼睛　我却用它尋找光明　　　　　　　　（顧城）

　文化大革命を経て，"人民""団結""服務"といったキーワードからいったん離れ，文学は"我"（「この自分」）そして"心"というキーワードを重視していく。
　そのような社会的な変化を文学作品はつぶさに主張し始めるのだが，それはやはり若い世代がリードしていった。詩の世界でも「朦朧詩」と区分けされた詩人たちの表現世界が注目される。従来と異なるキーワードをもつゆえに抽象的だ，と先輩世代から批評された結果のネーミングが"朦朧"だった。しかし例えばその代表的な詩人，顧城は単語の数を極力減らし，平明な言語空間と独特の間合いで言語様式を打ち立てた。新しい時代の散文詩の心である。上に引用した詩「一代人」（「ある世代の人間」）は，たった二つのセンテンスで，新たな希求を普遍的にまた同時代的に表している。"我"というキーワードを効果的に使った詩は，この時期，ほかにも北島「回答」，舒婷「？。！」「双桅船」など多い。それらは詩的言語という宇宙のなかの中国語だと分かるだろう。詩というジャンルは古典詩もそうだが，一つの作品が短いので読みやすく，かつ想像を無限にさせてくれる。

小説も，文化大革命を体験した新たな作家たちの記憶刻印の作品として，体験と心の軌跡を描くもの，個人の懐かしい追想を綴るもの，その10年間を逆手にとった少年少女の奔放な眼線を描くものなどが生まれていく。なかでも文化大革命中に身体障害をもち車椅子の生活を始める史鉄生の短篇「足球」（1984年「サッカー」），エッセイ「合歓樹」（85年「ねむの木」）は，特有の身体視点をもって中国の空間に挑戦し，新たな中国語世界を提示した。やや後輩の作家，王朔では長篇「動物凶猛」（91年）のなかの少年少女たちを知ってみたい。これらはほんの一部にすぎないが，こうした新世代作家の原作で映画化されたものも多い。

　この流れで特に紹介したいのが，余華である。中国近現代史の曲折を股にかけて，抗日戦争後の国共内戦期，建国と国家政策実験期，その挫折のなかの庶民と知識人，文化大革命，改革開放期からグローバル経済のなかの現在，そのなかの〈ひと〉のあらゆる生死（といってよいと思われる）を，細密な流れをもって描く。長篇に「活着」（93年「活きる」），「許三観売血記」（95年），「兄弟」（2005年）など多く，その物語は味わい深く恐ろしい。多くが日本語に訳されている。中国という東アジアの隣人のすべてを教えてくれ，同時にすぐにそこに生きる地球人の心を教えてくれるだろう。映画やテレビドラマになった原作も多い。

　賈平凹という作家も，中国内陸を代表する作家だ。初期の中篇「鶏窩洼的人家」（84年「鶏の巣村の人々」）は映画化もされ，西安と思われる都市を舞台に奔放な人間と社会を風刺する長篇「廃都」（93年）といった問題作もある。近年では，中篇「倒流河」（2013年「逆流する河」）の農民工（出稼ぎ労働者）の姿が印象的だ。中国大陸で主要な産業・生活エネルギーであり続ける石炭の採掘場の労働者を，ユーモアをもって描き，内陸の現在を記録する。労働者から成り上がった炭鉱経営者とその妻が主人公で，世界経済との接点も折り込み，社会の基層を支える人々の日常が展開する。文学の力これにありだろう。

　中国大陸の各地域に，実にたくさんの個性的な作家が創作活動を展開する。自分が好きな一人の作家，一つの作品を探してみたい。その際には，中国の全国地図を横に置いて物語の道を地理的にスキャンしてみることも，お勧めする。

⑶　現代都市とグローバル世界の波間をゆくニンゲン

　昨今の地球のグローバル化は，経済や情報のネットワークをはじめとして，世界各地に影響をもたらしている。一つのゾーンの内と外への人流も多様となっている。中国内部も例外ではなく，2008年北京オリンピック，10年上海万博，その後の中国版新幹線「高速鉄道」の拡充などが，大きなきっかけだ。全国的交通網の変化は激しく，それを利用しそれに左右される人間。そのような現代人を見つめることが，今また中国文学のテーマの一つとなっている。社会の現実や問題を時にストレートに時にユーモラスに表現する文学。中国文学がもってきたこの特徴の歴史を思わせる。

　妻と子どもと高速鉄道を使って家族イベントの移動をする主人公が，混み合った車内でさえ仕事に追われてノートパソコンを打ち続ける。職業とプライヴェイト，公共と家庭といった境界が現代風にみえなくなった社会。その人間の窮地を描くのは，汪洪の短篇小説「高鉄恐龍」（2014年『北方文学』掲載）である。

　「黒猫か白猫かは関係ない，鼠を捕まえるのが良い猫だ」とは1970年代後半から始まる新たな経済発展を期待し描写する言葉だったが，今や「鼠」は「自動車」におきかえられるかもしれない。本章筆者の中国東北吉林省の友人も，妻と子どもとの家族旅行で自家用車を運転，省都長春を発し大陸を駆けて南と西を目指し，楽しみつつはるばる中国史の古都西安にたどりついた。このように「持てる者」から持つようになった家庭の自動車が大陸各都市を走っている。そこで問題になるのが都市空間の駐車事情だ。中国の道路は都市でも幅が広い場所が多いが，車を停めるには苦労する。中国中央テレビ CCTV が北京のこの種の交通問題を特集報道したこともあった。高建剛の短篇「車位戦争」（11年『山東文学』）は，高層アパートの住人たちによる居住地の自動車駐車スペース獲得・保持の泣き笑いを活写する。退職した高齢の親の世代が，職場から自動車で帰宅する子どものために駐車スペースを「留守番」する姿に雪が積もる。涙ぐましい都市空間の競争は新しい幻想譚だ。

　女真の短篇「黒夜給了我明亮的眼晴」（11年『満族文学』「暗い夜が明るい眼をくれた」）も興味深い。主人公の男性は遼寧省瀋陽の国有企業工場の機械運転

手だったがリストラに遭い，今はタクシーの運転手。自分がかつて働いた工場区域（日本植民地期は「満鉄」工場）や再開発の都市空間を走りながら，乗客の職業や趣味を推測するのも彼の楽しみだ。そのハンドルさばきが現代都市の今をなぞっていく。

(4) 農村と都市

　都市ではそのような財物をもてる人間だけでなく，底辺を支える出稼ぎ労働者も日々を生きているのは，日本も同じだろう。さらに社会の基層を担う外国人労働者の生存は日本でも問題となっている。中国国内の出稼ぎ労働者をめぐる事情は，地方各地の国有企業が不振となる1990年代から鮮明にクローズアップされ，関連のドキュメンタリー映画や物語映画も多い。例えば王兵監督『鉄西区』（2003年），同『苦銭』（16年），賈樟柯監督『世界』（04年）をみてみたい。文学作品で一つ紹介したいのは，北京オリンピック開催と四川大地震発生の2008年北京が舞台の短篇小説だ。尹順国「你可以出城了」（12年『清明』「もう都市を離れてもよい」）は，河南省の農村から出稼ぎにきた少女と，北京の役所関係に勤める男性との交流を描く。彼女と途切れ途切れに携帯電話で話す「私」。大都会の労働者の「運命」を象徴的に刻印する。

　背景にはさらに現代都市という迷路がある。正体不明の隣人という世界のどの都市にも共通する謎めいた現実を描くのは，申平の短篇「女鬼」（16年『北方文学』）だ。そのような大都市の大学を卒業した若者さえ就職・生活の難を抱えて苦闘する姿は，流行語にもなっている。世相の言語をタイトルにした六六の長篇「蝸居」（07年「かたつむりの家」）なども手に取ってみたい。

(5) 人の生死

　現代人の生と死の「収まる」場所へと向かう旅を，現実とともに描くのは，余華の長篇「第七天」（2013年）だ。再開発に立ち退きを迫られる市民，政府高官の汚職に巻き込まれて自殺する「情婦」，恋人の命のために臓器摘出手術を受け自ら命を落とす若者……社会の格差を生きて死んだ人々がなおその死や墓に格差の等級を強いられる。文学作家はこのような現実を現代寓話風にアレンジし強く訴える。牧娃の短篇「帰根記」（14年『北方文学』）も似ている。死

196

んだ父親の遺言「実家に帰って祖先たちと故郷の土を守りたい」から物語が始まる。息子たちは遺骨を抱えて列車に乗り故郷の村へ旅に出る。村は親族の若い世代の活躍で見違えるほど現代風に発展し，遺骨の埋葬をめぐって騒動が始まる。都市と農村を結んで，人生のなかで大陸を移動する現代人の「落葉帰根」の行方とは。知ってみたいテーマである。

⑹ 「異人」と人による交感の歴史

　中国大陸の「異人」は，古来様々に語り継がれてきた。文学・思想テクストにおいて主役となる動物たちである。怪異の生命体たちのラビリンス「山海経」，思想書「荘子」に記された宇宙に遊ぶ鴻，知覚をもたない全能の不思議な生き物，「列子」に描かれた人間に"道"を示す鴎，猿……時代を下って「西遊記」のヒーローたち，「水滸伝」に荒ぶる虎エピソード，『聊斎志異』の異人譚「虎の恩返し」……。文章や絵画に記された空を飛ぶ者，地を駆ける者は，中国古来，人と交感アクションを繰り広げる異人であり続ける。加えるに近代以降「発見」されたあの"大熊猫"も黒と白のカラーをひとりでまとった中国世界の異人である。

　近代にも多くの異人が登場するが，一つ味わい深いエッセイを紹介しよう。中国一コマ"漫画"の大家，豊子愷によるエッセイ「白象」（1947年）には，抗日戦争下に飼い猫を連れて戦火を避け，上海から内陸に避難する高齢女性が登場する。戦争という環境にあっても人と異人とが寄り添いあっていた。

　双方の寄り添いの道を受け継ぐのも現代文学である。趙欣の短篇「我的朋友叫橙子」（2016年『北方文学』「友達の名はオレンヂ」）の初老の男性主人公は北京在住，他人のチャウチャウ犬と友達づきあいを始める。自分が住むアパートマンションの近くにある戸建てゾーンの一軒の庭で飼われている犬だ。勝手に"橙子"と名づけて柵越しに可愛がり，ときに自分が調理したスペアリブ中華を持って行ってやるので，飼い主らしい人間に怒られる。しかし飼い主の正体は終始不明で，最後にその人家が社会的な事件を起こしたようで，異人"橙子"だけが「柵」を超えて男性の家へ避難してくる。

　任勝才の短篇「花豹」（16年『北方文学』）は中国大陸にも古来生息した豹が主役だ。河南省鄭州らしき街の動物園の豹が飼育員のミスで檻を抜け出て街へ

飛び出し，園内の観客や道ゆく市民，治安関係者や市長たちはじめ都市全体が
パニックに。人々の描写に風刺が光る。山深い山村で助産の仕事をする「張家
のおばあさん」を描くのは，同じく任勝才の短篇「狼恩伝奇」（17年『北方文
学』）だ。舞台は1950〜60年代の山東省は沂蒙山。遠く離れた村の家々をお産
の手伝いで駆け回るおばあさんだが，ある日の帰り道，一匹の狼が立ちふさが
る。怪我をしたその狼を，彼女は襲われるのを覚悟しつつ手当てし，後日また
偶然にその狼の家族のお産を助けることに。その後，何者かが狩猟した兎や鳥
をおばあさんの家の前に置くようになる。狼からのお礼だった。最後に置かれ
たものとは。ホラー仕立てで異人と人との〈心〉の交通が語られる。

　地球上の動物こそはそもそも，すべてその各地域固有の生命種であり，中国
文学に登場する生き物も中国内の各地域が抱擁する生命の色彩と声を響かせて
いる。加えて現在，新たな異人＝宇宙人との交流譚が中国文学の列に加わっ
た。劉慈欣の長篇「三体」シリーズ（2006年〜）に代表される現代中国版SF
文学が世界に知られ始めている。

(7)　大切な〈外部〉への旅

　「少数民族」の生活と生存を描く作品を紹介したい。本章筆者の限界から，
中国語テクストを取り上げるしかないが，そのような作品も中国という場所が
多民族国家であることを証言する。

　近代史の世界を描く現代の大作として，遅子建の長篇小説「額爾古納河右
岸」（2007年）がある。東北黒龍江省の大興安嶺山脈に生きるエヴェンキ族が
トナカイと飼育共生しながらたどってきた近代から現在までを描く。漢民族の
女性作家が描いた中心人物はエヴェンキ族の女性であり，中国近代文学の女性
作家が性別を注視する流れは，今日他者がもつ〈女性〉性にも向かっている。
この作品内には，「満洲国」期に日本側が国境警備に当てようとエヴェンキ族
の男性たちを徴兵した事実，も描かれる。異民族という他者への視線と近代史
の記憶とが重ねられている。

　やはり黒龍江省ハルビンの作家が，ロシア革命期から亡命して中華人民共和
国成立後も中国内に居住したロシア系ユダヤ人を記している。李文方「炮隊街
水塔」（13年『北方文学』「炮隊ストリートの給水塔」）である。1950年代の都市空

間にあった中国人の「僕」とユダヤ人少年との触れ合い，ハルビン・ユダヤ人の生活文化さらに「帰還」運動が，印象的に描かれる。

　帰郷する青年とそれに付き添う男性という回族の2人の列車の旅を描くのは，青海省の女性作家，賈文清「在車上」（19年『北方文学』）である。列車乗務員の女性が2人をめぐる出来事を語る。男性は南方の大都市の“清真牛肉麺”食堂（イスラーム教徒経営のラーメン店）の主人で，そこのアルバイト店員だった青年は知的障害（テクスト原文では独特の中国語だ）をもち，紆余曲折の末，男性が青年を故郷へ送り届ける最中なのだった。列車のなかで青年が起こす「騒動」と周りの乗客たちの反応，列車乗務員たちの仕事の連携を通して，テクストは中国社会の側面を開陳している。

(8)　もう一つの「漢字世界」へ

　銭玄同の評論「漢字革命！」（1923年）は，音標文字として制定された“国語ローマ字”などをふまえて，あと10年すれば漢字を使わなくてもよい時代になるといった。しかしこの東アジアの精神的物体＝物神たる文字＝漢字はそうではなかった。漢字を助けるあるいは漢字に代わる発音表記文字は，清末期・中華民国期に様々考案され，現在大陸国家ではローマ字による“拼音”表記が制定されている。それにもかかわらず，漢字は近代期中国が直面した事態を考え訴える文化ツールとして持続，ばかりか史上初めてより広い社会層にアイデンティティとしての需要をみせた。女性たちはこの場面に居合わせた漢字の大きな体現者だった。

　しかしまた，言語学者や文学作家たちが近代的に発見した漢字（を使った文章）という伝達の壁，文字普及の困難，は程度は小さくなったが現代中国社会にもみえる。まずは固有の文字をもつ「少数民族」とこの漢字との関係であり，さらに漢民族自身と漢字の関係も単純ではない。これを教えてくれるのも，ほかならぬ文学作品だ。

　先に紹介した賈平凹「倒流河」の男性主人公は文字を知らないが，労働者から炭鉱会社を経営するまでに自分の世界を発展させる。李金桃の短篇「山里有群羊」（2014年『北方文学』）の主人公は，北方の山岳地帯で羊の群れを管理する出稼ぎ労働者だ。携帯電話で故郷の家族と声で話はしても，妻が送ってくる

ショートメイルを読むことができない。漢字の分かる同僚に自分の携帯電話を渡し読み聞かせてもらう。文字をもたない自分が，出稼ぎで労苦を共にする第三者を通して，遠い場所の家族と心を通わせる。

　漢字世界の表面に波紋を浮かべる文字のない世界。そこにもひとが確かに生きている。漢字による文学空間が矛盾するようにそれを記録するのは，近代女性作家の世界が「歴史の地表に浮かび出る」（孟悦・戴錦華『浮出歴史地表——現代婦女文学研究』1989年）のとリンクする。もう一つ，文字論でもある魯迅の短篇「孔乙己」（1919年）をあげておこう。居酒屋でアルバイトをする「僕」と紹興酒が大好きな自称知識人の常連客，孔乙己おじさん。2人によるカウンター越しの漢字談義が始まり，酒場の常連客たちの声がそこへポリフォニックに共鳴する。地球のどの場所にも通ずるユニヴァーサルな社会性だが，中国だけの精神であり調度品たる漢字（知識人）の論になっている。中篇「阿Q正伝」（1921年）が著名な作者だが，親しみやすい「孔乙己」は中国文学入門篇だ。

4　歴史と現在を往還する旅を

　中国の名酒“白酒”の開発に人生を賭ける2人の男性の30年来の友情。内モンゴル自治区在住の鞠志傑による短篇「與君共飲」（2019年『北方文学』「君と共に飲む」）の主題である。1980年代初頭から始まる人々の経済活動参入を背景に，白酒製造企業の工場技師が蒸留酒に賭ける哲学，同僚との考えのぶつかりあい，それぞれの家庭事情の落差……を描く。主人公2人が若い頃の酒造りの信念をそれぞれ貫き退職した今，病を得た相手のためにもう一人は，互いにストックした中国全土の銘柄を毎週日曜に集まって飲もう，と提案する。

　タイトルは，唐の李商隠の詩「月下與君共飲」に由来すると思われる。晩唐期の政争や社会を風刺しているとされるこの詩だが，まずは現代版“與君共飲”が古典世界の詩的言語と遥かな時間でつながっていると知りたい。そのような現代の友人同士の会話による心の通路は，連続する絵画のようだ。漢字がもとは絵画であったことを思い出そう。それはまた，この文字の厳格な姿とは裏腹に，ニンゲンの〈声〉と〈心〉こそが第一という，〈人〉の社会文化空間の思想である。

我歌月徘徊，我舞影零乱	私が歌えばお月さまがそぞろ歩きし，
	私が舞えば私の影が千々に飛び回る
醒時同交歓，酔後各分散	醒めているうちは喜びを共にし，
	酔ったらば散会しよう
永結無情遊，相期邈雲漢	永遠に無情の交遊を約束して，
	また宇宙の果てで再開しよう

李白「月下独酌」部分　唐

土地上生長着信念	その土地には信念が育っている
有多少秋天就有多少春天	秋がめぐってくる分だけ，春がめぐってくる
是象就要長牙	象は牙を伸ばそうとする
是蝉就要振弦	蝉は弦を震わせようとする
我将重臨這箇世界	僕はこの世界に新しく対面する
我是一道光線	僕はひとすじの光
也是一縷青煙	またひとすじの青い煙　　　　顧城「信念」

　長大な時間をまたいで，この二つの中国語は興味深い。李白にとって自分と自分の影は，お月さまの光と共にあり，顧城は自分が眼の前の世界に新しく対峙するささやかな光だとする。その2人の中国語を合体させるように，お月さまの光を友人と一緒に眺めることを願う韋応物の言語が次である。

去年花里逢君別，今日花開又一年	去年花の咲くなかで君に会い別れたね，
	今日また花は咲き一年経ったよ
世事茫茫難自料，春愁黯黯独成眠	世間は慌ただしく未来も分からず，
	春になっても鬱々と独り寝床に入るのさ
身多疾病思田里，邑有流亡愧俸銭	この身は病多く田舎に憧れるよ，
	町には難民が溢れ自分の給料が恥ずかしいなあ
聞到欲来相問訊，西楼望月幾回圓	君が交感にやって来ると聞き，
	西の楼閣で待ってるけどお月さまは何度も丸くなったよ

韋応物「寄李儋元錫」（「李儋と元錫のための詩」）　唐

〈中国〉という歴史のその時その時，そこから時間を下った先端の現在。一貫した絵画文字でそこをつなぐ文学世界は，〈自分〉と共に在る宇宙と地球の〈他者〉とをつないで〈声〉にしてきた。

　　声動，不生声而生響。

「声はそれが動くと，もはや声にとどまらない，響きを生み出す」(「列子」)。声の聴き手が，文字の読み手が，微細なアンテナを張れば，声と文字はその背後の歴史と現在を響かせる。さあ，みずから時間を駆けめぐり，中国のたどってきた道と現在を知る新しい旅へ！

注記
中国語原文の引用に際しては，漢字の意味の理解も重んじ，現代日本で通用される字体を使用した。

●読書案内●

『唐詩選』全3巻，前野直彬注解，岩波文庫，2000年
　　明の李攀龍が編纂。中国の古典詩において唐詩は，スタイル（五言，七言，絶句，律詩など），緊密な心，視界の多様性をもって，一つの山の頂のようだ。自分の心の友となる言葉を探そう。古典詩の「男性」と，近代詩の「女性」を対比もしてみたい。

『現代の中国文学』相浦杲，NHK ブックス，1972年
　　著者は言う，ある時代の文学を知るには「その前の時期の文学の由来や沿革を知っておかなければならない」と。文学作品とは一つの心であり，かつそれを包む社会と歴史でもあるのだ。清朝末期から中華人民共和国成立後の文学作品・論争を簡潔に紹介している。

『中国現代文学』中国現代文学翻訳会編，ひつじ書房，2008年〜現在
　　リアルタイムの小説や詩を日本語に翻訳し，解説する（年刊）。文化大革命収束後からの新しい文学作品を翻訳紹介した『季刊　中国現代小説』(2005年停刊，蒼蒼社)を引き継いで，中国に生きる人々の〈今〉を伝える。

漢字という場所
ひとと社会が"文字"を立ち上げる

　中国の街や村を旅すれば，そこに息づく中国語を聞くだけでなく，見ることができる。いざ，"文字"（中国語では「文章」という意味にもなる）を探す旅へ！

本章扉写真の水筆のおじいさんに好きな文字を書いて下さいとリクエスト。すると，この漢字を書いてくれた（以下，いずれも筆者撮影）

ハルビン松花江の公園。水筆で描かれて疾走する馬。漢字は絵画だった。子どもたちも集まってきて喜ぶ

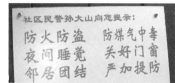

北京の歴史的居住空間「胡同」にて。防犯・防火の掲示。伝統文学の発音技法「押韻」の仕掛けも

大連にて。自動車のランダム駐車に注意を促す手書き看板。老朽化した建物の上から落ちてくる建材のかけらに注意，とある。看板が言うその建物とは日本植民地期の建造物なのだ

大連にて。生活の通用口をふさいで停まる自動車に警告を鳴らす住民たち。「このゲート前に停車は禁止。何かあってもあなたの責任」

長春にて。再開発の波によってなくされる古い建物に「拆」(取り壊します)の文字。その建物がなくなると，この文字も消える運命だ

ハルビンのレストラン。ドアの前にその日のメニューが調理師たちの手書きで記される。どんな料理なのかワクワクさせられる漢字たちだ

長春の高速鉄道駅にて。各種料理をアルミの弁当箱で出すレトロ・レストランの店名。発音記号が大切にされている。多様な文字によって料理の味も引き立つ

ハルビンの牛肉ラーメン店にて。漢字によるこの楽しい先祖返り(漢字から絵画へ)。日本語では意味が通らないが，現代中国では「面」という漢字は「麺」の正式省略体(簡字字)。この文字のもつ何重もの迷宮が，中国に呼吸している

吉林省延辺朝鮮族自治州の龍井。幹線道路に掲げられた飲酒運転禁止の標識。「酒」という字をインパクト・デコレイト。中国大陸が多民族国家であることを，ここではハングルが教えてくれる

第10章

教　育

中国と台湾，合わせ鏡の教育改革

山﨑直也

公務員試験，英語，大学入試の予備校が立ち並ぶ台北市南陽街（2021年，永吉美幸氏撮影）

中華世界の人々にとって教育は人生の重大関心事である。戦後，国共内戦の帰結として海峡を隔てて異なる政府によって統治されてきた中国と台湾では，異なる制度と内容で教育が行われてきたが，社会における教育熱の高さは両者に共通するものだ。1990年代以降，中台双方で展開する教育改革は，グローバル化の影響のなかで，政治体制と歴史的文脈の相違を超えて，合わせ鏡の様相を呈している。

1　中華世界共通の一大関心事

⑴　大学＝「日用品」時代の到来——ドキュメンタリーが描く中国の教育

　2012年，英国 BBC のシリーズ『Why Poverty?（なぜ貧しいのか）』（全8回）の1本として中国のドキュメンタリー監督・陳為軍が制作した『China's Ant People（中国の蟻の人々）』は大きな注目を集め，全世界の70を超えるテレビ局で放送された。日本でも，同年11月28日に NHK が『BS 世界のドキュメンタリー』でこれを放送し，17年5月までに計7回再放送している。中国では，日本語で「進路」または「活路」を意味する『出路』のタイトルで放送された同作は，日本では『中国　教育熱のゆくえ』というタイトルで放送されたが，その名の通り，豊かさのために熱狂的に学歴を求める人々，急速に発展する高等教育の暗部を生々しく描いたものである。その冒頭，「1997年，中国政府は大学を民営化（privatise）し，高等教育は日用品（commodity）となった」という英文テロップが提示されるが，「民営化」という表現は，やや過度な単純化であり，実際には，社会主義市場経済の旗印のもと，社会の各側面で資本主義の原理が導入されるなかで，教育分野にも民間セクターが盛んに参入し始めた状況を指している。

　1997年7月，中国政府国務院は，民間の力で教育の発展を促すべく，「社会力量弁学条例」（民営による学校運営条例）を発布したが（同年10月施行），同条例は「民営教育の発展を高等教育というよりも，職業教育，成人教育，高校教育と幼児教育の領域に導こうという意図がかなり強」かった（鮑 2010：45）。高等教育への民間の参入については，2002年末に「民弁教育促進法」（民営教育促進法）が全国人民代表大会を通過し，2003年9月に施行されたことがより重要であった。

　他方，中国大陸の対岸にあって，1945年以来，中華民国政府が実効支配する台湾では，1997年を起点に大学の加速度的増加が始まる。この年，前年度24校であった大学の数は，一気に14校増えて38校となり，10年後の2007年には100校に達した。さらに10年後の2017年には129校まで増えたが，以降は少子高齢化のなかで減少に転じている。1997年の14校の増加は，その数の大学が新設さ

れたわけではなく，専科学校（junior college），独立学院（college）という他の形態の高等教育機関がより大規模で包括的な大学（university）に昇格したものである。1950年当時，台湾には，大学がわずか1校（日本統治時代の台北帝国大学を前身とする国立台湾大学）しかなかったが，政府は段階的に高等教育の拡充を図ってきた。1960年代から70年代にかけての急速な発展は，高等教育レベルの職業教育機関である専科学校が担っていたが，90年代半ばに入ると，専科学校の減少と反比例して大学，単科大学にあたる独立学院が増え，さらに2000年代以降は独立学院から大学への昇格が続いた。2020年度の内訳は，大学126校，独立学院14校，専科学校12校である（山﨑 2022：187-188）。

中国，台湾とともに「両岸四地」と称される香港，マカオでも，高等教育は「日用品」となりつつあるが，かつての「狭き門」から「広き門」に変わっても，激しい受験競争に終息の兆しがみられないのは，上述のドキュメンタリーが描くところだ。この地域では，教育，より正確にいえば学歴が人の一生を左右すると広く信じられており，「良い」学歴を求める人々の欲望は，高等教育へのアクセスが飛躍的に拡大した今日にあっても，決して収まることがない。何をもって「良い」教育とするか。教育の「良さ」は，本来，絶対的なものではなく相対的なもの，すなわち，受け手の志向に即してその成長を促す教育を「良い」教育というべきだが，「高考」と呼ばれる一発勝負の統一大学入試により大学の序列が明確に示される中国では，それが絶対的な指標となってしまう。台湾では，2000年代以降，大学入試の「多元化」が進み，入学形態が多様化しているが，こちらもかつては「聯考」と呼ばれる統一入試が大学を序列化していたのであり，ある大学が名門か否かのイメージは，今なお拭い難く残っている。

(2) 両岸四地と PISA

PISA（Programme for International Student Assessment）とは，経済開発協力機構（OECD）による国際的な学習達成度調査であり，2000年以来，3年に一度実施されている。2018年の調査では，79の国と地域（OECD 加盟37ヵ国，非加盟42ヵ国・地域）から約60万人の生徒（15歳児）が参加した。2000年の開始当初，参加国は32ヵ国（OECD 加盟28ヵ国，非加盟4ヵ国）であったが，回を重ね

るごとに参加する国と地域が増えている。また，2015年調査から全面的に筆記型調査からコンピュータ調査に移行した。日本では，国立教育政策研究所が実施を担当し，同研究所の国際研究・協力部が各回の結果の要約などをウェブページにアーカイブしている（https://www.nier.go.jp/kokusai/pisa/index.html）。

　2018年度の調査で，中国は，読解力，数学的リテラシー（以下，数学と略），科学的リテラシー（以下，科学と略）の全分野で，いずれも2位のシンガポールを抑えてトップに立った。同年の調査では，中国のみならず，両岸四地は総じて良好な成績を収めている。読解力はマカオ3位，香港4位，台湾17位，数学はマカオ3位，香港4位，台湾5位，科学はマカオ3位，香港9位，台湾10位と，全分野で2位であったシンガポールを含めて，華人社会の国と地域が存在感を示す結果となった。ちなみに，日本は読解力13位，数学6位，科学5位，韓国は読解力9位，数学7位，科学7位であった。

　ただし，PISA調査における中国の結果については，一定の留意が必要だとの声もある（Strauss 2019）。なぜなら，中国の結果は全国データではなく，2009年と12年は上海，15年は北京・上海・江蘇・広東，18年は北京・上海・江蘇・浙江と，教育資源が豊富な大都市に限った結果だからである。人口の多い広東を含む15年調査では，前2回よりも低調な結果となったが，広東に代えて上海に近い浙江を含めた18年度調査では，上述のように全分野でトップを占めた。

　PISAが測定するのは，教育という多面的な営みの一部に過ぎず，また同調査はもとより各国の教育制度の優劣を序列化することを目的とするものではない。しかし，同調査の結果への関心が世界的に高まるなかで，一国の教育政策に影響を及ぼす要因になっている。全国データではなく，教育資源の充実した都市部のデータを選択的に公表する中国は，同調査がもつ影響力にどこまでも意識的であるといえる。都市部と農村部の教育格差という深刻な問題は遮蔽されているが，他方で，中国の都市部の教育水準がいわゆる先進国に劣らないことを同調査は示唆している。

2　中国・台湾の教育制度

(1)　学校制度

　中国，台湾とも，初等・中等教育段階は，いわゆる 6・3・3 制を採用しているが，中国では，農村部など一部地域で初等教育を 5 年としている。日本の小学校・中学校に当たる学校は，中国では小学・初級中学，台湾では国民小学，国民中学という。いずれも義務教育は 6 歳から15歳の 9 年間である（中国の一部地域では 7 歳入学）。日本とは異なり，中国では 9 月，台湾では 8 月（ただし，授業開始は 9 月）に年度が始まる。

　中国では，1986年の第 6 期全国人民代表大会第 4 回会議で『中華人民共和国義務教育法』が採択され，同年 7 月 1 日から「普九」と呼ばれる 9 年制義務教育の実施が始まった（周 2018：106-107）。しかし，広大な領土と大きな人口をもつ中国において 9 年制義務教育の普及は一朝一夕には実現せず，2005年に至って全国95％の地域に広がった。

　台湾では，1968年の九年国民教育政策によって，事実上の 9 年制義務教育が実施され，急速に普及した。ここで「事実上の」という留保を要するのは，79年の国民教育法の公布を待って 6 歳から15歳の就学義務が規定されたためである（山崎 2009）。これ以前は，初等教育段階を小学といい，前期中等教育段階で，普通教育の初級中学と職業教育の初級職業学校に分岐していた。

　義務教育修了後に進学する後期中等教育段階のあり方は，中国と台湾で大きく異なり，中国では，この段階で普通教育と職業教育に分岐する。普通教育を行う高級中学は，日本の普通高校に相当する。一般には 3 年制だが，完全中学という中高一貫校も少なくない。また，一部に12年一貫校もある。職業教育を行う学校には，中等専業学校（主に 4 年制で，5 年制もある），技工学校（3年），職業高級中学（2 ～ 3 年）があり，日本語では一般に中等専門学校，技術労働者学校，職業中学と訳される。普通高級中学と中等専業学校には成人を対象とするものもある。中国政府教育部の2019年教育統計によれば，後期中等教育段階の在籍者数は3994万9000人であり，普通教育（高級中学）が2418万4287人（成人高級中学在籍者 4 万1237人を含む），職業教育が1576万4713人であった。

職業教育の内訳は，普通中等専業学校70万5872人，成人中等専業学校106万8475人，職業高級中学405万7316人，技工学校360万3050人となっている。

　台湾の後期中等教育は，1968年の九年国民教育実施以降，普通教育の高級中学と職業教育の高級職業学校に分岐していたが，2014年度に十二年国民基本教育が全面実施されると，高級中学の普通科および職業科という扱いとなった。また，両者の中間をなす形態として綜合高中（コンプリヘンシブスクール）がある。このほかに，実用技能プログラム，普通科および職業科の成人教育（「進修部」と称する）もある。台湾政府教育部の2019年度統計によれば，後期中等教育段階の在籍者は，普通科28万9979人，綜合高中 3 万1521人，職業科26万2054人，実用技術プログラム 2 万8451人，進修部（普通科）1644人，進修部（職業科） 2 万9142人である。なお，台湾の十二年国民基本教育は，小・中・高カリキュラムの一貫化，授業料の無償化，免試入学（無試験入学）に向かう改革の動きであり，その一部はすでに実現しているが，後期中等教育の就学を義務化するものではないため，義務教育年限の（再）延長には当たらない。

　上述のように，2019年の後期中等教育の在籍者数は，中国が3994万9000人，台湾が64万2791人である。文部科学省による「令和 2 年度学校基本調査」（2020年 5 月 1 日現在のデータ，政府統計の総合窓口「e-Stat」https://www.e-stat.go.jp/ から参照可能）によれば，日本の高等学校（定時制含む），中等教育学校（中高一貫校）後期課程，専修学校高等課程の在籍者数は，それぞれ309万2064人， 1 万5341人， 3 万4075人，合計313万1480人である。中国・台湾・日本のいずれにおいても，前期中等教育修了者の95％以上が中等教育段階に進んでいる現状を考えれば，中国の教育の規模の大きさが見て取れよう。なお，初等教育段階でいえば，中国の普通小学在学者数が約 1 億561万人であるのに対し，日本の小学校在学者は約637万人（学校基本調査），台湾の国民小学の在学者は約117万人（台湾政府教育部統計）と，規模の差は歴然である（データはいずれも2019年）。

　中央政府のなかで教育を司る省庁（日本の文部科学省に相当）は，中国・台湾いずれも，教育部と称している。中央の教育部が策定する基本方針，政策，基準に基づいて，地方の教育当局が設置，維持，管理を担当する。中国では，省・自治区・直轄市および県・市（区）の各レベルに，教育委員会・教育庁・教育局がおかれ，県の教育局が実務の多くを担っている（文部科学省 2017：

34)。台湾では，6の直轄市と16の県・市の政府に教育局がおかれている。

(2) 教育課程改革

　現在，学校教育の国家的基準として，中国では「課程標準」，台湾では「課程綱要」が政府により策定されている。21世紀初頭，中国と台湾は，軌を一にして大規模な教育課程改革を行った。

　森茂他（2004）によれば，21世紀初頭の中国の教育課程改革は，①応試教育から素質教育へ，②「教学大綱」から「課程標準」へ，③「一綱一本」から「一綱多本」「多綱多本」へ，④分化から統合への四つの特徴をもつが，これらは台湾で同時期に進行した教育課程改革と合わせ鏡になっている。

　①は，学校教育は筆記試験の対応力ではなく，素質（資質）を育てるべきだとの考えであり，台湾では「能力（コンピテンス）」と「素養（コンピテンシー）」という言葉が用いられるが，いずれも知識偏重の「填鴨式教育」（詰め込み式教育）を脱して，より広範囲の学ぶ力，生きる力を育てようという動きである。②は，教育課程の国家的基準の柔軟性を高め，地域と学校の状況に応じた教育を可能にする動きであり，台湾では「課程標準」を「課程綱要」に替えて地域と学校の裁量を増やした。③は，教科書制度を国定制から検定制に移行することで，台湾でもそのまま「一綱多本」，すなわち，「一つのカリキュラム，多数の教科書」がキーワードになっている。④は，科目統合の動きであり，台湾でも「課程標準」の細分化した科目が「課程綱要」で七つの「学習領域」に統合された。

　中国では，1999年に中国共産党中央委員会が公布した「教育改革を深化させ，素質教育を全面的に推進することに関する決定」，2001年に国務院が公布した「教育課程の改革と発展に関する決定」を基調として，同年，教育部が「基礎教育課程改革綱要（試行）」と「課程標準」を公布した。「課程標準」は，上述のように以前の「教学大綱」であり，各教科の目標，内容などの基準を定めたものである。2011年に「課程標準」の改訂が行われ，「時代の変化とニーズ」を反映して内容と構成が刷新されたが，基本的には2001年版を踏襲している（金 2013：135）。中国の義務教育に大きな変革をもたらした2001年版「課程綱要」は，総じていえば，知識・技能・態度のうち，過度に知識に偏重した従

来の教育のあり方, すなわち, 筆記試験への対応を至上命令とし, 教科によっ
て細分化され, 教科書, 参考書に記された知識を教師が一方向的に注入し, 児
童生徒はそれを金科玉条として丸のみにするという「伝統」を打ち崩そうとす
るものである。「素質教育」の旗印のもと, 学習過程を重視して主体的に学ぶ
態度, 正しい価値観を育てること, 細分化された教科による強固な縦割りを廃
して教育課程の均衡性・総合性・選択制を高めること,「難・繁・偏・旧」(難
解, 繁雑で偏りがあり古い) の内容を児童生徒の生活に即したものに改め, 生涯
学習の基礎となる知識・技能を精選することを目指している (日暮 2013:
148)。また, 教育権限の中央への過度な集中を抑制し, 地方政府と学校の裁量
を拡大していることも特徴である。

　台湾では, 戦後になって中華民国政府がもちこんだ「課程標準」が長年, 各
教育段階の国家的基準となってきた。1987年の戒厳令解除後, 民主化・自由化
の空気のなかで動き出した教育改革の歯車は,「教育改革元年」と呼ばれる94
年に入りさらに勢いを増したが, 制度と内容の両面に及ぶ教育改革の主眼の一
つが教育課程の刷新であった (山﨑 2004)。教育部は, 93年から95年にかけて,
国民小学, 国民中学, 高級中学の「課程標準」を相次ぎ改訂した (それぞれ96
年度から98年度に順次実施)。この1990年代の改訂は, 教育内容の大幅な変化を
含むものであったが, その実施から時をおかず, さらなる改革が発動し,「国
民中小学九年一貫課程綱要」として義務教育段階の教育課程の基準が一貫化さ
れた (2001年度から段階的に実施)。この新しい「課程綱要」は, 上述のよう
に, 同時期の中国の課程改革と多くの点で軌を一にするものであった。どのよ
うな能力を育てるべきかの枠組みを示す「課程綱要」は, 何を教えるかを子細
に規定する「課程標準」よりも緩やかな縛りで, 地方と学校の裁量を拡大する
ものであった。「課程標準」から「課程綱要」への転換は, その後, 後期中等
教育段階に及び, 高級中学および高級職業学校の「課程標準」が「課程綱要」
に姿を変えた。2014年度に十二年国民基本教育が実施されると, 小・中・高の
「課程綱要」が一貫化され,「十二年国民基本教育課程綱要」という12年一貫カ
リキュラムに基づく教育が19年度にスタートした。

　世紀をまたいで実施され, 今日につながる中国と台湾の教育課程改革は, そ
れぞれの教育の歴史的文脈に応じた特徴 (例えば, 台湾における教育の「本土化

（台湾化）」など）をもちながら，重なり合う部分も少なくない。両者の共通性から最も本質的な部分をあえて二つ抽出するとすれば，一つには，厳しい進学競争の所産である知識の詰め込みからの脱却があり，もう一つには，国家による統一基準の一元的適用を緩め，地方および学校の状況に即した教育設計を可能とする脱集権化がある。前者については，中国では「素質」，台湾では「能力」と「素養」という言葉が「知識」に替わる教育課程編成の基調となっているが，現実をみれば，長年にわたって人々の心のなかに築かれた「教育とは，"良い"学校に合格するために必要な知識を，教室という場において教師に教えてもらうことだ」という観念は強固であり，その転換は容易ではない。

(3) 教科書制度

　中国と台湾の双方で使われる教育に関する言葉に「標準答案」がある。問いにはすべからく唯一の正しい答えがあるべきだとの考えである。「人生に標準答案はない」なる言い回しもよくみられるが，その背後には「学校での学びには標準答案がある」という考えがある。「標準答案」を求める志向は，教育課程の基準のなかで知識に替わり素質や能力が，結果に替わり過程が重視されるようになっても，なお根強く残っている。中国では「課程標準」，台湾では「課程綱要」をよりどころとして編纂される教科書に対する高い信頼が容易に揺らぐことがないのは，こうした教育の特徴によるものだ。金（2020：121）によれば，中国には，日本の「学校教育法」のように教科書の使用義務を定める法規がないが，学校現場では教科書の使用が当然視されており，教科書の使用が法的に規定されているか否かという質問自体が成立しないほどだという。同様に，台湾でも法的使用義務はないものの教科書の使用率は高く，国家教育研究院が2016〜17年に国民小学，国民中学の教師を対象として実施した調査によれば，使用率は全体で8割を超える（山﨑 2020：171-172）。

　すでに述べたように，中国・台湾の世紀をまたぐ教育課程改革は，脱集権化を共通の特徴としているが，それはまた，両者の教科書制度改革のキーワードでもある。

　中国では，長年，人民教育出版社の教科書が全国一律で使用されてきたが，検定制への移行が急速に進み，「一綱多本」を経て「多綱多本」の状況に至っ

ている。「綱」とは，国ないし地方政府が定める教育課程の基準，つまり，前述の「課程標準」のことだが，教育部が策定するナショナル・スタンダードのもとで各自治体が独自の基準を定め，それに依拠して複数の民間出版社が教科書を編纂し，検定を経て出版するという状況である。これは脱集権化の動きであると同時に，改革開放政策の実施以降，教育分野に導入された市場原理の所産でもある。競合する複数の出版社の教科書のうち，いずれを採択するかは，各地方自治体に設けられた「教科書選用委員会」が決定するが，他方で，「国語」「歴史」「道徳と法治」の3教科については，事実上の「国定制」が復活している。

　台湾でも，教科書制度改革は1990年代以降の教育改革の重要な課題の一つであった。義務教育段階の教科書については，1968年の九年国民教育の成立と合わせて「統編制」と呼ばれる事実上の国定制が確立し，教育課程の国家的基準としての「課程標準」，国立編訳館編纂の国定教科書（「統編本」），統一入試の「聯考」が三位一体となって国家による「知」の独占を支えてきた。かかる教科書制度が民主化・自由化時代の教育改革の標的となるのは自明の理であり，1980年代末から段階的に「教科書開放」が行われ，2001年の「国民中小学九年一貫課程綱要」に至って完全な検定制（「審定制」）に移行した。

　台湾と中国の相違は，中国が「多綱多本」に対し，台湾はあくまで「一綱多本」だということであり，中央政府の定める「課程綱要」が教科書編纂の統一的な基準となっている。また，採択の方式にも違いがあり，台湾では学校が委員会を組織して採択を行う。中国では，「国語」「歴史」「道徳と法治」で事実上の「国定制」をとっているが，台湾ではすべての教科が検定制である。しかし，このことは，台湾における教育の脱政治化の完全な達成を意味するものではない。「課程標準」＝国定教科書時代の最末期，1997年に国民中学の新必修科目「認識台湾」の教科書をめぐって論争が生じて以来，歴史教育のカリキュラムと教科書は，間歇的にアイデンティティ・ポリティクスの闘技場となってきた。

　戦後，台湾では，中国大陸から台湾に移転した中華民国政府がその政治的主張に即して児童生徒を「中国人」として社会化する教育を行った。「本国史」として教えられるのは台湾の歴史ではなく中国の歴史で，その時代は半世紀以

上も続いた。1994年の「国民中学課程標準」の改訂によって生まれ，97年度から国民中学１年次で必修科目として教授が開始された「認識台湾」は，従来の「中国化」の教育と一線を画して台湾を一つの主体と捉え，その歴史・地理・社会を週１時間ずつ講じるものであった。「認識台湾」の歴史篇と社会篇の教科書は，教科書が教える「我が国」「我々」の定義をめぐる激しい論争を喚起し，社会に亀裂を生んだ。その後，社会における台湾主体意識の高まりを反映して，「本土化」の教育が勢いを増していくが，歴史教育における台湾史と中国史の併存状況は今なお続いており，政権交代やカリキュラム改訂のたびに論争が繰り返されている。

(4) 私教育の流行——課程・教科書改革の影で

　前述の「素質」(中国)，「能力」(台湾) 志向の教育課程改革，ひいては教育改革全体の目標として，児童生徒の学業負担の低減がある。台湾では歴史的な問題であり，1950年代には「悪性補習」という言葉ですでに批判の的となっていたが，様々な政策にもかかわらず，児童生徒の学業負担は，中国と台湾の双方で目に見えて減っているようには見えない。

　張 (2020) によれば，中国では，学校外の私教育が隆盛を極めており，政府が整理改善に乗り出しているほどで，いわばブームと呼ぶべき状況だという。保護者にかかる時間的・金銭的負担は相当なものだが，誰もが「望子成龍，望女成鳳」(男の子は龍となり，女の子は鳳凰となることを望む) と子どもの成功を願うなかで，「教育投資の出し惜しみは，わが子の競争からの脱落を意味する」という心理が親たちを捉えているのかもしれない。教科系の習いごとが減らないのは，「素質教育」で学校の教育内容が平易化する一方で，入試問題の難易度が変わらないことが一因であり，苦手教科の克服，あるいは得意教科のさらなるレベルアップを図るために，私的教育機関への依存が高まっている。張 (2020) が北京市の９つの家庭 (親は弁護士，医師，大学教員などの専門職が多い) を対象に行った聞き取り調査によれば，すべての家庭が子どもを教科系の習いごとに通わせていた。同時に，芸術系，運動系の習いごとも盛んであり，ピアノ，ヴァイオリン，バレエといった日本でも一般的なものから，篆刻，水墨画といった中国の伝統文化，さらに情報化のなかで注目されるプログラミン

グに至るまで，多様化が進んでいる。中島（2021）によれば，習いごとの講師は海外帰りのプロということも少なからずあり，経営の組織化が進んでいるという。日本では，学校の部活動や地域のクラブやチーム，道場でスポーツに取り組む児童生徒が多く，様々な競技で小学校から全国大会が行われているが，中国では，スポーツは才能に恵まれた一部の者が早期に特別な養成機関に入り，英才教育を受けて国家の代表選手を目指すという図式が長くあったが，そうした選手育成のあり方にも変化が生じているという（朝倉 2007）。こうしたなか，中国政府は，2021年7月に小中学生の「宿題」と「通塾」を減らす「双減政策」を打ち出した。「中国版ゆとり教育」ともいわれるドラスティックな施策がどれほどの実効性をもつか，今後の成り行きが注目される。

　台湾でも，私教育は盛んに行われている。少子化が進むなか，「補習班」と呼ばれる予備校が立ち並ぶ台北駅前の南陽街は，かつてほどの賑わいはないが，高等教育機関への入試（大学だけでなく大学院受験でも予備校に通う点が日本と異なる）から TOEFL などの英語検定，公務員試験に至るまで，様々な目的に応じた予備校が立ち並んでいる。驚くべきは氏名と合格した学校名（学部・学科まで明記される）のみならず点数までもが，大々的に人々が行きかう通りに貼り出されることである。近年の台湾の私教育に関するもう一つの興味深い動きは，公文式，七田式といった日本の幼児教室に続き，明光義塾のような個別指導塾が現地の教育企業と連携して進出しつつあることである（近藤2020）。

3　大衆化する高等教育

(1)　世界大学ランキングと中国・台湾の大学

　英国の教育専門誌『タイムズ・ハイヤー・エデュケーション』が毎年作成する「世界大学ランキング」は，この種のランキングで最も有名なものだ。その結果は世界的に注目を集め，日本でも発表のたびに結果が報道される。2021年9月に発表された「世界大学ランキング2021」では，中国の清華大学がアジア圏の大学として初めてトップ20位に入り，トップ100位に6校を送り込んだことで，中国の「歴史的躍進」と評された。他方，日本の大学でトップ100位に

入ったのは，東京大学と京都大学の２校であり（次が東北大学で300位以内），台湾の大学では，国立台湾大学の97位が最高で，これは台湾の大学として初のトップ100入りであった。英国発の同ランキングは，そもそもの条件設定が英語圏の大学に有利であると指摘する声もあり，このときのランキングも上位13位を英米の大学が独占している。しかし，このランキングは，冒頭で触れたPISA同様，一国の教育政策に影響を与えるインパクトをもちつつあり，同ランキングの順位を上げることを明示的な目標として掲げる大学もある。

　中国の「歴史的躍進」は，1995年開始の「211工程」，98年開始の「985工程」，2010年代の「双一流」といった国家プロジェクトの成果といえるだろう。「211工程」は，全国から約100校の大学を選定，重点的な投資で研究力を向上させ，世界トップレベルの大学に近づけようというものであった。「985工程」は，1998年５月，北京大学の創立百周年に際して当時の江沢民国家主席が提起したもので，当初は９校（北京大学，清華大学，復旦大学など）だったが，最終的に39校（いずれも「211工程」対象校）に増えた（南部 2016：26-27）。この両プロジェクトを統合するのが「双一流」という世界レベルの大学と学科を創出するという国家的プロジェクトであり，2017年９月21日に教育部がリストを発表し，42校が一流大学，140の高等教育機関の465学科が一流学科に指定された。「双一流」の大学・学科は，５年で入れ替えとなるため，大学間の競争がさらに加速すると予想される。

　国家主導のプロジェクトで高等教育の発展を促す手法は，北京大学，清華大学など６校を国家重点大学に指定した1954年に遡るが，この発想自体は中国の専売特許というわけではない。日本の「21世紀 COE プログラム」（2002年），「グローバル COE プログラム」（07年），「研究大学強化促進事業」（13年），「スーパーグローバル大学創成支援事業」（14年），台湾の「発展国際一流大学及頂尖研究中心計画」（06年），「邁向頂尖端大学計画」（11年）は，上述した中国の国家プロジェクトのカウンターパートを成すものだ。俗に「５年500億」（500億台湾ドルは約1925億円）と呼ばれる台湾の「発展国際一流大学及頂尖研究中心計画」と，その後継プロジェクトの「邁向頂尖端大学計画」は，限られた研究大学に莫大な予算を投下して世界大学ランキング100位に押し上げるという戦略であったが，2018年以降の「高等教育深耕計画」は，これまでの研究志向を改

めて，幅広い大学の教育力を強化するアプローチをとっている。国際競争を煽る世界ランキングに翻弄される時期を超えて，足元を見つめ直し，実のある高等教育発展とは何かを冷静に考えることができるようになったのかもしれない。

(2) 高等教育の量的拡大

　一握りの大学の世界大学ランキングでの躍進は，必ずしも国家的な高等教育の質の充実を示すわけではない。政府が選択的・集中的に行う資本投下は，中国・台湾双方で，いわゆる一流大学とそれ以外の大学の格差を拡大している。高等教育の質の向上が切実な目標となっているが，質の問題が議論の俎上に上がるのは，とりもなおさず量的な拡大で一定の成果が上がっていることの裏返しである。

　第1節で述べた通り，戦後の台湾では，高等教育の量的拡大が段階的に進行し，1997年以降は大学の数が一気に増えた。実践的な職業教育を担う専科学校がより総合的な大学に再編される過程は，高等教育段階における普通教育志向の高まりを示している。高級中学卒業生の高等教育機関への進学率は8割を超え，かつて狭き門であった大学は，全入の時代を迎えている。

　中国では，1999年以降，普通高等教育進学者の大幅な増加が図られた。98年に1022校だった普通高等教育機関は，2019年には2688校となり，約20年で2.5倍強に増えた。学生数も，340万8764人（98年）から3031万5262人と，およそ9倍に増えている。受け皿の拡大は，既存の大学の定員増と民間セクターによる学校の新設によるが，前述の世界大学ランキングにおける中国の「歴史的躍進」の背後には，このレベルの高等教育の急速な拡大があることを忘れてはならない。教育分野に限らず，国際比較のなかに中国を位置づける際には，常にその規模を念頭におく必要がある。また，この間，大学院レベルの教育は，学部レベルの教育を上回るペースで量的発展を続けており，様々な分野で中国の研究者が優位性を示す事例が目立ちつつある。いわゆる高等教育進学率とは別の指標となるが，中国政府教育部によれば，中国の高等教育粗就学率は48.1%に達し（中国政府教育部 2019），マーチン・トロウ（Martin Trow）のいうマス段階（高等教育進学率15%以上50%未満）を超えてユニバーサル段階（同50%以上）に差し掛かりつつある。

⑶ 大学入試制度改革

　大学入学の「管道（ルート）」は，長年，中国では「高考」，台湾では「聯考」という全国統一入試（一回勝負の筆記試験）に限られ，生徒に対する強力な圧力となってきた。このような強い一元性は21世紀に入って変化しつつあり，中国では，一部の省・直轄市・自治区による独自問題の使用，一部大学での「独自招生」（自主学生募集）に加え，科学オリンピック入賞者など特定分野で実績をもつ生徒を対象とする推薦入学も行われている（南部 2016）。しかし，「高考」の競争は相変わらず厳しいままであり，中国の競争の激しさを嫌って日本の有名大学に進学することを選ぶ者も現れている。

　台湾では，約半世紀続いた「聯考」が20世紀の終わりとともに終焉を迎え，21世紀に入って「多元入学」の名のもとで進学ルートの複線化が進んだ。2019年度から「十二年国民基本教育課程綱要」に基づく教育が始まったことと連動して，22年度から新たな大学入試制度が実施される。四つの主要ルートのうち，最も大きな割合を占めるのは「申請入学」と呼ばれる入試方式で，高校3年の冬（おおむね旧正月前の1月）に行われる「大学学科能力測験」（「学測」と略される）の点数と在学中の学習のパフォーマンス（「学習歴程」と呼ばれるポートフォリオが大きな意味をもつ）で合否が決まる。その次に多いのが「分発入学」で，前述の「学測」と「分科測試」（かつての「聯考」と同様，高校卒業直後の7月に行われる科目別試験），つまり，試験の点数による方式である。このほか，地域間・学校間の格差の是正を目的として設けられた「繁星入学」（日本の学校推薦に近い），またごく限られた割合だが，特殊な才能や教育履歴をもつ生徒を対象とする「特殊選才」がある。

　以上，本章では，中華世界の人々にとって人生の重大関心事である教育を取り上げ，1990年代以降の中国と台湾で教育改革が合わせ鏡のように展開してきたことを描いてきたが，限られた紙幅のなかで触れることのできなかった重要な問題も多い。近年の中台の教育分野における交流の拡大と台湾における教育の「本土化」をめぐる両者の相克，中国における深刻な教育格差，中国の愛国教育というべき「国民教育」の導入をめぐって2012年に生じた中国と香港の対

立などである。これらの問題の背景に目を向けることで，中華世界の教育と社会について，より深い理解を得ることができるだろう。

参考文献

朝倉浩之　2007「中国スポーツのエリート教育に変化の兆し」『スポーツナビ』https://sports.yahoo.co.jp/column/detail/200812060024-spnavi（最終閲覧2021年4月11日）。

金龍哲　2013「中国の教育課程――『国際化への対応』と『伝統への回帰』の合力が向かう方向」勝野頼彦編『諸外国の教育課程と資質・能力――重視する資質・能力に焦点を当てて』改訂版，国立教育政策研究所，135-141頁。

金龍哲　2020「中華人民共和国」『海外教科書制度調査研究報告書』公益財団法人教科書研究センター，119-125頁。

近藤弥生子　2020「『日本式』で急伸，台湾の塾がそこまでやる理由――わずか5年で台湾最大規模にまでなった秘密」『東洋経済オンライン』https://toyokeizai.net/articles/-/361893（最終閲覧2021年4月11日）。

周慧梅　2018『図解現代中国の軌跡』三潴正道・平野紀子訳，科学出版社。

張奇　2020「中国における学校外の『教育ブーム』と親の関与・対策――北京市在住の親を事例に」『教育思想』47：127-147。

中島恵　2021「『講師は海外帰りのプロ』子供の塾と習い事に年300万円超を払う中国人の劣等感」『プレジデントオンライン』https://president.jp/articles/-/42782（最終閲覧2021年4月11日）。

南部広孝　2016「中国（1）――質の全体的な底上げと一流大学の形成を目指す教育大国」北村友人・杉村美紀編『激動するアジアの大学改革――グローバル人材を育成するために』上智大学出版，15-28頁。

日暮トモ子　2013「中国」勝野頼彦編『諸外国における教育課程の基準――近年の動向を踏まえて』改訂版，国立教育政策研究所，147-166頁

鮑威　2010「中国における高等教育制度と大学の設置形態」国立大学財務経営センター編『大学の設置形態に関する調査研究』国立大学財務経営センター，41-72頁。

森茂岳雄・桐谷正信・森田真樹　2004「現代中国の教育課程改革と歴史教育の革新」『社会科教育研究』92：124-137。

文部科学省　2017『世界の学校体系』ぎょうせい。

山﨑直也　2004「教育改革――総統選挙に見る脱権威主義後の課題」佐藤幸人・竹内孝之編『陳水扁再選――台湾総統選挙と第二期陳政権の課題』日本貿易振興機構アジア経済研究所，127-136頁。

山﨑直也　2009『戦後台湾教育とナショナル・アイデンティティ』東信堂。

山﨑直也　2020「台湾」『海外教科書制度調査研究報告書』公益財団法人教科書研究セ
　　ンター，167–174頁。

山﨑直也　2022「大学——狭き門から全入の時代へ」赤松美和子・若松大祐編『台湾を
　　知るための72章』明石書店，229–233頁。

中国政府教育部　2019「中国教育概要——2018年全国教育事業発展概要」『中国政府教育
　　部ウェブサイト』http://jp.moe.gov.cn/documents/reports/201912/t20191231_4141
　　66.html（最終閲覧2021年 4 月12日）。

Strauss, V. 2019. China is No. 1 on PISA: But here's why its test scores are hard to
　　believe. *The Washington Post.* https://www.washingtonpost.com/
　　education/2019/12/04/china-is-no-pisa-heres-why-its-test-scores-are-hard-believe/
　　（最終閲覧2021年 3 月23日）

●読書案内●

『教育は不平等を克服できるか』園田茂人・新保敦子，岩波書店，2010年
　　社会学（園田）と教育学（新保）の立場から中国を研究する二人の著者によ
　　る同書は，中国教育の歴史をふまえながら，多くの実証的データを用いて，
　　中国の教育が「格差」の問題にいかに向き合ってきたかを詳らかにしてい
　　る。

『激動するアジアの大学改革——グローバル人材を育成するために』
　　北村友人・杉村美紀編，上智大学出版，2016年
　　日本を含む14ヵ国の大学改革を論じる同書は，中国の高等教育改革を相対
　　化して理解する助けとなる。中国は唯一，2 章を割いて論じられている。
　　小川佳万・南部広孝編『台湾の高等教育改革』（広島大学高等教育研究セン
　　ター，2008年）との併読を勧めたい。

『台湾を知るための72章』赤松美和子・若松大祐編，明石書店，2022年
　　72に及ぶ多様なトピックから台湾を理解する同書で，筆者は「教育制度」
　　と「大学」の2 章を執筆しており，台湾教育の全体像を捉えるのに役立つ。
　　教育関連ではほかに日本語教育を扱った章も収録されている。

【コラム⑩】

大学に暮らし学ぶ
マカオ大学の「住宿式書院」

　中国・台湾・香港・マカオの高等教育改革に共通する動きに「書院教育」の導入がある。教員と学生が起居をともにする教育寮であったり，ノン・クレジット（単位を伴わない）の教育プログラムであったりと，大学によってその規模と形態は様々だが，総じていえば，教室での授業によって一つの分野の専門的な「知識」を身につける学部・学科の学びを補完するものとして，学部・学科の枠を超えた人間関係のなかで，体験を通じて，一人の人として生涯を「良く生きる」ために必要な「能力」を育むことを主眼としている。

　マカオで唯一の公立総合大学であるマカオ大学は，2014年にキャンパスをマカオのタイパ地区から対岸の中国広東省珠海市の横琴島に移転し，実に20倍以上の敷地を得た。それを期に，2010年に始めた「住宿式書院」を全学の取り組みとした。「住宿式書院」は，欧米名門大学のレジデンシャル・カレッジを典範とするもので，400人以上の学生を収容できる書院をキャンパス内に8棟建設した（現在は10棟）。各書院は，海外大学で要職を務めた経験豊富な教員を書院長に迎え，老・壮・青の教員が学生とともに暮らし，同じ釜の飯を食べながら，多様な教育プログラムを企画する。様々な世界で活躍する人物を招いての講演会，ワークショップ，学外でのサービスラーニング，海外研修，ハイテーブル・ディナー（社交とテーブルマナーを学ぶための本格的な晩餐会）などが含まれるが，教室の外で体験を通じて培われるコミュニケーション力，幅広い関心，大学への帰属意識は，学部・学科での学びと表裏を成して学生の全面的な成長を促そうとするものだ。マカオ大学の住宿式書院は，中華世界の大学の書院のなかでも特に大規模かつ系統的なものだが，両岸四地の大学には様々な書院があり，注目すべき教育実践がなされている。

222

第11章

映　画

巨大市場の光と影

菅原慶乃

『グリーン・デスティニー』を撮影中のアン・
リー監督（北京電影製片廠，1999年，筆者撮影）

中国映画の産業化は2000年代に急速に進み，近年世界中の注目を集めてい
る。この章では，その躍進の契機である中国映画界の動向を産業，作品，
そして文化の各領域から多角的に紐解く。さらに，越境的であると同時に
地域色も濃厚に反映してきた中国語圏映画史の展開を確認したうえで，近
年グローバルに展開する中国語映画の多元的なありようを理解する方法も
提示する。

1 中国語圏映画の多様な顔

　2020年，新型コロナウィルス感染症の蔓延で世界中が混乱するなか各国の映画産業もまた大きなダメージを被った。世界各地で中・長期にわたり映画館が閉鎖され，多くの映画作品の公開が見送られた。ディズニー社の映画『ムーラン』もその一つである。一部を除き多くの国・地域で映画館での封切りが叶わなかったこの大作映画に対する期待はコロナ禍以前から大きく，主人公ムーランに中国人俳優リウ・イーフェイ（劉亦飛）が起用されたことはハリウッドに根強いホワイト・ウォッシング，つまり白人によるキャスティングの独占状態からの脱却という点でも注目された。

　ムーラン（木蘭）の物語は中国で古くから民間で親しまれてきた民歌であり，近代以降は演劇，映画，連環画などをはじめとした多様なメディアに好んで取り上げられた。初めての映画化は1926年であり，その後も数度リメイクされた（晏 2010：237-238）。ディズニー社は1998年に長篇アニメーション作品『ムーラン』を世に送ったが，これはWTO加盟前夜の中国の映画市場がもつ潜在的な魅力に触発された企画であった。そのライブ・アクション版である2020年版もまた，急速な成長を遂げていた中国の映画市場を明らかに意識したものであったといえる。事実，2010年代の中国はハリウッドも常に注視する重要な映画市場としての地位を確立した。ハリウッドの大作映画では「よい中国人」キャラクターが頻繁に登場し，中国系資本がハリウッド映画をプロデュースし高評価を得ることも珍しくはなくなった。

　実はこのような現象は21世紀に入ってから起こったものではなく，中国映画史の初期から現在に至るまでみられるものである。中国映画史をマクロ的な観点から振り返れば，そのあゆみは当初からハリウッド映画という巨大な壁とどのように関係を築くか，という点に大きな関心がおかれてきた。その関係のあり方は一様ではなく，中国映画をハリウッドに対抗させることもあれば，逆にハリウッド的な要素をうまく中国に取り込みヴァナキュラー化させることで映画芸術の近代化が図られることもあった。他方，広東語などの方言を用いた映画は東南アジアや北米も含めた海外の華人社会でも受容され，ハリウッドが構

築した世界の映画市場網とはまったく異なるグローバルな「中国語」映画の流通網を形成してきた。

　本章では，多様な顔をもつ今日の中国映画の実像を把握するための視座を，歴史的展開を縦糸に，グローバルな流通を横糸に概観してみたい。第2節では，中国が巨大映画市場を擁するに至った過程を改革開放以降の主要な出来事を取り上げながら解説する。第3節では，現在も党の宣伝工具として位置づけられている中国映画の政治性を確認したうえで，それにとらわれない多様な映画のあり様を概観する。第4節では，中国以外で制作された「サイノフォン映画」に焦点を当て，中国語圏映画の多元性を俯瞰する。

2　世界最大の映画市場──その展開と現状

(1)　映画産業の展開──改革開放政策から WTO 加盟を経て

　冒頭で触れたように，2020年は新型コロナウィルス感染症の世界的な蔓延により，ハリウッドをはじめとして各国の映画産業が大きな痛手を負った。2010年代に入ってから急速に映画市場を拡大させてきた中国映画市場も，コロナ禍により長期にわたる映画館の営業中止や映画撮影スタジオの閉鎖が相次ぎ産業全体が停滞した。他方で，21年1月に封切られた『ロスト・イン・ロシア（囧媽）』（徐崢，2020年）の事例が示すように，映画館ではなく直接オンラインで作品公開に踏み切るという従来の映画興行の慣習を崩す事態も生じ，「映画館からウェブへ（院転網）」という映画の新たな興行形態への道も開かれた。徹底的な防疫政策の末，20年秋には映画館が部分的に再開し，映画興行界は急速に活況を取り戻した。そして同年末にはアメリカを押さえ，映画市場の規模において世界第1位の座を獲得した。

　このような活況に至るまでのターニングポイントは大きく二つある。一つは1978年12月，もう一つは1999年である。

　第一のターニングポイントは，いうまでもなく改革開放政策以降に相当する。この時期の中国映画の代表作としては，直前まで吹き荒れた文化大革命によって心身ともに傷つけられた人々，とりわけ学生や知識人たちの苦悩を主題とした「傷痕映画」と称される作品群（例えば『天雲山物語』（謝晋，1980年），

『巴山夜雨』（呉永剛，80年）など）が注目される。しかし，実際にはこの時期の中国映画市場は文字通り百花繚乱の様相を呈していた。例えば，『神秘の大仏』（張華勛，80年）のようなアクション映画が制作され始め，1983年頃には香港との合作カンフー映画ブームが誕生した。79年からはアメリカ映画を代表するいわゆる西側諸国の映画の輸入・公開も再開され，チャップリンの古典的名作『街の灯』（31年）から，カルト的人気を誇るサム・ペキンパーのカー・アクション映画劇『コンボイ』（78年）まで，年代，地域，ジャンルのいずれにおいても多彩な映画が中国の映画館のスクリーンやテレビ放送などで多くの観客に歓迎された。こうして，改革開放政策の最初の1年に当たる79年には，当時の統計で史上最高の観客のべ数と制作本数を記録した。

　市場経済化の進展は映画産業の構造そのものを変革する必要も生んだ。それまでは官営映画制作所があらかじめ計画された制作本数を，それに見合うよう配分された予算を用いて制作する方式だったが，1984年以降各映画制作所は徐々に独立採算性へと移行していった。しかし，ビデオ・テープの普及とその海賊版市場の形成やテレビ放送の台頭など映像をめぐる娯楽形態の急速な多様化の影響もあり，映画産業は急速な斜陽化の一途をたどった。90年代に入っても映画産業の危機的な状況に大きな変化はなかった。「両岸三地」すなわち中国と香港，台湾との資本や人材面での合作映画が進んだり，映画管理体制の外で映画制作する若手監督が国際的に活躍（コラムで詳述する）したりするなど重要な現象が現れたが，全体の映画制作本数は97年秋からの1年間の統計では実際にはわずか40本余りという状況まで落ち込んだ。中国映画興行収入はといえば，映画市場が成り立つ最低ラインの目安とされた10億元を割り込んだ。

　そのようななか，第二のターニングポイントである中国のWTO加盟決定というニュースが映画界に大きな衝撃をもたらした。WTOへの加盟に署名した1999年当時，中国が輸入・公開する外国映画は年間10本程度に制限されていたにもかかわらず，1本の外国映画の興行収入が中国産映画の数十倍に相当するといわれる状況であった。WTO加盟以降は年間に公開される外国映画の本数がさらに増加することが決定したため，本格的な映画産業の構造改革が開始されることとなった。すっかり萎縮した中国映画市場を構造的に立て直すとともに，政治的イデオロギー色が強い「主旋律映画」路線が改められ，一方では映

画の娯楽化と外資を呼び込んだ大作化を推進し、他方では若手人材を登用し当局の管理下という限定つきながら従来よりも比較的自由な創作を推進するなど、国産映画制作の方針も大きく変化した。WTO加盟後の2001年以降は映画の制作（撮影や脚本）、配給、興行、そして検閲など各方面における法整備が陸続と進み、巨大な予算と権力で国家として映画産業を推進する道筋が整備されたのである。日本でも話題となったチャン・イーモウの『ヒーロー』（2002年）はWTO加盟以降の中国映画産業で最初に大きな成功を収めた作品だが、その後の大作映画ブームの先駆けとなった。また、香港や台湾の映画界との合作も急増した。

　他方、映画興行の市場経済化も新世紀以降急速に進み、民間資本での映画興行業の振興が奨励され、中国国内の主要都市を結んだ地域横断的な巨大な映画館のチェーンが登場した。2005年に創業し、現在ではアメリカの巨大映画チェーンを傘下に収めるまでに成長した万達電影股份有限公司はその代表的な例である。

　このように、中国映画産業は21世紀以降、国家主導のもとで急速に成長を遂げたが、多くの課題も残されている。特に、外国映画の輸入・上映が現在も厳しく制限されていること、国内外の映画を問わず公的に映画を上映するためには当局による検閲が必須であること（そして、その運用実態が必ずしも明確ではないこと）などは、自由市場や表現の自由の観点からいっても大きな問題を抱えている。また、映画制作が投機的となりバブル化しているということも大きな課題だろう。それを象徴するのが、多額の公的補助金を目当てに、あるいは投資目的で異業種から映画制作業に新規参入する企業が相次いだ結果、映画を撮ったものの劇場公開に至らないケースが数多く発生しているという現象だ。台湾の著名な映画学者・李天鐸の指摘によれば、2007年から2010年の間に制作された中国映画のうち実際に劇場公開されたものはわずか2割で、その後若干比率は上昇するもののおおむね4割程度に留まっていた（李・楊 2018：19）。コロナ禍によってオンライン配信の道が開かれた今後は映画制作バブルが落ち着きをみせることが期待されるだろう。

⑵ 中国映画産業の現状——ウェブ・IP・ファンカルチャー

　インターネットの普及もまた，中国の映画産業全体に衝撃を与え，構造的な変革を生じさせた。1990年代後半にはすでに文芸創作や批評活動の場として萌芽したインターネット上の言論空間は，2000年前後にはアンジェラ・ベイビー（安妮宝貝，現在は「慶山」へ改名）などの若手作家の台頭により「インターネット文学（網絡文学）」の揺籃となった。続いていわゆる「八〇後（パーリンホウ）」と称される一群の作家たちが従来の出版業界の慣例を打破してウェブを創作活動の主な舞台として活躍し始めた。そのファンダムもウェブを拠点として深化し，「ライトノベル（軽小説）」の一大市場が形成されていった。

　このような新しい文芸市場ではコンテンツの二次利用が盛んとなり，2010年代にはウェブ文学作品の映画化が流行した。学園ものやファンタジーもの（そのような作品では日本の「ラノベ」や少女マンガ，アニメと主題を共有・引用するものも多い）などの人気ジャンルの代表作が，10年代に入ると陸続と映画化され，特にウェブ小説をもとに映画化された作品は「IP映画」と称されるようになった。「IP」とは知的財産（intellectual properties）の頭文字をとったものであり，10年代半ば以降，広くみられるようになった用語である。また，ウェブ小説やオンラインゲームの人気作品を映画やドラマへ再創作することは「IP劇」と呼ばれている。IP映画の監督のなかには郭敬明や韓寒のようにライトノベルの作家自らがメガフォンをとるケースも少なくない。こうして，ネットを媒介として多様な文芸ジャンルを横断するファンダムが形成されていった。

　他方，インターネットは映画というメディアの形態そのものを大きく変化させもした。「マイクロ・ムービー（微電影）」と呼ばれるものがその代表格で，アリババ集団の傘下にある「Youku（優酷）」や「土豆」などのメジャーな動画配信プラットフォーム上で発表される短篇映像作品のことを指す。マイクロ・ムービーに関する総合的な研究は少なく，その定義をめぐっては若干の混乱状況がみられる。しかし，「マイクロ・ムービー」が単なるウェブ限定の短篇映画（動画）とは異なるメディアとして捉えられる傾向が強いのは，それが単なる作品というだけでなく，ウェブに映像作品を公開することで生じる作り手と受け手の相互コミュニケーションの空間をも包括しているからだろう。受

け手は，公開された作品に対して「いいね」をつけたり，「弾幕」で多数の
ユーザとコメントを共有しながら作品を楽しむ。こうした視聴形態は，映画館
で大勢の観客たちとともに映画を鑑賞する古典的な形態をデジタル時代に回帰
させたという事態を超え，むしろ作品の自律性そのものを揺るがし，作り手と
受け手の境界を溶解させる力をももっている。このような新しいメディアの形
態は，中国において重視されてきたプロパガンダとしての映画（映像）がもつ
（とされてきた）役割が根底から見直しを迫られる事態をも引き起こす可能性を
もっているといえるだろう。

　IP劇やマイクロ・ムービーの事例で明らかなように，近年の映画・映像作
品のウェブにおける配信において観客やファンダムの存在感は重要である。こ
こではファンダムのあり方の一つの例として「字幕組」について触れておきた
い。映画監督ジャ・ジャンクー（賈樟柯）が海賊版の外国映画ソフトを鑑賞す
ることで映画を学んだと公言していることは有名だが，ジャのこの言葉に顕著
なように改革開放以降の中国で海賊版映画ソフトが果たした役割は知的財産権
の侵害という側面からのみでは理解することのできない様々な興味深い現象を
生んでいる。なかでも，「字幕組」と称される不特定多数の有志たちによる
ウェブ上の活動は特に記しておくべきだろう。「不法」に入手した外国の映像
コンテンツに自主的に字幕を付してビデオCDやDVDとして販売する行為は
1990年代より広くみられる現象であった。そのなかには統制によって中国の観
客の目に触れることの叶わない海外の秀作を普及させるという目的で海賊版を
販売する小売店もあり，同時期の中国の大きな大学や映画館付近などにはそう
した小売店が泡沫無限のように存在していた。インターネットが普及すると同
様の現象は実店舗からウェブ上の動画配信プラットフォームへと舞台を移して
展開し，外国語を翻訳し字幕をつけるボランティアたちは「字幕組」と呼ばれ
るようになった。2000年代には，日本のテレビドラマやアニメーション作品に
自発的に中国語字幕を付してウェブ上で配信する「字幕組」を元祖とする動画
配信サイト「人人影視」をはじめ，無数の「字幕組」サイトが乱立し，無数の
各国語コンテンツがウェブに溢れた。アメリカのアカデミー賞の各部門で賞を
獲得した韓国映画『パラサイト　半地下の家族』（ポン・ジュノ，2019年）をめ
ぐっては，中国の配給元と「字幕組」が版権をめぐって対立する事件が話題と

なった。また，2021年初頭には字幕組の元祖である「人人影視」が閉鎖され関係者が逮捕される事態となった。知的財産権と知る権利との拮抗ともいうべき「字幕組」という現象は，現代中国の問題を象徴する格好の事例であるといえる。

3　多様化する映画の役割

⑴　「政治」から「商品」，そして「芸術」へ

　前節までは中国映画産業が世界第1位の興行収入を誇るまでに至った展開とその現状について焦点を当てたが，ここで改めて中国における映画の位置づけについて確認しておきたい。今日の中国映画のグローバルな「躍進」からはやや想像しにくいが，中国において映画とは国家の宣伝工具であり，映画の制作・配給・興行は，国務院直属の行政機関で報道・出版・放送・映画を管理する「国家新聞出版広電総局」の管轄下におかれている。中国で映画を上映するためには検閲を経て「批准」を受けなければならないし，映画の制作・配給・興行に関する様々な法規を遵守することが求められる。映画を政治宣伝のツールとして用いる手法は20世紀以降世界中で広くみられた現象で，現代中国史を遡れば中華民国政府が1930年代から，そして1949年の中華人民共和国の成立以降も，映画は常に政治と背中合わせの関係にあった。映画と政治の関係が最も極端に現れたのが，65年から10年間続いた文化大革命の時代であった。

　改革開放政策は中国映画市場を開いただけでなく，中国における映画の位置づけをも変化させた。1979年には「政治のための映画」から「芸術のための映画」を取り戻す声が高まり，フランスのヌーヴェルヴァーグを中心とした作家主義の技法などが旺盛に紹介された。このような動きは，チャン・イーモウ（張芸謀）やチェン・カイコー（陳凱歌）を代表とする1980年代半ばの中国ニューウェーブ映画登場の舞台を用意した。

　官営映画制作所における映画の計画生産は，興行的には成功しなかった実験的なニューウェーブ映画の継続にはかえって好都合ではあったものの，独立採算制度が浸透するにつれ次第に興行的な成功を重視する映画制作が主流となっていく。1980年代後半から90年代にかけては民間の映画制作会社も登場し，官

営映画撮影所の看板を借りる映画制作の形態が隆盛することとなった。なかでも，北京紫禁城影業有限責任公司が北京映画撮影所のもとに制作したグォ・ヨウ（葛優）主演映画『夢の請負人（甲方乙方）』（フォン・シャオガン（馮小剛），1997年）は大ヒットし，以降「北京紫禁城」公司は毎年年末にコメディ映画を公開，「お正月映画（賀歳片）」という興行形態を定着させた。

　独立採算制のもとに映画制作所存続の命運がかかった状況下，「娯楽」をとるか「政治」をとるか，それとも「芸術」をとるかという問題は，1980年代以降の中国映画界で頻繁に議論された。とりわけ，80年代末から90年代前半に一大ブームを巻き起こした作家ワン・シュオ（王朔）の小説を原作とする一連の映画作品をめぐっては大きな論争が巻き起こった。作家王朔の作風は「調侃」，すなわちからかいや嘲笑を基調とし，中国の都会の小市民の姿をユーモアとニヒリズムでもって描き，当時の流行語「一切は金に向かって（一切都向銭走）」に象徴される社会的風潮のなか多くの読者を獲得した。その映画化もまた多くの若い世代の観客に歓迎された。

(2)　主旋律映画の隆盛——政治との親和性

　採算性を図るために興行的な成功が重視されるようになった改革開放期にあっても，映画が政治的宣伝工具であるという位置づけは当然ながら変わることはなかった。1986年に「中国共産党中央社会主義精神文明建設の指導方針についての決議」が通達されると，翌年「革命歴史題材影視領導小組」が組織され，89年の建国40周年にむけて宣伝映画の制作強化が図られた。87年には党が定める「革命歴史」上の出来事を題材とした映画制作に補助金が整備され（撮製重大題材故事片資助基金），『開国大典』（李前寛，89年）に代表される超大作が制作された。

　1990年代以降も制作的庇護を受けた宣伝映画は量産されるが，歴史上の英雄を主題にするのではなく，無名の「小幹部」を主人公に据えたヒューマンドラマ風の『焦裕禄』（王冀邢，90年）や『蒋筑英』（宋江波，92年）が興行的にも成功した。こうして，現在も盛んに耳にする「主旋律映画」と呼ばれる巨額の資金と一定の娯楽的要素を取り込んだ政治宣伝映画が定着した。そのなかには，ハリウッド映画を彷彿させるようなアクションシーンやメロドラマ要素を取り

込んだフォン・シャオニン（馮小寧）の『戦争子午線』（90年）や『チベットの紅い谷（紅河谷）』（96年），『黄河絶恋』（99年）のように興行的にも大ヒットを記録した作品も登場した。2000年代以降も主旋律映画は多ジャンル化し，2017年に公開された『戦狼／ウルフ・オブ・ウォー（戦狼2）』（呉京，17年）ではCGを駆使した壮大なアクションシーンが人気となり，ハリウッド映画以外の作品として初めて世界の興行収入歴代トップ100に入る興行成績を記録した。

(3)　アニメーション映画と映画作家の育成

　21世紀以降の中国映画産業の隆盛は，実に重層的な構造に支えられている。ここでは，アニメーション映画と作家映画に注目してみたい。

　アニメーション映画産業の急成長は2010年代を特徴づける現象である。「新中国」のアニメーション映画の制作拠点は，戦後に満洲映画協会から移籍した持永只仁も所属した上海美術映画スタジオ（上海美術電影制作廠）で，中国アニメーションの父とも称される万兄弟による『大暴れ孫悟空（大鬧天宮）』（万籟鳴，1961年）や，水墨画アニメーションの代表作『おたまじゃくしがお母さんを探す（小蝌蚪找媽媽)』（特偉・銭家駿・唐澄，63年）などの佳作を輩出し，一時代を築いた。改革開放以降は徐景達，馬克宣，鄔強らによって民間故事を用いた民俗的な主題と画風を基調としたアニメーション映画の新たな表現が模索された。

　ところで，1970年代末より次第に普及したテレビ放送では映画や外国のテレビドラマなども番組コンテンツとして放送されたが，アメリカのディズニー社のミッキーマウス・シリーズやMGM（当時）の看板作品『トムとジェリー』シリーズ，そして『ドラえもん』や『一休さん』に代表される日本のテレビアニメーション作品は早くより人気を博した。日本のアニメーション産業の戦後の展開は中国と密接な関係を築いていた。90年代に入ると『ドラゴンボール』『スラムダンク』『名探偵コナン』などのテレビアニメに加え，日本のテレビドラマや漫画などのコンテンツが大量消費されるようになった（「アニメ」「コミック」「ゲーム」の頭文字をとって「ACG」とも称された）。ところが2000年以降，中国の各テレビ局において外国のアニメーション番組を輸入する際の制限が実質上強化され，当時外国製アニメーションの大部分を占めていた日本製コンテンツの新規の放送が停滞した。その空白を補うかのように登場したのが前述の

字幕組とその拠点である人人影視だったが，他方では，中国国産アニメーション産業を振興させる政策が次々に推進された。2004年に発出された国家広播電影電視総局（現国家新聞出版広電総局）の通達では国産アニメーション産業を振興させることが謳われ（関於発展我国影視動漫産業的若干意見），続いて2006年にはアニメーション産業の健全な発展を推進し，競争力を強化することが国務院の通達（関於推動我国動漫産業発展的若干意見）で明文化された。国策としてアニメーション産業がてこ入れされたことにより，アニメーション制作本数は急増した。そして，2014年には文化部によりアニメ産業を含む文化産業コンテンツの質と水準を強化する方針が打ち出され（関係推広文化創意和設計服務与相関産業融合発展的若干意見），現在に至る中国アニメーション作品の隆盛が幕を開けた。『西遊記　ヒーロー・イズ・バック（西遊記之大聖帰来）』（田暁鵬，2015年），『紅き大魚の伝説（大魚海棠）』（梁旋／張春，16年），『白蛇――縁起』（黄家康，19年）などの大作はいずれもフル3DCG技術を用いた大作でヒットを記録した。特に『ナタ――魔童降臨（哪吒之魔童降世）』（餃子，19年）は，2019年7月の封切り以降1週間ほどで中国国内のアニメーション映画の興行記録の歴代1位を記録，最終的には世界のアニメーション作品のなかでも歴代24位の7億2600億ドルを達成する快進撃を遂げた。

　他方，興行的な成功よりも映像表現における作家性を重視する，いわゆる芸術映画の領域でも新たな人材が輩出され続けている。本章コラムで触れたように，1990年代末より国家の映画管理体制にとらわれない方式で表現の自由と作家性を全面に打ち出したインディーズ映画（独立電影）の流れは，2000年代以降も北京，上海，南京，広州など沿海部の大都市を中心にそれぞれの愛好者コミュニティを形成するとともに独自の映画祭を継続的に開催した。こうした活動の多くは，ときに権力側からの度重なる制約を受けながらも作家主義映画や社会派ドキュメンタリー映画を手がける若手新人監督たちを輩出する揺籃の一つとなった（中山 2013，佐藤 2019，秋山 2020）。最近では，映画管理体制の内側においても中国伝媒大学の大学生映像節を前身とした西寧 FIRST 青年電影展や，映画監督ジャ・ジャンクーが主導して組織した平遥国際電影展などが作家主義を重視した芸術映画の人材発掘・育成を継続しており，中国映画の多様化が目指されている。

4　サイノフォン映画という視座

(1)　『グリーン・デスティニー』の「訛り」をめぐって

　ハリウッドの第一線で活躍する台湾出身の映画監督アン・リーの手による『グリーン・デスティニー（臥虎藏龍）』（1999年，章扉写真参照）は，中華世界を中心に愛好されてきた武俠映画の伝統を現代風に演出した佳作とされ，2001年のアメリカ・アカデミー賞では外国語映画賞をはじめとして4部門で賞を獲得した。しかし，中国語圏での興行はそれほど奮わなかった。当時の評判でよく聞かれたものとして，俳優陣たちの「訛り」の問題がある。主演を演じたチョウ・ユンファ（周潤發），ミシェル・ヨー（楊紫瓊），チャン・ツィイー（章子怡），チャン・チェン（張震）の4人の俳優は香港，マレーシア，中国，台湾の出身であったため，オリジナル版では一律にいわゆる「普通話」と称される標準中国語で台詞を発話しているものの，それぞれの発音やイントネーションがみな異なるという一見するとちぐはぐな様相を呈していたのである。比較文学研究者のシューメイ・シー（史書美）によれば，『グリーン・デスティニー』における多様な「訛り」に象徴される雑種性や不一致性は，統一された単数の中国という表象を打破する役割を担うという。多様な「訛り」は，武俠小説や武俠映画という「伝統的中華文化」が20世紀後半は中国以外の香港や台湾で発展してきたという事実をわれわれに気づかせる契機となり，同時に漢族のなかにおける多様性をも示唆している（史 2013：14-19）。そのような意味で，『グリーン・デスティニー』における多様な「訛り」は一元的な中国らしさへの抵抗としてみなすことができるのだとシーはいう。ここでシーが主張する中国／漢民族以外の多元的な中国（語）のありようは「サイノフォン（Sinophone）」（「華語語系」。王徳威の提唱に従えば「華夷風」とも表記）と称される。近年，サイノフォン文学，あるいはサイノフォン映画という用語が英米圏の中国文芸研究において盛んに提唱されており，日本でも2010年代半ばより頻繁に紹介されてきた。一般にまだ馴染みのないサイノフォン文学／映画という概念が今日重要な意味をもつのは，本章が述べてきたように中国の映画産業が世界の映画市場において最も重要な地位を占めるようになった現在，「中国らしさとは何

か」という問いに対する答えを，中華人民共和国から発信される公的かつ一元的な言説やイメージへと収斂させる事態を避け，多元性や流動性にこそ目を向けることでより中華世界のもつ本来的でよりアクチュアルな姿を理解する必要があるからにほかならない。

(2) 方言とサイノフォン映画

　そもそも，1920年代の上海で中国の民族映画産業が勃興した直後から，中国映画は国境を越えた配給興行網を形成しており，東南アジアの映画観客が好む主題を優先的に撮影したことで中国映画市場最初の武俠映画ブームが起こった。言語の複数性については，サイレント映画の時代でさえ映画制作や興行の現場では方言を含む複数の言語が常態的に運用されていた。例えば，浙江省出身でサイレント時代の著名な映画女優ワン・ハンルン（王漢倫）の回想によれば，広東籍のリー・ツォーユアン（李沢源）が監督する作品に出演した際，お互いが理解できる英語で意思疎通していたという（王 1962：57）。また，同時期の上海の映画館のなかには外国映画の内容を上海語と広東語の二つの方言に同時通訳する翻訳者（「解画員」と呼ばれた）を雇うところもあった（菅原2019）。1930年代に日本の中国侵略に伴って高まりをみせた「国防映画（国防電影）」隆盛期には標準語である「国語」によって映画における言語的均質性が確立したが，香港を拠点に広東語映画制作も継続され，東南アジアや北米の中華街など中国国外においても継続的に上映され広く親しまれていた（韓 2014）。

　第二次世界大戦後のアジアの中華圏の映画界は，社会主義体制の道を歩む中国を一方の軸に，後年「東洋のハリウッド」と称される資本主義的な映画産業を急速に展開した香港・台湾をもう一方の軸として分断される。日中戦争開戦後や「新中国」建国後に中国から香港へ「南下」した映画人たちが戦後直後の香港映画界で再び活発に活動し，以降香港では1970年代まで北京官話による「国語映画（国語電影）」が量産された。香港製の国語映画は東南アジアの華人社会に輸出されると広東語や潮州語によるアフレコを施された版が制作され，広く現地で受容された。

　1895年以降半世紀に及び日本の植民地統治下におかれた台湾では，1945年まで日本語による映画制作が続いたが，その後中国国民党が台北に「遷都」する

と香港と同様に北京官話による映画制作が開始された。しかし，映画産業の不振が続いたために1950年代末から60年代初頭にかけて台湾語や潮州語などの方言を用いた映画が量産され，一時代を築いた。80年代に一世を風靡した台湾ニューシネマ以降は映画の台詞における方言の運用が再び重視された。

　以上のように，サイノフォン映画という観点から各地の映画の展開をみると，「正史」としての映画史が見落としてきた多様な映画制作の実像が明らかとなる。サイノフォン的な多元で複数の映画史上の事実は今後も再評価され続けることだろう。

(3)　アメリカのなかのサイノフォン映画

　国境を越えて映画を制作する動きは珍しい現象ではなく，むしろ人的越境はサイノフォン映画史の一つの特徴を成している。初期には，香港からハリウッドに渡り映画技術を修得し後に中国映画界に多大な貢献を果たしたクワン・マンチン（関文清），台湾から上海映画界へ渡った劉吶鴎や何非光らが活躍した（三澤 2010）。サンフランシスコを拠点として制作された中国語映画も少なくない（韓 2014）。さらには，チン・イエン（金焔）やチョン・ジートゥオ（鄭基鐸）のように日本や植民地下朝鮮から上海映画界に渡った人材も改めて注目されるべきだろう。戦後になると，上海から香港へ渡った「南下」映画人，東南アジアから東アジア中華圏の各地で映画界へ参入した映画人，香港と台湾を行き来した映画人たちなど枚挙にいとまがない。そのなかにはツイ・ハーク（徐克）やツァイ・ミンリャン（蔡明亮）のように現在世界的に名高いシネアストも含まれる。

　『グリーン・デスティニー』を監督したアン・リーは，このような越境とはやや異なる形式でサイノフォン映画の別の流派を代表する人物である。台湾からニューヨークに渡り映画を学び映画監督デビューを果たしたリーは，活動拠点を常にアメリカにおく。近年，リーのように東アジア中華圏に直接のルーツをもち活動拠点を北米におく映画監督たちの活躍が目覚ましい。2019年には北京出身のルル・ワン（王子逸）が監督した『フェアウェル（*Farewell*, 別告訴她)』が口コミで人気が爆発的に拡大し，興行的にも成功を収めた。『フェアウェル』はニューヨーク在住の作家の卵の主人公と家族が，中国で暮らす祖母

（英語でも「ナイナイ（奶奶）」と発音される）が末期癌を発症したことを契機として国境と文化を横断する姿を描いた佳作だが，20年には同じく北京出身のクロエ・ジャオ（趙婷）が漂泊者としての自らの生き方を彷彿とさせる『ノマドランド』をリリースした。ジェシカ・ブルーダーのノンフィクション『ノマド漂流する高齢労働者たち』を下地とし，ドキュメンタリーとフィクションを交錯させた本作は，20年の第77回ヴェネチア国際映画祭で金獅子賞を，21年2月のゴールデン・グローブ賞で作品賞と監督賞を受賞するなど，空前の高い批評的評価を獲得した。

他方，香港のカンフー映画の監督であり武術指導者でもあるユエン・ウーピン（袁和平）が『マトリックス』（ラナ＆リタ・ウォシャウスキー，1999年），『キル・ビル』（クエンティン・タランティーノ，2003年）などの人気シリーズでアクション指導を担当するなど，サイノフォン映画の様式は「主流」であるハリウッド映画のなかに包摂されることで，近年加速度的に進んでいるハリウッド映画における多文化主義の促進に寄与した。

インターネットを通じて膨大な情報が行き交う状況において中華圏映画史を理解するために求められるのは，年譜的で直線的な映画史を編むことではなく，一見断片的にみえる小さな現象を連ねることで従来の映画史が不可視化してきた新しい系譜を見出すことである。また，映画という地域横断的で流動性の高いメディアの歴史を知ろうとするときは，従来のような一国史観を越えて，多様な出来事を重層的な観点から再構築するという手法をより重視すべきだろう。そうした意味で，日本と香港の映画史の交渉を総括しながら一元的な「中国映画」を相対化した邱（2007）や，東アジアのアクション映画をトランスナショナル・シネマの観点から分析した李（2016）が提供する横断的・複合的な映画史理解の方法は極めて重要である。中華圏映画の，ひいては映画史そのものが本来的にもっている生き生きとした息吹は，そのような方法と立場に立って初めて実感することができるのだ。

参考文献

秋山珠子　2020「コロナ時代の非公式文化生産——中国インディペンデント・ドキュメンタリーを中心に」『現代中国』94：5-21。

晏妮　2010『戦時日中映画交渉史』岩波書店。

李英載　2016『トランス／ナショナルアクション映画──冷戦期東アジアの男性身体・暴力・マーケット』東京大学出版会。

韓燕麗　2014『ナショナル・シネマの彼方にて──中国系移民の映画とナショナル・アイデンティティ』晃洋書房。

邱淑婷　2007『香港・日本映画交渉史──アジア映画のルーツを探る』東京大学出版会。

佐藤賢　2019『中国ドキュメンタリー映画論』平凡社。

菅原慶乃　2019『映画館のなかの近代──映画観客の上海史』晃洋書房。

中山大樹　2013『現代中国独立電影』講談社。

三澤真美恵　2010『「帝国」と「祖国」のはざま──植民地期台湾人の交渉と越境』岩波書店。

李天鐸・楊欣茹　2018「飛揚的中国電影産業──脆弱的発行結構」『当代電影』2018年第8期：16-21。

史書美　2013『視覚与認同──跨太平洋華語語系表述・呈現』台北：聯経出版。

王漢倫　1962「我的従影経過」中国電影工作車境界電影史研究室編『感慨話当年』北京：中国電影出版社，50-59頁。

●読書案内●

『日中映画交流史』劉文兵，岩波書店，2016年
　　日中両国の映画人の関係は想像以上に深い。本書は，日中戦争前夜から改革開放直後の「日中友好」時期，そして現在のアニメブームまでを対象として，映画における日中関係史を通史としてまとめたものである。

『ドキュメンタリー作家　王兵』土屋昌明・鈴木一誌編，ポット出版プラス，2020年
　　中国インディーズ映画界を代表するドキュメンタリストであり，世界の名だたる映画祭で数々の受賞経験を誇る王兵の「人」と「作品」，そしてその背景にある文化や歴史を，各分野で名だたる書き手が全方位的に解剖する。

『侯孝賢（ホウ・シャオシェン）と私の台湾ニューシネマ』
　　朱天文，樋口裕子・小坂史子訳，竹書房，2021年
　　映画監督ホウ・シャオシェン作品の脚本を手がけてきた朱天文が，台湾ニューシネマを当事者の視点で綴ったエッセイ集。著名な中国映画字幕翻訳者とホウの映画制作を長年支えてきた2人の訳者にも要注目。

独立（インディーズ）映画の展開

　中国共産党の統制を受けなければならないとされる映画だが，実際にはその外側で制作される映画も存在する。かつては「地下映画」や「体制外映画」と呼ばれたそれらの映画は，現在では「独立映画」，つまりインディーズ映画と称される。一般的には大手の映画会社による映画制作システム以外のルートで作られた映画を指すが，中国の場合は政治的な意味が強い。

　1980年代の民主化運動の高まりとその挫折の経験を通じて映画作家自身が自由な創作活動を志向し始めたことは，中国インディーズを登場させる一つの契機となった。加えて撮影機材の小型化やデジタル化が進んだこと，ミュージック・ビデオやテレビ広告のように映像作品の形態の多様化が進んだことも，撮影所に所属してフィルムで撮影するという従来の映画制作を相対化した。同時に，大量の海賊版映画ソフトが流通する状況は，皮肉にも映画管理体制のなかでは触れることのできない世界の映画芸術への門戸を提供した。

　最初のインディーズ映画と称される『媽媽』（1989年）を監督したチャン・ユアン（張元）や，独立系ドキュメンタリーの代表的存在であるウー・ウェンガン（呉文光）らをはじめ，インディーズ映画作家の多くは国外の映画祭で受賞し認知度を上げた。中国インディーズ映画への世界的な注目が高まると，香港のシュウ・ケイ（舒琪）の援助を受けたワン・シャオシュアイ（王小帥）のように国外から資金的援助を受けて創作を継続する道が開かれた。

　インディーズ映画をめぐる活動は当局による厳しい抑圧を頻繁に受けるため制作・上映環境は安定しているといえない。2000年代以降インディーズ・シーンを牽引してきた中国独立映像展や中国紀録片交流周などの民間主催の映画祭も，2010年代には相継いで事実上の停止に追い込まれた。近年，このような状況は草創期の中国インディーズ映画監督を支えた香港映画界にも及んでいる。とりわけ，2021年6月以降「国家安全維持法」を根拠とした映画への検閲が開始されるに至ったが，このことは映画界のみならずより広く言論や表現の自由の制限につながることが懸念されている。

第12章

宗 教

統制をすり抜けボーダーを越える信仰

倉田明子

香港にある円玄学院の三教宝殿。儒仏道の三教の開祖を祀る（2017年，筆者撮影）

中国は多様な宗教が共存する社会である。様々な信仰が中国文化の一端を形成し，互いに影響し合ってきた。それと同時に，民衆の信仰共同体は，ときに政権を脅かす存在でもあり，国家（王朝）は常に宗教を統制しようとしてきた。それでも宗教は国家が設けるあらゆるボーダーを越えて侵入し，あるいは変容し，ときに逃亡する。本章ではこうした宗教と国家のせめぎあいを，主な宗教の概説とともに紹介する。

1 伝統的信仰世界

(1) 儒　　教

　儒教はもともと，諸子百家の一つである儒家として始まる（土田 2011）。「仁」（家族間の道徳）と「礼」（儀礼とそれによって成り立つ秩序）を重んじる孔子の思想を出発点に，孟子や荀子といった後継の儒家たちによってあるべき統治を語る思想として発展した。漢代に入ると，官僚として儒家が登用されるようになり，儒式の礼制が整備され，従来の天地を祀る祭祀や祖先の霊魂を祀る祭祀も，儒家のテキストである経書や緯書に基づいて再構成された。儒教思想の体系化も進み，儒教的教養を身につけ，礼の実践を重んじる士大夫たちが力をもつようになった。儒教は体制と秩序を規定する「国教」として確立してゆくことになる（小島 2017）。

　「唐宋変革」とも呼ばれる巨大な社会変革を経た宋代に，儒教においても新たな思想体系が形成された。そのなかでも後世に大きな影響を残したのが朱子学である。朱熹は宋学の先人の説を取り入れつつ，「理」と「気」によって宇宙を説明し，かつ，人の修養の必要性と結びつけた。朱熹の死後，その教えは徐々に広まり，ついに孔子廟に朱熹が祀られるまでになった。科挙の試験での儒教経典の解釈も朱子学の解釈が採用され，学問の目的は「聖人」（徳の完成した人）になることだ，とする教えともあいまって，朱子学は地方の郷紳（官僚資格をもつ人）や士人（科挙受験資格をもつ人）などの有力者にも浸透していった。明代には陽明学が登場し，儒教の内側から朱子学を批判したが，それでも朱子学は清代末期まで体制教学としての地位を保持していくこととなる。

　19世紀中期以降，清朝は西洋列強との対峙を余儀なくされ，中華王朝を中心とした東アジアの秩序は崩壊していった。清朝内部から軍制や国家体制の改革を提唱する士人も現れたが，彼らの思想基盤はなお儒教にあった。戊戌変法を主導した康有為は儒教における復古主義者でもあり，前漢の公羊学にまで溯ることで従来の経学を覆し，孔子の教説を大胆に解釈しなおすという形で改革を唱えた。さらに康有為は西洋のキリスト教に相当する宗教が中国には欠けていることが中国の弱体化の原因であるとして，孔子を教祖として崇める孔教を創

り，儒教の「宗教」化を試みた。中華民国期に入り，袁世凱政権は孔教を積極的に推進したが，1916年の袁世凱の死去とともに孔教も勢いを失った。さらに新文化運動においては儒教とそれが支えた旧体制が批判の的となり，儒教が担ってきた体制の根幹思想としての役割は失われていった。

　その後，西洋哲学や仏教思想を摂取しつつ儒教思想を整理，再構成する新儒家と呼ばれる思想家も現れた。中華人民共和国成立後も国内に残った新儒家はいたが，国内は政治動乱が続き，文化大革命では政治闘争とリンクして大規模な孔子批判キャンペーンも行われた。文化大革命の収束後，中国政府は宗教復興を認め，公認宗教を定めたが，儒教は宗教とはされず，今に至っている。ただし2000年代以降，中国の伝統文化，道徳として儒教の教えが再評価され，国家統合の一つのツールとして重んじられつつある。

(2) 道　　教

　「道教」として一般に理解されているものは，極めて範囲が広い。不老長寿を求める願いと，老子・荘子などの無為自然を中心とする道家思想を軸とし，それが卜占や五行思想，儒教・仏教の教えや儀礼などと融合した狭義の道教がある一方で，中国に特有の宗教形態や民間信仰も含めて「道教」と称される場合もある。

　狭義の道教，すなわち仏教や儒教と対比される宗教として道教が成立してくるのは5世紀頃，南朝の劉宋の時代（420〜479年）とされる。道教の根底には，不死の神仙になりたいという希求がある。後漢時代には不死の神仙として黄帝と老子を信仰し，仙人になることを望む黄老思想（「黄老道」）が広まった。その後，神仙になることを目標に編み出された様々な神仙術を行う流派が形成され，劉宋の時代にそれらを継承しつつ道館に出家道士が居住するという教団の形態が作られた。また経典（道書）の整理と分類が行われ，自称としての「道教」という語も使われるようになった（横手 2015）。

　こうして成立した道教は，多分に仏教との対抗関係のなかで形成されたものでもあった。劉宋期には仏教が政権の庇護を得て隆盛していた。道教の源流の一つである五斗米道の反乱を討伐して成立したのが劉政権であったので，道教は政権への恭順を示しつつ，仏教に対抗しうる宗教としての形を整えていく必

要があった。結果として，道教の道士たちもまた劉王室からの信任を得ていくことになる。

　南北朝時代に道教は北方にも伝播し，隋代，続く唐代においても王室の庇護を受けた。ただし道館の設置や道士の任免は祠部の管轄下におかれ，政府からの統制も受けることになる。また，皇帝の勅命による『道蔵』（道教の経典）の編纂も唐代に始まった。道蔵に入れられた道書は公式的に道教経典と認められることを意味しており，以後，歴代王朝の道蔵編纂の過程で多くの新興宗教が「道教」として認められていった。北宋時代にはマニ教も道教に編入されている。

　12世紀に金で創始された全真教は，儒・仏・道の「三教合一」を掲げる新宗教であったが，その後道教化が進み，元代には王室のもとで全真教の経典を組み入れた道蔵を編纂して正式に道教と認められた。これにより，北方は全真教，南方は南朝以来の系譜を汲む「正一派」に道教を統括する任務と資格が与えられることになった。明朝も全真教と正一派のみを道教として公認した。また，道録司をおいて全国の道教を管轄したが，道録司には正一派の官しかおかれず，道蔵も正一派が編纂した。明代，清代には，文昌帝君や媽祖，関帝といった民間信仰の神々も道教に取り入れられ，民間信仰との境界線があいまいになっていった。

　道教は，死後三塗の世界（冥界）にいる父母や祖先を救済して天上界に昇らせ，人々と自身の厄災を除いて神仙となることを説く。出家した道士は，身を浄めるための護符を授けられ，修道を積み，齋や醮と呼ばれる祭祀を行ってこれらの教えを実践していく。民間信仰の神々が道教に組み込まれるなかで，地域共同体や血縁共同体において祀られてきた神々への祭祀を道士が担うようにもなった。

　道教も近代以降，迷信として批判され，また文化大革命の時期には道館も民間信仰の寺院も破壊された。その後，中国政府の公認宗教の一つとなり，復興が進んでいる。

(3)　民衆宗教

　道教は，民間信仰を取り込み，一部では融合しつつも，基本的には歴代王朝

の承認と統制のもとに展開してきた。政府からの承認と統制という意味では，後述する仏教も同じ構造である。他方で，中国には「官」の承認を得られないまま，人々の間で活動を続ける宗教も数多く存在した。こうした民衆宗教が信奉する神々と教えは，ときに「淫祠邪教」として政府からの弾圧を受けることもあった。

　民衆宗教のなかでもひときわ存在感を示したのは元末に反乱を起こした白蓮教であろう。末劫思想を帯びた弥勒信仰の系譜にある白蓮教は，大乱の世に弥勒仏が下生すると説いて反乱を起こし，地方政権を建てた。その武将の一人であった朱元璋が後に明の太祖となるが，皇帝となった朱元璋は白蓮教を邪教として禁止する。それでも，明代，清代にはたびたび白蓮教を標榜する反乱が発生した。特に18世紀末，清朝の嘉慶帝の時代には四川省を中心として大規模な反乱が起こり，清朝の弱体化を露見させることにもなった（吉岡 1974）。

　一方，明清時期にはこのほかにも様々な民衆宗教が誕生している。近代，現代にまでその系譜を残しているものとしては，18世紀半ばに江西省において成立し，後に青蓮教と呼ばれるようになる宗教がある。明代に成立した羅教や金丹道などの民衆宗教から影響を受けつつ，無生老母と呼ばれる女性神を最高神として崇拝し，儒・仏・道の三教の教えを混合した教理をもち，齋堂や経堂と呼ばれる会堂を拠点に喫齋（菜食）や座禅による修道を行った。末劫思想を内包しており，政権からは危険視されてたびたび取り締まられた。

　民衆宗教も独自の経典を編み，その教えを継承してきた。扶乩（お筆先）による神仙のお告げは，民衆宗教や，また呂祖壇のような特定の神仙を主に祀る信仰集団でも広く行われており，そのお告げが経典となることも多かった。こうした民衆宗教の経典の多くは『○○宝巻』と題されている。宝巻とはもともとは民間文学の一つのジャンルを指す名称であるが，明代，清代にはそのなかに少なからず民衆宗教の経典が含まれるようになった。それらは善書と呼ばれることもある。道教における道蔵や後述の仏教における大蔵経のように官からのお墨つきを得ることのなかった民間の経典として，その教理や思想を今に伝えている（澤田 1975）。

　清末から民国期にかけては，青蓮教の流れを汲む多くの新興宗教が登場した。三教合一を掲げる先天道，同善社，一貫道や，三教にキリスト教とイス

ラーム教を加えた五教一致を唱える道院（道院の慈善活動組織が世界紅卍字会）
などである。民衆宗教の多くは人々への救済の一環として慈善活動にも積極的
に携わり，それによって社会に認知されていった。民国政府は当初これらの宗
教に寛容であったが，1927年に南京国民政府が成立してからは弾圧が強まる。
弾圧を免れた民衆宗教は慈善団体として登記し，政府の統制を受け入れつつ活
動を継続した。しかし中華人民共和国においては，これらの民衆宗教は秘密結
社などとともに再び厳しい弾圧を受けた。

2　根づく「外来」宗教

(1)　仏　　教

　仏教は外来宗教ではあるが，早期に中国に伝来し，独自の発展を遂げつつ社
会に深く根づいた宗教である。仏教が中国に伝来したのは，紀元前後，前漢哀
帝の時代といわれる。その後，後漢の王族や皇帝からも信仰されるようになっ
たが，この頃の仏教は不老長生を祈願する黄老信仰と同一視されていた。仏典
の漢訳が始まるのも漢代である（鎌田 2001）。五胡十六国時代に仏教は大きく
発展し，高僧が政治や軍事の顧問として迎えられた。仏教の教えを中国古典，
特に老荘思想によって理解する「格義仏教」が流行した。特に般若思想の
「空」を老荘思想の「無」で理解する解釈が起こったが，鳩摩羅什の仏典翻訳
などを経て仏教本来の空の理解が得られるようになった。
　南北朝時代，南朝においては諸王朝の皇帝から信奉され，仏教は公的な宗教
として確立していった。北朝でも仏教は大いに栄えたが，あまりに強大化した
ことで王朝から弾圧を受けている。隋代に仏教は復興し，国家宗教として保護
された。唐代は中国仏教の最盛期であるが，王朝による統制が制度として確立
した時期でもある。僧官制度が定められ，諸州に官寺が設置された。ただ，唐
王室は道教を特別に崇拝し，道教を仏教の上においた。二教の間でしばしば激
しい論争が起こったが，その過程で道教が仏教の教理を取り入れてもいる。ま
た，玄奘らによる経典翻訳と整理を経て，天台宗や法相宗，華厳宗，そして密
教や禅宗，浄土教など，様々な宗派が誕生し，民間にも仏教は浸透していっ
た。

宋代には出家と得度の規定がより厳密化され，得度に際して政府が実施する
試験の内容も規定された。僧官制度や寺院制度も整備され，さらに皇帝の勅に
より仏教経典を集めた『大蔵経』が刊行された。元朝においては，国教はチ
ベット仏教であったが，中国仏教，特に禅宗も盛んであった。また皇帝の命で
大蔵経も新たに刊行されたほか，チベット経典と漢訳経典を比較研究した仏典
の総目録（『至元法宝勘同総録』）も作られている。

　チベット仏教は，チベットの地に7世紀頃に伝来した仏教が独自の発展をし
たものである。当初中国とインドそれぞれから仏教が輸入されたが，その後は
インド仏教の経典を中心に展開した。11世紀以降，部族ごとに多くの教派に分
かれたが，そのうちの一つサキャ派の僧が元の世祖クビライの国師となり，チ
ベット仏教が国教とされたのである。やがて一部の教派において最高位の僧が
転生活仏制度によって選出されるようになり，16世紀末にゲルク派の高僧がモ
ンゴルのハーンから「ダライ・ラマ」の称号を与えられた。17世紀，ダライ・
ラマ5世のときに政治的にもチベットを支配する権力をもつようになった。

　明代，清代においても仏教は公認の宗教であり続け，大蔵経の刊行も大規模
に行われた。他方，仏教は民衆の間にも広く浸透し，そこでは道教や民間信仰
との習合が進んだ。公的な仏教に対しては，明朝は中央と地方それぞれに僧官
制度を定め，僧侶を厳格に統制している。清朝も基本的にこの制度を受け継
ぎ，また出家や寺院の設立についても制限を設けた。その結果，在家の居士が
増え，清末には居士仏教が盛んになっていった。

　清朝は康熙帝から雍正帝の時期にかけてチベットを軍事的に支配下におい
た。乾隆帝は文殊菩薩の化身として満洲，チベット，モンゴルの諸民族に対し
ては仏教の守護者として振る舞った。「西蔵」地域においてはダライ・ラマに
よる統治が継続され，紫禁城のなかにチベット仏教の僧院である雍和宮も建立
されている（石濱 2011）。

　清末から中華民国期にかけて，近代化を目指し始めた中国では「廟産興学運
動」が展開され，各地の仏教寺院財産を没収して学校を建設するという廃仏政
策がとられた。これによって仏教は大きく圧迫され，対抗のために仏教界では
革新運動や仏教団体の結成の動きが起こった。しかし1929年制定の「監督寺廟
条例」などにより，仏教は社会にとっての有用性や公益性を求められるように

なる。

　中華人民共和国成立後，初期には寺院を重点文物として修復・保護する動き
もあったが，文化大革命期には仏教も激しく弾圧された。1980年代以降，急速
に復興が進んでいる。

(2)　キリスト教

　中国に初めてキリスト教が伝来したのは7世紀である。5世紀のエフェソス
公会議において異端とされたネストリウスの教説をペルシアの信徒たちが受け
入れ，東シリア教会が成立した。この東シリア教会が派遣した使節団が，シル
クロードを経由して長安に至ったのである。やがてこの宗教は「景教」と呼ば
れるようになり，大秦寺と呼ばれる教会堂も建てられたが，信徒は主に西域か
ら来た人々であり，教理も徐々に仏教化したことでキリスト教徒は宋代には姿
を消した（渡辺 2021：24）。

　明代にイエズス会による布教が始まり，これが現代にまで続くカトリックの
系譜となる。イエズス会はポルトガルの植民地政策と連動して布教活動を展開
したが，東アジアにおいては現地の文化を尊重し，対話による布教活動を行う
ことを方針とした。1583年，マテオ・リッチが広東省の肇慶に居住を許され
た。最初は仏僧の姿で中国社会に入っていこうとしたが，やがて儒教が重視さ
れていることに気づき，儒服に替え，儒教経典の研究を行いつつ士大夫への布
教を試みるようになる。1601年には北京での居住許可を得るに至った。

　リッチはキリスト教の神を「天主」と翻訳し，さらに儒者との対話のなか
で，中国の伝統思想において最高神の地位をもつ「上帝」概念を用い，天主と
上帝は同一の存在であると主張した。そのうえで，儒教的な上帝理解をキリス
ト教の神の理解に近づけるように解釈しなおし，また中国思想における「天」
と天主は別物であるとの主張を展開した（渡辺 2021：43）。しかし儒者からの
反論に遭い，聖書の神観は儒教思想に基づいて理解され，天と天主を同一視す
る見方が広まっていった。この神の概念をめぐる論争は，プロテスタント流入
以降も含め，長く続くことになる。またリッチは儒教の儀礼は宗教儀礼ではな
いとして，カトリック信徒の祖先崇拝や孔子崇拝を容認した。これによりカト
リックの中国布教は大きく前進した。

リッチや後続の宣教師たちにより，天文学や数学などの西洋科学も持ち込ま
れ，新しい暦法や西洋式大砲の紹介によってキリスト教は明の朝廷に好意的に
受け入れられるようになった。まもなく明朝は清によって滅ぼされてしまう
が，清朝においても，暦作成を司る欽天監の長官として宣教師は登用され続け
た。そして順治帝により「天主教」は「天」を崇拝する公的な宗教として認め
られることになる。康熙帝の時代には宣教師はさらなる厚遇を得て，カトリッ
ク布教も公認された。

　しかし神の呼称としての「天」「上帝」の使用や，儒教儀礼の容認などのイ
エズス会の方針に反対する他の修道会の宣教師らにより，ローマ教皇庁にこれ
らの方針を禁ずるよう求める訴えがなされ，「典礼論争」が起こった。教皇庁
はこの訴えを容れ，神の呼称を「天主」のみとし，信徒の儒教儀礼への参加も
禁止した。これに激怒した康熙帝は，1715年，キリスト教を禁教とする政策に
転じる。それでも続く水面下での布教活動に対し，1746年，宣教師の処刑を含
む大規模な弾圧が行われ，以後天主教は邪教として厳しく取り締まられること
になった。

　プロテスタントが中国に伝来したのは，こうした禁教政策が続く19世紀初頭
のことであった。最初の宣教師ロバート・モリソンはイギリス東インド会社の
職員を兼ねることになったためマカオと広州に常駐できたが，後続の宣教師
は，アヘン戦争を経て1842年に締結された南京条約によって西洋との通商港が
開かれるまで，東南アジアの植民地都市で活動した。聖書全編の漢訳を行った
のもプロテスタント宣教師である。モリソンらによる漢訳聖書は1822年までに
全編が刊行されたが，士大夫の閲読にも堪える洗練された文体の訳本が求めら
れるようになり，開港後の1840年代後半から，各開港場に拠点を移した宣教師
たちの共同作業によって改訳が進められた。ここで起こったのが「用語論争」，
すなわち神の訳語をめぐる議論であった。聖書の神の訳語として「上帝」を用
いるか，あるいは「神」を用いるかで激論となり，宣教師たちは最終的に両派
に分裂してそれぞれの訳語を採用した聖書を刊行する。その後もたびたび論争
は再燃したが，この二つの訳語は併存したまま現在に至っている。

　開港当初は外国人の内地旅行が禁じられていたため，布教は開港場とその周
辺地域に限られていた。キリスト教の影響を受けた太平天国の反乱も起こった

が，広範囲に及んだ戦乱はむしろキリスト教への反発を生むことにもなった。キリスト教布教が拡大するのは，第二次アヘン戦争の結果結ばれた天津・北京条約により開港場が増え，また外国人の内地旅行が解禁された1860年代以降のことである。それと同時に，中国社会とキリスト教の摩擦も顕在化した。やはりアヘン戦争以降に布教活動を活発化させたカトリックは，プロテスタント以上に農村部にまで浸透した。信徒集団が形成されると，既存の非信徒コミュニティとの間に紛争が生まれたが，そこに宣教師が介入し外交問題として圧力をかけ，信徒集団に有利な結果をもたらそうとする事態がしばしば起こる。これが既存コミュニティの反発を生み，教会や宣教師に対する攻撃事件を誘発した。「教案」と呼ばれるこのようなキリスト教排撃事件は19世紀後半に頻発し，その最大規模の事件として1900年，義和団事件が起こった。

　プロテスタントの宣教師も布教の一環として西洋科学の伝播に努めており，1860年代に始まる洋務運動期には，西洋書の翻訳者や教師，また新聞や雑誌の発行者として宣教師が活躍したほか，ミッションスクールも大きな役割を果たした。しかし中華民国期には，ナショナリズムが高揚するなか，キリスト教は西洋帝国主義の手先だとして非難され，全国的に反キリスト教運動が拡大した。他方，宣教師の管理を離れて教会の自立を目指す動きも活発化し，キリスト教の土着化が議論されるようになった。

　中華人民共和国の成立当初，共産党政権は幅広い社会層の支持を得るために，宗教にも比較的寛容であった。キリスト教内部にも共産党政権に協力する姿勢をみせる指導者もいた。しかし朝鮮戦争をきっかけに外国籍宣教師は国外退去を余儀なくされ，続く政治動乱のなかでキリスト教も壊滅的な打撃を受けた。文化大革命後に教会は復興したが，2010年代以降，非公認教会はもちろん公認教会に対しても統制が強化されつつある。

(3)　イスラーム教

　イスラーム教の中国への伝来は7世紀，唐代のことである（中国ムスリム研究会 2012：198）。唐代から宋代にかけて王朝領域内に暮らしたイスラーム教徒の大半は，アラビアやペルシアから通商のためにやって来た商人や朝貢使節とその子孫たちであった。彼らは広州や泉州，揚州などの貿易港の近くに集住地

域を作ることを許され，やがて中国人女性との通婚も許されて定住していったのである。宋代には対外貿易が奨励され，通商のために中国に居住するイスラーム商人が急増した。彼ら外国人の居住区として蕃坊が設置され，数世代にわたって定住する一族も現れた。蕃坊の長はコミュニティから選ばれた人物を官が任命する形をとるようになり，蕃坊内の宗教事務を司ったほか，コミュニティ内で起こった重大な事件を除く紛争解決の任にも当たった。モスク建設や墓地の設置も許可されている。

　元代にはモンゴル軍の西征により西域から多くのイスラーム教徒が東方に移住し，漢族の居住地域を含む元朝の領域内に居住した。天文学や数学，建築など多様なイスラーム文化も流入する。各地に定住したイスラーム教徒たちは回回と呼ばれるようになった。清真寺（モスク）を中心にジャマーア（教坊）と呼ばれるコミュニティが形成され，宗教教育も行われた。しかし明代には彼らは母語のペルシア語やテュルク語の使用を禁じられ，中国人との通婚が進み，服装や姓も漢人と同化していった。清真寺の責任者は政府に登録を義務づけられるなど，統制は厳しくなったが，彼らの信仰は儒教によるイスラーム典籍の再解釈といった動きに影響を受けつつも継承されていった。一方，清代にジュンガルが制圧されて新疆として清朝の版図に組み入れられると，清朝政府はウイグル人指導者に官職を与えて北京に住まわせ，彼らのための清真寺も建造した。イスラーム教徒に対しては辮髪を禁止とし，民衆統治は現地の有力者にゆだねるなど，緩やかな統治が行われた。他方，18世紀にはスーフィズム系統の学統が伝わり，「門宦」と呼ばれるスーフィー教団が形成され，西北部の回民に影響を与えている。1781年には，急成長を遂げたジャフリーヤ派が既存の教派と対立し，そこに官憲が介入したことで反乱が起きた。1860年代前後にも，複合的な要因から引き起こされた漢人と回民の対立により，回民の大規模な反乱が起こっている。それらは清朝政府によって徹底的に弾圧された。

　中華民国期には新疆は実質的に独立状態となり，ロシアのイスラーム教徒の改革に影響を受けて教育改革が進められた。国内のイスラーム教徒の間では，ナショナリズムの高揚のなかで，新式の学校の開設，雑誌の創刊やイスラーム団体の組織化などの動きがみられ，さらにイスラーム教への信仰と国家への忠誠をうたう「愛国愛教」が盛んに説かれた。また，甘粛，青海，寧夏では馬姓

のイスラーム教徒がそれぞれ実効支配し，彼らの勢力は回民軍閥と呼ばれた。

　中華人民共和国の成立後，新疆は再び共産党軍の支配下におかれ，新疆ウイグル自治区となった。全国のイスラーム教徒は回族やウイグル族，東郷族など，複数の少数民族として認定された。文化大革命のときに清真寺は閉鎖や破壊の対象となり，ジャマーアもいったん消滅したが，1980年代以降は復興している。

3　中華人民共和国における宗教

(1)　公認宗教

　中華人民共和国成立後，共産党政府は幅広い社会層からの支持を求めるため，信教の自由を認め，宗教界を取り込みながら統一工作を進める姿勢をみせた。他方で外国からの「干渉」には神経を尖らせており，朝鮮戦争という時勢もあいまって1950年代前半にはキリスト教の宣教師を国外退去させている。さらに政府は各宗教に全国的な統一組織を結成させ，教派，宗派を分かたずこの組織に加入させることで，宗教統制を進めようとした。中国仏教協会（1953年），中国伊斯蘭〔イスラーム〕教協会（1953年），中国基督教〔プロテスタント〕三自愛国運動委員会（1954年），中国天主教〔カトリック〕友愛国会（1957年），中国道教協会（1958年）がそれである。この五つの宗教が中華人民共和国における公認宗教となる。各宗教の指導者は中国人民政治協商会議のメンバーにも加えられた。

　外国との関係を断ち切ったことで最も深刻な影響を受けたのはカトリックである。そもそもカトリックはローマ教皇を頂点とする世界的な組織であり，司教の任免権もローマ教皇庁がもっている。しかしローマ教皇庁の認可を得ていない中国天主教友愛国会（1962年に中国天主教愛国会に改称）が中国国内の司教任命を行ってきた。このことはバチカン市国と中国の国交回復問題とも絡みつつ，複雑な問題を今に残している（渡辺 2021：229）。

　1966年から76年にかけて起こった文化大革命は，すべての宗教に甚大なダメージを与えた。宗教施設の多くが学校や講堂に転用されたり，破壊されたりした。しかし82年に中国政府は宗教政策に関する文書を発表し，再び信教の自

写真12-1　プロテスタント公認教会。
北京の旧海淀堂（1998年，筆者撮影）

写真12-2　プロテスタント公認教会。
杭州の崇一堂（2015年，筆者撮影）

由を保障し，社会主義建設と祖国統一のために宗教の「積極的な」面を活用する，という方針を打ち出した。以後，宗教は急速に復興する。また新たにプロテスタントでは中国基督教協会，カトリックでは中国天主教主教団というもっぱら教務を管轄する組織も作られた（写真12-1，2）。

　以来，公認宗教は政府の比較的寛容な宗教政策のもと，穏やかに発展してきた。風向きが変わるのは2012年の習近平政権発足以降である。各宗教に（道教に対してすら）「中国化」が求められるようになり，17年には改訂「宗教事務条例」が制定され，翌18年には国務院の下にあった国家宗教局が中国共産党中央委員会統一戦線工作部のもとに合併された。宗教事務条例は2004年に制定された法律だが，改訂によって宗教教育や「過激思想」への統制の方針がより強く打ち出され，イスラーム教やキリスト教への取り締まりに影響を及ぼしつつある。公認宗教の側はこうした方針に従う姿勢をみせつつ，福祉などの公益事業の分野で存在感を発揮することで生き残りと発展への模索を続けている（佐藤2021）。

(2)　非公認宗教

　一方，公認されないまま存続してきた宗教（宗教団体）もある。次項で述べる「邪教」認定されて政府の弾圧を受ける宗教とは異なり，いわばグレーゾーンでその存続を黙認されてきた。その多くは先に述べた各宗教の全国組織に加入しなかった宗教団体や組織であり，ほとんどがプロテスタントとカトリックである。文化大革命前の段階においては，こうした組織（教会）や指導者に対

して弾圧が加えられることもあり，キリスト教においては「地下教会」や「家庭教会」と称されることもあった。しかし文化大革命後，公認宗教とともに既存の非公認教会，また気功や新宗教なども勢力をもつようになる。特にプロテスタントではビルなどに礼拝の場を借り，大規模に宗教活動を展開する非公認教会も現れた。政府はこうした動きを監視しつつも，邪教と認定しない限りは黙認する姿勢をとってきた。しかし2011年，中国基督教三自愛国運動委員会には加入せず，独自に政府の公認を得ようと働きかけてきた有名な北京の非公認教会である守望教会が取り締まりを受け，解散させられた。そして改訂宗教事務条例が施行された2018年以降，全国の非公認教会への取り締まりは強化され，信徒や牧師の逮捕，実刑判決にまで至る案件（秋雨之福聖約教会事件）も生じている。非公認宗教が活動できる空間は急速に狭まっている。

(3) 会道門・邪教

　会道門とは秘密宗教や秘密結社を指す言葉で，ここには清末から民国期に勢いを増した一貫道や道院などが含まれる。中華人民共和国成立後，会道門と認定された宗教は政府から徹底的な弾圧を受け，その多くは台湾，香港，東南アジアの各地に拠点を移し，中国国内では表向きにはその姿を消した。

　邪教認定された宗教もいくつかあるが，文化大革命後の宗教復興の流れのなかで急激に台頭し，邪教と名指しされるに至った宗教として最も有名なのは法輪功である。これは1990年代始めに生まれた気功の一種であるが，健康法というだけではなく，心身の修養を説き，また創始者李洪志への崇拝や終末論的世界観も帯びていた。人民解放軍や共産党内部にも多くの学習者を得ていたが，1999年，法輪功信者が1万人近くも北京に集結し，政治の中枢部である中南海を取り囲んで政府に抗議するという事件が起こった。事態を重くみた共産党政権は法輪功を邪教として厳しく取り締まり始めた。事件前に李洪志はアメリカに移住しており，弾圧後の法輪功はアメリカをはじめ世界各地に拠点を作り，共産党批判を行っている。この法輪功事件が2004年の宗教事務条例の制定を促す大きな要因の一つであったと思われる。

4 越境する宗教

(1) 民衆宗教

　宗教とは本来「国境」には縛られない存在である。中国においても，外から越境して入ってくる宗教はいつの時代にもあり，逆に国家の統制が強まれば，外に出ていく宗教もあった。近代以降，越境先として大きな役割を果たしてきたのが香港や台湾，東南アジアである。以下では民衆宗教とキリスト教の事例を取り上げる。

　清末から中華民国期にかけて誕生した民衆宗教のなかには，もともとかなり早い時期から香港や台湾，ベトナムなどに伝播していたものもある（武内2010）。また，康有為が提唱した孔教運動の影響のもと，香港には1920年前後に複数の尊孔団体が成立しているが，それらは香港で活動する民衆宗教の指導者とも人的つながりをもっていた。1950年代に入り，共産党政権による会道門弾圧が厳しくなると，中国本土で活動が困難になった民衆宗教は香港や台湾，そして東南アジアへと散っていく。特に香港は宗教への規制がなく，慈善団体などの団体として登記して社会的地位を確保し，自由に活動することができた。先天道や同善社，道院などは戦前からの拠点を基盤に香港に根を下ろし，対外的には自らを「道教」として定義していった。1961年の香港道教連合会成立には，先天道や同善社の関係者が深く関わっている。台湾では先天道などの民衆宗教（台湾では「斎教」と呼ばれた）は仏教の一派とみなされ，日本統治下においては肯定的に捉えられてきた経緯があるが，戦後は日本化した仏教として批判された。1987年の戒厳令解除までは宗教への統制も厳しかったが，その後は自由化され，かつては禁教だった一貫道が台湾では特に顕著な発展をみせた。香港や台湾で生き延びた民衆宗教は，タイやベトナム，マレーシアなどに展開した同じ教派の団体とも連携し，近年非公式に中国本土への回帰を試みている。

(2) キリスト教

　キリスト教にとって，香港はそもそも中国本土に最も近い安全地帯として，

中国布教への入口の役割を果たしてきた。1950年代に宣教師の国外退去が始まると、香港と、すでに国民党政権が拠点を移していた台湾が彼らの最初の脱出先となった。そこからさらに日本や東南アジアへと布教拠点を移す団体もあったが、香港や台湾を拠点に組織を立て直し、また中国本土の教会との関係を水面下で保つ努力を続ける団体もあった。文化大革命の時期は中国本土との関係はほぼ完全に断ち切られたが、その後中国国内で宗教が復興するなか、特に中国への返還が決まった香港では、中国本土の公認・非公認教会の両面で関係を再構築する動きが顕著になる。香港返還後もそうした動きは継続しており、地域によっては現地の宗教局の官僚と人的関係を構築し、教会支援や教育支援などを展開する教会系 NGO もみられた。他方で非公認教会への支援を水面下で行ったり、あるいは中国国内の民主化運動や人権問題への支援を行ったりするキリスト教系団体もある（倉田 2020）。改訂された宗教事務条例には後者の動きへの統制の意図も組み込まれている。さらに2020年に制定された香港国家安全維持法もあり、香港と中国本土の間を行き来してきた教会やクリスチャンの活動は、今後狭められてゆく可能性がある。

(3) 「宗教」と「国家」

　中国において、宗教は常に為政者にとって統制の対象であった。国家の安寧を祈ること、統治に資することが「正統」な宗教の役割であり、国家が公認する宗教の条件であった。外来宗教も為政者が定める枠組みのなかに入ることを求められ、統制の枠に収まらない宗教は外来であれ内発であれ、邪教として弾圧されてきた。今を生きる我々は往々にして中華人民共和国における宗教統制にのみ目を向け、それはこの国がマルクス主義を奉じる社会主義国となったゆえではないかと考えがちであるが、そうとも言い切れない。宗教統制はむしろ中国の伝統でもあったのだ。だからこそ、中国がどのような宗教対策を行い、また諸宗教がどのような状況にあるのかを知ることは、その時代の中国の社会情勢を読み解き、見通す一助になるのである。

参考文献

石濱裕美子　2011『清朝とチベット仏教——菩薩王となった乾隆帝』早稲田大学出版部。

鎌田茂雄　2001『新中国仏教史』大東出版社。

倉田明子　2020「香港社会とキリスト教——中国との関係性から」『東亜』636：70-77。

小島毅　2017『儒教の歴史』宗教の世界史 5，山川出版社。

佐藤千歳　2021「コロナ禍にみる中国宗教界の思惑と底力」『キリスト新聞』2021年 3
　　月21日。

澤田瑞穂　1975『宝巻の研究』増補版，国書刊行会。

武内房司　2010『越境する近代東アジアの民衆宗教』明石書店。

中国ムスリム研究会編　2012『中国のムスリムを知るための60章』明石書店。

土田健次郎　2011『儒教入門』東京大学出版会。

横手裕　2015『道教の歴史』宗教の世界史 6，山川出版社。

吉岡義豊　1974『現代中国の諸宗教』アジア仏教史中国編 3，佼成出版社。

渡辺祐子監修　2021『増補改訂版はじめての中国キリスト教史』かんよう出版。

●読書案内●

『天主実義』東洋文庫728，マテオ・リッチ，柴田篤訳注，平凡社，2004年
　　　　マテオ・リッチが，中国の儒者や仏教指導者との対話をふまえ，中国人の
　　　関心や意識に沿って天主教（カトリック）の教義を解説した書物の邦訳。中
　　　国と西洋の間での宗教思想に関する最初の対話である。

『中国伝道45年——ティモシー・リチャード回想録』東洋文庫903，
　　　　ティモシー・リチャード，蒲豊彦・倉田明子監訳，平凡社，2020年
　　　1870年から45年にわたって中国で活動した宣教師ティモシー・リチャード
　　　の回想録。キリスト教布教のかたわら，諸宗教のリーダーと交流し，清朝
　　　の高官とも関係を築いた。清末の社会状況と宗教界を垣間見ることのでき
　　　る優れた記録である。

『中国近代の秘密宗教』李世瑜，武内房司監訳，研文出版，2016年
　　　1940年代に華北で民衆宗教のフィールドワーク調査を行った李世瑜の著書
　　　の邦訳。黄天道，一貫道，皈一道，一心天道龍華聖教会，在理教の教義や
　　　儀式，活動の実態などが生き生きと描かれている。

【コラム⑫】

宗教事務条例と宗教統制

　中華人民共和国では宗教に関する独立した法律は長らく制定されてこなかった。1990年代初頭に宗教団体の登録管理や外国人の宗教活動に関する法律が制定されたが，宗教全般についての包括的な法律は2004年の「宗教事務条例」が初めてである。

　この法律制定の背景には，法輪功の反政府行動と弾圧という2000年前後の一連の事件がある。だが社会全般としてはなお宗教ブームが続いており，特にこの条例が制定された2004年は「和階（ハーモニー）社会」をスローガンにした胡錦濤政権成立からまもない時期であった。第1条に「宗教の和睦と社会の和階を維持するため」という文言が入っている点にも時代が反映されている。それでもこの法律が制定され，宗教の活動場所や財産管理などについて明文化されたことで，政府の宗教統制の意図は明らかになった。

　プロテスタント非公認教会の守望教会が，政府の公認組織への加入ではなく独自に政府登録しようと試みたのは，登録方法が法律として明確化されたからであるともいえる。だが守望教会の試みは実現不可能であることが2011年の取り締まりによって明示された。また，2008年のチベット騒乱および2009年のウイグル騒乱は，経済格差や民族問題だけでなく宗教問題ともつながっており，共産党政府に宗教統制の強化を促す要因の一つであったと思われる。

　2017年の改訂「宗教事務条例」では，第1条に「宗教関連業務の法治の水準を上げるため」という文言が加わった。宗教教育施設の管理規定が新たに盛り込まれ，また全体的に規則が細密化されたほか，「過激思想」の抑制も明言されている。その後，2019年には「宗教団体管理法」，2021年には「宗教教職人員管理法」，宗教学校での習近平思想や愛国主義教育を義務づける「宗教院校管理法」，宗教関連情報の発信を規制しネット上での布教活動を禁じる「インターネット宗教情報サービス管理法」と，宗教統制に関わる法律が次々と制定されている。習近平政権のキーワードである「中華民族の復興」や「法治」は，民族や宗教など本来多様であったものを力で統制していく動きとして現れているのである。

華僑・華人世界，台湾，香港・マカオ
からみる
中華世界

第13章

華僑・華人

チャイニーズネスの再考

奈倉京子

ミャンマーの華人墓地（2012年，タウングーにて筆者撮影）

　ミャンマーにある華人墓地は，広東，福建など，出身地域別に分かれており，同郷会が墓地の管理をし，葬儀の取り仕切りを行っている。こうした墓地は世界各地の華人コミュニティでみられる。華人墓地は，祖国やルーツを同郷の仲間とともに感じることのできる「落葉帰根」の場所でもある。永眠の地の選択に，華僑・華人とその子孫の生き方が現れる。

「華僑」や「華人」と聞いて何を想起するだろうか。「お金持ち」「ビジネスで成功した人」「中華街で肉まんを売っている人」などのイメージや，「華僑と華人はどう違うのか」「中国人留学生は華僑・華人といえるのか」などの疑問をもつかもしれない。華僑・華人は遠い国の話のように聞こえるかもしれないが，意外と私たちにとって身近な存在である。

　本章では，歴史的な「華僑・華人」の文化的適応の側面に焦点を当てながら，改革開放以降，多層化・多様化する移民も含め「チャイニーズ」へと変容する諸相を，移住先での生存戦略，文化的適応，祖国に対する認識に着目して紹介していく。その際，海外に滞在する中国系移民が中国（共産党政府）と何らかのつながりをもっており，中国共産党政府と移住先国との媒介者となっているとする研究（例えばクライブ 2020）があるが，そうした研究に敬意を払いつつ，筆者はそのような立場とは一線を画し，海外に居住する中華系の人々が，中国（共産党）に何らかのつながりをもっている，もしくは誰もが故郷中国に愛着／愛国心をもっているとは限らない，という立場をとる。エスノグラフィックな視点から，当事者がいつ，どのように，「チャイニーズネス（chineseness，中国性／華人性)」を認識したり，用いたり，隠したりするのかを考えてみたい。

1　華僑・華人からチャイニーズへ

(1)　華僑・華人の用語について

　「華僑」は，1870〜80年代に，清国が条約に基づく外交関係に入ったときに，在外居住の商民を定義する必要に迫られ，「僑居華民」という四字句を用い，二次熟語に倒置して「華僑」という用語を新造したことに始まる。それ以前は「唐人」が多く用いられていた。「僑」は一時の滞在を意味する形容詞である。19世紀から20世紀半ば過ぎまで，中国は在外の中国系人の二重国籍を認め，心情的に中国寄りにする中国回帰を促そうとしていたが，第二次世界大戦以降，独立を果たして新しい国民形成に励む東南アジア地域などの同化推進政

策との間で摩擦が生じるようになった。そのため中国は1970年代から，受け入れ国に協調して，華僑に現地市民権を取得するように呼びかけた。その頃から「華人」の用語が普及し始めたという（可児他編 2002：105-106）。「一時の滞在」の状態の「華僑」から，移住先国へ定住する「華人」へと変化したのである。

　華僑という表現は，これまで国家や民族との関連の強弱によって位置づけられてきた。すなわち華僑は，移民先においても移民元の国籍を有する場合に使われ，華人は，現地の国籍を取得し，いわゆる現地化した華僑に用いられる。基本的には，現地化の程度あるいは本国との政治的な距離を表す呼び方であるといえる。すなわち，中国からみるならば，華僑は歴史的には早期に移民したグループとしてありながらも，本国との近接性はむしろ強いといえる。一方，時代的には新しい華人という表現は，移住先国で生まれ育った第二世代を指すものであり，移住先の現地に対する帰属意識に支えられているという意味において，本国との心理的距離は遠いとみなされる（濱下 2020：172）。つまり，故郷／文化認識において，中国か移住先かの二項対立的な視点に立っていた。そしてこの状態は，しばしば「落葉帰根」（故郷中国の文化習慣を維持し，中国にアイデンティティがある）か「落地生根」（僑居国の文化習慣を吸収し，ときには同化させられて僑居国にアイデンティティをもつようになった）か，という語を用いて表現されるか，もしくは「中国性／華人性（チャイニーズネス）」をどの程度維持しているかといった基準を用いて表現されてきた（庄編 2003，曽 2004，梁 2001など）。

　中国人が移住した国・地域は，東南アジア，日本，朝鮮半島，台湾，北米，南米，アフリカへなど広域にわたる。各地域への移住時期やその背景は地域別に整理する必要がある。ここでは紙幅の都合により，中国以外に居住する華人人口の約7割が住む東南アジア（庄 2009）を中心にみていくことにする。

(2)　中国人の海外移住——国内移住の延長としての海外移住

　人の移動の背景には，政治的な変動や経済的な営み，あるいは文化的な浸透などが埋め込まれており，事象の一つの断片として人の移動が現れる（伊豫谷編 2007）。中国人の移動は，中国国内の政治動乱や経済発展地域の変動，さらに国際関係によって促されてきた。西澤治彦は，「華僑の出国は漢民族の国内

移住と同一平面上でとらえるべきである」(西澤 1996：1) と指摘しているし，瀬川昌久も「清代中期以降東南部を中心に生じた海外への大量出稼ぎ移住現象も，特定の時代の特定地域に生じた単発的な現象としてではなく，中国史全体を通じて断続的に生じてきた巨大な人口移動の枠組みの中でとらえる必要がある」と述べている（瀬川 1995：36）。

　中国人の海外移住が増加するのは16世紀である。西洋諸国が東南アジアを植民地化し，現地の労働力を開発するのに華僑を仲介商として誘致したためであった。大量流出期は清朝も混乱期に向かう19世紀以降で，とりわけアヘン戦争以降，海外へ移住した中国人は「華工」「華民」「華人」「華商」などと呼ばれるようになった（趙・張編 2015）。

　清代になると『大清律令』によって海外移住が禁止されたため，合法的な中国人の海外移住の契機は，アロー戦争の結果として1860年10月にイギリスとの間に締結された北京条約まで待たねばならない。しかし実際には，1830年頃から非合法的に中国人の移住は始まっていた。イギリスが1833年に奴隷制を廃止し，欧米諸国もそれに続いた。その結果，生産力の発展に労働力が追いつかなくなり，欧米諸国は困難に直面する。そこで継続的な労働力補充の源泉として注目されたのが中国人であった。現在の広東省と福建省は，人口過剰，土地不足にあり，生活水準を向上させるため，多くの農民が東南アジアや台湾へ出稼ぎのために移住した。東南アジアは，唐代の半ば（8〜9世紀）から盛んな海上活動の縁で彼らにとってなじみの深い土地であった。そこに労働力不足に悩む欧米諸国との利害が一致したのだった（須山他 1974：14-19）。

　こうして華南地方から東南アジアへ出稼ぎに行く中国人労働者が増えた。彼らを「苦力」，多くの苦力を送り出すことを「苦力貿易」と呼び，1850〜70年頃が最も盛んであった。苦力には，渡航の費用を自分で払う自由移民と，旅費を前借りする契約移民がいた。契約移民はシンガポールやマレーシアのペナン，米国のカルフォルニアやペルーへ送られ，劣悪な環境での労働を強いられた（須山他 1974：40-46）。

(3) 華僑・華人とは誰か

　このようにして海外へ移住した「華僑・華人」が誕生したのだが，時間が経

つにつれてこういった歴史的・伝統的な枠組みでは捉えられない移民現象が生まれた。移住先地域からみると，第一に，移民第一世代が定住し，家庭をもち，現地生まれ現地育ちの世代が誕生するようになった。第二に，海外華人がまた別の国へ再移住するという新たな移住現象が現れた。マレーシア華人がオーストラリアへ移住したり，東南アジアの華人出身のインドシナ難民が西ヨーロッパへ移住したりすることである。他方で，移民を送り出す中国側からみてみると，「中国新移民」が現れた。これは中国語で，改革開放以降に中国から海外へ出ていった人々を指す。留学や国際結婚，そしてそれまでは民間レベルで，個人あるいは家族で出稼ぎのために移住したケースが多かったのに対し，近年では政府主導，また官民協働で移住を促すプロジェクトもみられるようになった（そのようなケースの一つにアフリカへの農業移民があげられる。川島（2017）参照）。このように多様な社会階層の人々が越境するようになったのである。

　移住時期や移住方法の相違により，海外では「異世代移民カップル」が誕生している。これは，同じ民族でありながら，移住時期や帰属意識の異なる中国系移民同士のカップルのことである。移民と現地の人が異民族間で結婚するということはしばしばみられたが，同じ民族でありながら，社会化の背景が異なる者同士の婚姻は新しい現象といえる（トルエジャ 2018）。さらに，従来の「華僑・華人」というのは，漢民族を想定してきたが，少数民族の越境移動も起こり，「華僑・華人」に再考を迫るようになった。例えば，イスラーム系少数民族の回族の東南アジア，台湾への移動（木村 2016）や，北東アジアにおける朝鮮族の移動（権 2010）などがある。このように多様なルーツの移民を「華僑・華人」という歴史的概念で括ることには無理がある。濱下は，中国本土を離れ海外に居住する，あるいは海外に移住する人々の多様性・多義性を考慮し，「華僑・華人」に加えて広く「Chinese／チャイニーズ」という用語を使う必要があると述べている（濱下 2009：56-69）。

2　ネットワーク

　海外の華僑・華人が新しい環境にどのように適応し，華人コミュニティはど

のように生成したのだろうか。国家権力の後ろ盾がない華人は、ネットワークをよりどころに生きてきた。世界の華人コミュニティに共通してみられる要素に「華社三宝」（華人社会の三つの宝）がある。「会館」（「社団」とも呼ばれる）、「華語学校」、「華語新聞」を意味する。この「三宝」が新たな環境に適応するために必要なネットワークを生成していった。

本節では、ネットワークについて、生活扶助を目的とした助け合いのつながりと、商業を目的としたつながりを、「会館」の形成と変容からみていく。

(1) 生活扶助ネットワークと商業ネットワーク

中国人は歴史的に父系という系譜観念を強固に発達させてきた。そして父系親族や婚戚関係にある者同士は、たとえ遠く離れて暮らしていても、いざというときは互いに助け合うことが当然の義務と考えられている。また、親族、婚族以外にも、中国人は友人関係やちょっとした知り合いという縁故を利用することに長けている。かつての出稼ぎにおいてもそうした縁故関係が重要な役割を果たした（瀬川 1995：34）。

海外へ移住した中国人が、新しい環境に適応していくために結成した組織は、何もないところから生まれたのではなく、清朝の康熙・乾隆年間（1661～1795年）あたりからすでに中国の都市で発達していた職業別・出身地別の連携組織を、移住先の土地で再編成したものであった。それには、同業組織の「公所」、同郷からの一時滞在者の組織で、仕事を行う建物と中に住む人の両方を指す「会館」、固定的な会合場所をもたない商売あるいは職業グループを指す「幇」などがあげられる（仁井田 1951, パン編 2012：116, 120-122）。

第二次世界大戦以前の移民は通常、単身の男性で、一時滞在であった。仕事内容は小売業や貿易業、肉体労働で、活動面では居留国の制約を受け、圧倒的な数の非華人から不信の目で見られていた。相互援助と共通の利益の獲得という必要性に迫られて、彼らは中国にあった組織をモデルとして、同族や同郷の団体である会館・社団を設立した。これらの団体は、社会事業、文化活動、現地社会との交渉を行った（パン編 2012：133）。

会館は、メンバーの使用する方言を紐帯としつつ、緩やかな地縁、血縁関係からなり、寛容度の高い組織であった。新規移民のための職業の斡旋や住居の

手配といった生活支援だけでなく，華語教育，華人墓地の管理などを行った。さらに僑郷（華僑・華人の出身地）の家族が会館を通して家族の消息を尋ねることもある。このように，会館は故郷とのつながりを維持する機能も有し，決して過去の遺物ではなく，現在もその役割と機能を変化させながら存続している。

　また，19世紀の終わりから20世紀始めになると，「傘状組織」と呼ばれる新しい形の組織が現れた。例えば「中華会館」「中華商会」「中華総会」があげられる。既存のすべての組織をその傘下に連合させる支配的組織で，現地華人コミュニティをまとめるとともに，外の世界にむかっては華人コミュニティのスポークスマンとなるという二つの役割を背負っていた。こうした傘状組織は，調停あるいは交渉機関としての役割のほかに，経済福利を増進し，社会事業を行い，文化の保存を特に華語学校の創設という形で奨励した。傘状組織は通常，役員会によって運営された。役員は傘下の最も重要な組織の代表から選ばれたが，彼らはまた，チャイナタウンの政治的エリートでもあった（パン編 2012：134）。会館は同じ方言を話す人々による閉鎖的な組織ではなく，境界は曖昧で，横のつながりを広げながら，同時に縦のつながりを作り，組織を制度化させてきたのである。

(2)　ネットワークの変容

現地生まれの華人と中国新移民

　第二次世界大戦以降，1945年から70年まで，東南アジアでは，中国本土からの直接の移住はわずかであり，香港からの移住，または香港経由の移住が続いていたが，その数は非常に少なかった。そのため，華人のほとんどが現地生まれであった。当時，移住先の土地の多くは欧米の植民地だったが，第二次世界大戦以降，次々に独立を果たし，ナショナリズムが高まっていた。そうしたなか，華人の活動や機会に新しい制限が設けられた。華人組織は中国文化を奨励する姿勢をみせただけでも居留国の政府に忠実でないとみなされた。

　ところが1970年以降，大きな変化が生まれた。冷戦の終結とともに，中国が貿易や投資を通じて国際的なビジネスを展開するようになり，ビジネスや留学の目的で海外へ移住する人々が現れた。移住先では，戦後に現地で生まれた

「戦後世代」の最初の世代が成人に達していた。そして情報技術の革新により，生活の多くの面でグローバル化が進んだ。こうした現地化した若い世代の華人の誕生やグローバル化を背景に，華人組織に新たな動きがみられるようになった。まず，多くの華人組織が非華人に対しても奉仕することを願い，非華人が会員になることを認め始めた。次に，組織の国際化が急速になり，宗親会（同じ姓をもつ人々の会），同郷会などが国際的に連合するようになった。ビジネスにおいてもグローバル化が進み，台湾主導の国際的な華人ビジネス団体「国際華人商業協会」が生まれた。1991年には「世界華商大会」がシンガポールで初めて開催された。この大会は華人のビジネスマンが情報を交換したりビジネス関係を作ったりするための場となっている（パン編 2012：135-139）。

　このような変化に加え，「中国新移民」の増加も重要である。華人コミュニティは，伝統的移民システムに支えられた「華僑・華人」に，それとは一線を画する「新移民」が加わり，多層化していった。1970年以降に中国新移民を主体として創設された組織の特徴の一つに，中国政府がこの新しい組織を援用する側面がある。中国では，江沢民政権時代の1998年1月から「公共外交」（パブリックディプロマシー，文化外交）の取り組みが強調され始めた。胡錦濤が2007年の中国共産党第17回全国代表大会で国家の「文化ソフトパワー」（中国語で「文化軟実力」）を向上させること，全民族の文化的創造力を掻き立て，中華文化を繁栄させることが必要であることなどを述べた報告書を提出した（中川 2012：72-74，胡 2007）。続いて，『国家僑務工作発展綱要（2011～2015年）』において，「僑務公共外交」という「公共外交」と「僑務政策」の接点を表す新たな概念が提示された。「僑務政策」とは，海外に居住する華人，帰国華僑，中国に居住する華人の家族・親戚などに関わる政策のことで，一部の政策は香港・マカオに居住する人々や，彼らを親戚にもち，中国に居住する人々にも適用される。国務院僑務弁公室，全国人民代表大会華僑委員会，全国政治協商会議港澳台僑委員会，中国致公党，中華全国帰国華僑聯合会は「五僑」と呼ばれ，僑務政策を担っている（毛・林 1993）。僑務公共外交は，華僑・華人を媒介として彼／彼女らの居住国政府や国民に対して中国を知ってもらい，中国のよい国家イメージを作り出し，中国のソフトパワーを高めることを目的とした公共外交の一部を意味する（潮 2013）。

新移民が主導して創設された組織（「新型華人社団」と呼ばれることがある）
は，僑務公共外交と連携する側面がみられる。新移民は，中国で生まれ育ち，
海外の大学に留学し，学業を終えた後も現地に定住している人々であり，かつ
ての華僑・華人が現地の地域社会に溶け込もうと努力してきたのに対し，新移
民は中国の政界や財界との結びつきを重視している（廖 2012：28）ためである
と考えられる。

　以下では，1970年以降の華人組織の変化を示す事例を二つ紹介したい。一つ
は，シンガポール華人組織の民族・国家・地域を越えた会館の活動（曽 2018）
で，もう一つは，日本で創設された日本中華総商会（廖 2012）である。

シンガポールの同郷会・宗親会の変化

　シンガポールでは1987年に全国の学校で言語を統一するようになり，英語を
第一言語とし，母語を第二言語とする二言語教育となった。それ以来，華語学
校は消滅の危機に瀕し，多くの会館や宗親会は会員の子女に奨学金を出した
り，中華文化と結びつけた賞を設けたりといった方法で，国の教育制度の外で
華語を継承する努力をしてきた（華語については第3節(1)を参照）。

　シンガポール最大の福建の宗郷組織（宗親会と同郷会が合わさってできた組
織）である福建会館は，1984年から「福建会館附属小学校華文作文大会」を開
催してきた。2003年には「福建会館文学賞」を創設し，2004年からは「全国小
学生華語故事大会」を開催した。

　また，福州会館は1995年よりシンガポール華文教師総会と連合で「全国小学
校現場華文創作大会」を主催してきた。2000年には「非華族生組」を設け，華
語学習に興味のある非華人学生の大会参加を促した。2007年からは国境を越え
て，マレーシア，中国・福建でも大会を行った。2017年には，シンガポール福
州会館とマレーシア福州会館との連合総会，ブルネイ福州十邑同郷会が共同で
第23回「シンガポール・マレーシア現場華文創作エリート大会」を開催した。

　さらに，この十数年，方言文化を復活させるために，「福建文化節」「潮州文
化節」「広東文化節」「海南文化節」などの方言文化節（出身地の文化伝統を楽
しむ会）を，福建会館，潮州八邑会館，広東会館，海南会館などが運営してい
る。2006年，福建会館は26の福建の会館と共同で文化節を開催した。これらの

文化節は，非華人も含めたシンガポール各界の人々に華人方言文化を知ってほしいと願って開催している。

　このように，国内で異なる同郷会，宗親会の横のつながりが構築され，さらに国境を越えて華語文化を継承，普及させるためのプラットフォーム作りを行っている。文化を広める対象には非華人も含まれるようになった。

日本中華総商会

　日中の経済格差が縮小し，経済関係が緊密になったことを背景に，1999年9月に日本中華総商会が成立した。会員の大多数が改革開放以降に来日した留学経験者で，高学歴高学位を有する者である。昔からの華僑のメンバーが少なく，多くの日本企業が総商会へ加入するようになったことが特徴である。同年9月9日に東京のホテルで創設会議が開催され，140の企業が創設会員となったほか，12の日本（資本）企業が協賛会員となった。目的は，①華人同士の交流を促進するために交流のプラットフォームを創造すること，②情報とビジネス機会を提供し，会員企業が日本で事業を発展させるようにすること，③祖国と交流・協力するとともに，世界の華人との交流を促進すること，④日本経済界をよく知り，日本社会に融合すること，である。2011年に法人化（日本一般社団法人）されてからは，在日華僑・華人および中国企業の相互協力を推進することのほか，世界各国の華人組織との連携を強めることを重視しており，華人団体というだけでなく，民間の経済団体として活動している。普段の活動は，ゴルフ大会，中国訪問，海外の中華総商会の訪問，新年会や講演会の開催などであるが，会員の商業権益に関わる案件が生じた場合，総商会は直接出向いて日本の関連機関と交渉する。

　2007年9月15〜17日，神戸で第9回世界華商大会を主催した。そのとき，中国の各関連政府部門・団体を訪問し，華商大会の申請活動の基礎を作るとともに，兵庫県や神戸市の理解を得ることや日本の政界と企業にも協力を求めることに尽力した。

　このように，華商を主体とする民間の経済団体とはいえ，政府の後ろ盾が必要であり，老華僑が国家と別の次元で経済活動を展開していた時代とは異なる。国家を基盤としない非制度的ネットワークから，国家と連携する制度的

ネットワークへと変化しているといえる。

3　文化の継承・変容

　本節では，華語教育を体系的に維持してきたマレーシアの事例を記述し，華語教育を受けてきたマレーシア華人の若者の中国認識，自己認識を検討する。さらに，言語を通してみた華人文化の変容についてみていく。

(1)　文化の継承

華語教育の継承

　華人の教育には大きく二つの選択肢がある。一つは，主流社会の教育システムのなかで上昇する方法で，現地の子どもたちが通う学校へ子どもを通わせ，現地の教授言語で教育を受けさせて社会上昇を目指す方法である。もう一つは，主流社会から距離を取り続け，子どもに華語教育を受けさせる方法で，非主流社会もしくは海外の華語コミュニティでの社会的地位の上昇を実現していくという選択である。前者について，例えば，イギリス，フランス，オランダで生まれ育った中国系第二世代は，学校教育を手段として主流社会のホワイトカラー層に進出し社会的上昇を遂げてきた。普段は現地語を教授言語とする公立学校へ通い，週末に華人社団が経営する補習校で華語の勉強をする傾向にあった（山本 2014）。本節では，後者のケースに焦点を当て，マレーシアの華語教育について紹介する。

　「華語」とは，中国の外で用いられている中国語の総称である。現在，「華語」といえば，華人間の共通語である「普通話」とほぼ同じマンダリンを指すが，以前は，各出身地域の方言（福建語，広東語，潮州語など）が華語として教えられていた。「華語教育」は，華僑・華人が移住先で後世に言語文化と民族集団を継承していくために行ってきた，華人を対象とする教育のことである。

　華語教育は多くの国で行われてきたが，移住先国の政治情勢により中断させられたケースが多い。そのなかでマレーシアでは，華語教育が最も体系化され，マレーシア政府の同化政策と教育制度の圧力に屈することなく維持されてきた。華語学校の多くが，生徒の親からの授業料や，華人社会からの寄付，特

定基金募集などによって運営されてきたが，学校によっては授業料を徴収せ
ず，その学校社会を支える基幹会社（ゴム会社や鉱山会社など）から税金として
徴収された収入で運営される場合もあった。貧しい家庭出身の生徒には授業料
の免除や減額も行われていた（杉本 2005：120）。

　1957年，マレーシアがイギリスから独立するに当たり，国民教育をどのよう
に規定するかという構想の段階で，華語教育は政治に翻弄されることになっ
た。「1961年教育法」で，初等教育では言語別の4系統からなる政府補助制学
校を引き続き認めるものの，中等教育についてはマレー語学校と英語学校しか
認めないとされた。華人中等学校が引き続き政府から補助を受けるためには，
国民中等学校（教授用語はマレー語）もしくは国民型中等学校（教授用語は英
語）に転換しなければならず，華語を教授用語としたまま学校を存続させる場
合には，私立学校に転換せざるをえなくなった。これを受けて，1962年「華文
独立中学」（通称「独中」。中高一貫制）が設立されることになった（杉村 2000：
49-52）。1992年の調査によれば，60校のうち54校は華人の同郷会や社団が設立
主体となっていた（杉本 2005：142）。その後，1967年の「国語法」により，マ
レー語の正当化（マレー語＝国語＝公用語）が確定し，華語はあくまで「国民
型」学校で用いられる傍流の言語とみなされた。1971年憲法改正により，「ブ
ミプトラ」（マレー語を話し，イスラーム教を信仰し，マレーの慣習に従う者）に
特権を与える政策が採用されると，大学入学に民族別差別が生まれた。

教育制度がもたらした民族内部の分化——「国中系統」と「独中系統」

　マレーシア華人の立場から教育の選択を考えると，初等教育では華語を教授
言語とする学校へ通えるが，中等教育からは国民学校（マレー語が教授用語）
と国民型学校（英語が教授用語），華文独立中学から進路先を選択しなくてはな
らない。また高校卒業後は，マレーシア政府管轄の大学に進学するか，華人が
経営する私立大学に進学するか，あるいは海外の大学へ留学するかの選択をし
なければならない。1990年代に入ると，マレーシア政府と中国政府の関係改善
と中国経済の発展により，華語教育の状況が好転し始める。華人が経営する私
立大学の南方大学学院（1990年に南方学院が創立，2012年に南方大学学院となる），
新紀元学院（1998年），韓江学院（1999年）が開校し，マレーシア華人は，華語

だけで小学校から大学まで学べる道が開かれたのである。

　筆者の調査によると，マレーシア華人のある男性（1976年にペナンで生まれた華人4世）は，ケダ州にある華語を教授言語とする小学校（国民型小学校）に通い，中学と高校はペナンにある「国民中等学校」で学んだ。彼が華語を教授言語とする学校で学んだのは小学校のみで，中学・高校はマレー語を教授言語とする学校で学んできた。その後，マラヤ大学の中文学部に進学し，中国福建省にある厦門大学大学院へ進んだ。

　彼のように国民学校ないし国民型学校で学んだ人を，華人の若者の間で，「国中系統」（国民・国民型システム）の人，独立中学で学んだ人を「独中系統」（独立中学型システム）の人と呼んでいる。「国中系統」の華人の方が，マレー人やインド人と接する機会が多く，他の民族に対して寛容であると彼は話していた。このようなマレーシア華人の若者世代の事例から，国の教育制度がエスニックグループ内に境界を生じさせていることが見て取れる。最近では，幼少期から英語教育を重視する華人家庭もあることから，今後，教育による文化的分化が華人内部でさらに進むものと予想される（奈倉 2017）。

華人の若者の中国留学──華語と普通話の世界の乖離

　独立中学を卒業した華人の多くが，台湾やシンガポールの大学へ留学するのが主流となってきた。とりわけ，独立中学の教師には台湾留学組が多いので，学生にも台湾留学を勧める傾向があり，台湾留学を希望する華人の子どもが最も多く，依然としてこの状況は続いている。ところが，1990年代後半から中国へ留学する華人の若者が現れ，2000年以降増加傾向にある。現地の関係者に対する聞き取りによると，1970年代には台湾から，1980〜90年代は香港とシンガポールから文化的影響を受けていたが，2000年頃から中国の影響を受けるようになったという。また，1990年代に入り，マレー語を教授言語とする国民小・中学校でも華語学習を希望する父母や生徒が増えたということだった。一方で，新紀元大学と南方大学学院が中国の大学と協定を結ぶなど交流を深め，留学や訪問の機会を広げたことも，華人が中国へ留学しやすくなった理由の一つとしてあげられる。加えて，75年から実施されている「華文独立中学統一考試（UEC）」という独自の統一試験の成績を中国の大学が認め始め，中国の大学へ

直接進学できる機会が増えたこと，台湾留学に比べると地方政府や大学，企業などからの奨学金が得やすいこと，マレーシアで学位が認められること，学費が無料で，入学時期を自分で選べることなど，好条件の大学もあるという。

こうした背景には，改革開放以降，海外華人と故郷中国との関係が復活し，投資が増加したが，海外華人が若年化するなかで，中国への関心が希薄になり，単に中国が故郷・祖国だからという理由だけで彼らを惹きつけることが難しくなってきたことがある。故郷・祖国といった感情に訴えるものの代わりに中国語をはじめ「ソフトパワー」としての中国文化の力を利用して，海外の華人新世代および非華人に中国の魅力をアピールする必要があったと考えられる。

中国留学は，華人の「華語世界」，すなわち海外華人が家庭や華語学校などで学び，華人コミュニティで使用されてきた中国語をコミュニケーションツールとすることで構築された人間関係のサークルと，「普通話（標準中国語）世界」とが出会う局面である。しかし，留学経験は，一方向的に「普通話世界」へ飛び込むこととは限らない。マレーシアの華人家庭では，中国の方言を話し，年中行事や祖先崇拝といった中国の伝統的習慣を継承している人がほとんどであった。だが，筆者が聞き取りを行った人々は，留学期間中，友人のほとんどは同じマレーシア華人か，香港，マカオ，台湾のクラスメートだったと答えた人が多く，中国人の友人はあまりできないと話していた。最も印象的だったのは，これまで使用してきた華語への影響を尋ねたときの次の回答である。

「自分たち特有の中国語に誇りをもっているので中国人の話す普通話を真似たくないし，変えたくない。相手が聞き取れない場合に彼らの話す普通話で言い直すことはある。でも言語スタイルは変えたくない。中国人と話すときはきちんとした中国語を使い，マレーシア華人と話すときはマレーシア式の華語に変えている」

このように答えた人が複数いたことに驚かされた。中国人や中国の文化習慣に接触したとき境界が浮き出され，，華人の若者たちが独自の人間関係のサークルや文化習慣を自覚し，バナキュラーな華語を継承する方へ向かっていることを物語っている（奈倉編 2018）。

(2) 文化の変容

華人の名づけ

　親は，我が子に名づけをするとき，どのような人になってほしいか，その願いを込めた言葉を選ぶ。華人の名づけから，文化の継承と変容の両側面をみることができる。

　例えば，筆者の友人の何啓才さんは，普段は中国名を使用するが，パスポート名は Ho Kee Chye である。これは父親の出身地，海南の方言の発音をローマ字表記したものだという。このようにマレーシア華人の名前は，父母のどちらかが使用している方言の発音通りにローマ字表記することが一般的であるという。林国元は Lim Kok Yan（潮州語の音），張振揚は Teow Jenn Yang（閩南語の音）といった具合である。こうして子どもに中国におけるルーツを継承させているのである。

　また，宗教に由来する名前や，漢字表記をもたない名前，英語名と中国語名をローマ字とピンインで表記する名前（例えば，Meagan Theresa Tan Chin San）がある。当事者に名前の由来を尋ねても，中国名の名前の由来についてはよく分からず，ほとんど使用することなく生活している人も多い。

「華語語系」

　華人の若い世代は，常に中国と結びつけられることに疑念を抱き始めている。その疑念が具現化したのが「華語語系」という概念の誕生である。「語系」は「言語の系統」という意味なので，「華語語系」は「華語の系統」という意味になるが，それに留まらず「華語を話す人々」という意味も含んでいる。この言葉は，史書美（Shih Shu-Mei. 韓国生まれ。台湾の大学を卒業後，アメリカで修士博士課程を修了。UCLA で教鞭を執る）により，2004年に Siniphone の中国語訳として用いられた。華語語系とは，「漢語」は単一の言語ではないとする立場から，「中国の外および中国と中国性の周縁に位置する文化生産の場のネットワークであり，数世紀にわたる中国大陸の文化の異物化と現地化の歴史的過程を指す」（史 2013：17）ものである。

　「華語」は必ずしも「普通話」（標準中国語）を基礎としていないと，史は主

張する。例えば，東南アジア華人の大部分は，普通話ではなく，福建語や客家語，海南語，潮州語などを話し，韓国に移住した山東人は，山東語と韓国語が入り混じった言語を使用している。または台湾では，政府が漢語教育を推進しているにもかかわらず，標準中国語が使用されるのは書き言葉のみで，第二世代と第三世代も先代の特徴的な言語を話し言葉として継承している。これらの言語はみな混淆化しており，同時に祖国中国の言語とは関係を絶っている（史2013：55-56）。「中国と起源を同じくする華語を使用することで現代の中国と結びつける必要は決してない。英語を話す人が必ずしも英国と結びつけられる必要がないのと同じである」と史は指摘する（史2013：9）。

華語語系は「チャイニーズネス」の批判的検討でもある。中国からのディアスポラとして華人を捉えること，いいかえれば，中国との距離で「中国性／華人性」の程度をはかることに異議を唱え，「現地化の歴史的過程」を重視しているのである。

4　文化の受容・創造

最後に，華人と移住先の地元の人々との相互行為について記述する。華僑・華人が積極的に地元の人々と親交を深め，現地に新たな地域文化をもたらした事例を紹介したい。

(1)　華語／中国語学校に通う移住先の子どもたち

華人の後世のために華語教育を継承してきた華語学校や華語教室に，非華人の現地の子どもたちが中国語学習や英語・中国語・現地語の三言語教育に惹きつけられて通うようになっている。

日本には，中国大陸系の横浜山手中華学校，神戸中華同文学校と，台湾系の東京中華学校，横浜中華学院，大阪中華学校の五つの中華学校（日本では「華語学校」よりも「中華学校」を多く使用する）がある。5校の学生数および国籍・背景を調査した陳天璽によると，生徒の属性を明確に分けることが難しくなっているという。両親とも華人で日本国籍を有する子ども，国際結婚により両親の一方が台湾籍か中国籍，もう一方が日本国籍の子どもなど，様々な背景をも

つ子どもが増えたからである。さらに，日本人（両親とも国籍が日本で，血縁も日本にある）の子どもも増加している。私立学校に通わせる感覚で中華学校を選択する親が増えたためである。また教員は，かつて卒業生が多かったが，現在では教員免許をもつ日本人や英語を母語とする教員も採用されている（陳2011）。

　また，1989年以降，中国からの移住が増加しているハンガリーでは，これまでの伝統的な華語学校が現地の子どもに開かれるという形式ではなく，中国語とハンガリー語を教授用語とする新たな形の「中国語学校」が，ハンガリー政府主導で公立学校として創設された。1989年の天安門事件以降，中国経済は混乱した。同時期に，東ヨーロッパでは社会主義体制が崩壊し，ハンガリーでも自由貿易が行われるようになり，中国製品が求められた。こうして両者のタイミングが合い，1990年代始め，ハンガリーは中国からの輸入品を東ヨーロッパへ供給する拠点となり，卸売業者がブダペストへ集まった。そこには中国の東北地方や浙江，福建からの移住者が集まった。2012年にハンガリー政府が国際移民制度を導入したことも，中国人移民の増加を後押しした。こうした中国人の移住増加を背景に，ハンガリーの公立学校では，ハンガリー語と中国語のバイリンガル教育が導入され，中国のカリキュラムでも学べるようになった。このような学校は世界でも稀である。これには，中国人投資家を呼び寄せたいというハンガリー政府の意向が反映している。ハンガリーの人々も注目を寄せていて，子どもを通わせたいという親が多くいる。さらに，かつて会館・社団が運営していた華語の塾は，中国人新移民の間では形を変え「学習塾」として開校されている（山本 2018）。

(2)　地域文化の創造

　華僑・華人には，彼らが主流社会の文化に適応していくだけでなく，主流社会が華僑・華人の文化を学び，生活に取り入れることや，地域の文化として創造させていくという側面もあった。その好例に，長崎華僑がある（日本では当事者が「華人」の呼び名を好まず「華僑」を好むことから，ここでは「華僑」を用いる）。まず，「長崎ちゃんぽん」があげられる。これは，華僑が故郷福建の郷土料理をもとに，地元で手に入りやすい食材を用いて作り出した，長崎で生ま

れた中華料理である。「ちゃんぽん」と呼ばれるようになったのは，次のような経緯からである。華僑たちが挨拶に使う慣用語「吃飯了嗎？」（ご飯を食べましたか？）の「吃飯」（ご飯を食べる）は，福建語で「シャポン」または「セッポン」という発音になる。この発音が長崎人の耳には「ちゃんぽん」と聞こえ，それが料理名になったという（陳 2020）。

　また長崎では，華僑と地元の日本人との協力により，日本と中華が融合した祭祀行事が生み出されて新たな地域ブランドとなり，世界に類例のない固有の特徴をもっている。1984年に華僑と日本人によって新地中華街商店街振興組合が設立され，観光振興と地域発展を目的に中華街を形成してきた。そこをプラットフォームとして祭祀行事を開発，発展させた。その代表が「ランタンフェスティバル」である。商店街，町内会，学校など，様々な地元住民の団体が参加し華僑と地元住民が親睦を深めることのできる年中行事になった。そこで行われる様々なイベント——龍踊り，媽祖行列，皇帝パレード，獅子舞，中国雑技，京劇，中国音楽の演奏など——は，中国的情緒が濃厚に漂っているにもかかわらず，中国文化そのものではなく，華僑と地域の日本人が中国文化を選別し独自の解釈を加えて創り出した中国風文化である（王 2020：261-270）。

　中国，とりわけ長崎華僑の出身地の福建では，血縁（父系親族）を重視する傾向があり，福建出身の華僑は海外へ移住してからも広い意味での血縁に頼って生存してきた。これに対し長崎華僑は，1990年代以降，「地縁」を拡大することによって社会的な立ち位置を見出してきたといえる。受け入れ側が「ホスト」として移民にサービスを提供するという一方向的な動きのみならず，移民もまちづくりに能動的に参加し，共存共栄の関係を築いている。「多文化共生」とは，構成員が同等に参加し，双方に利益が得られてこそ実現することを，長崎の事例から学ぶことができる。

　「華」は伝統的な中国文化ないし中国への故郷認識を象徴し，「僑」はもともと「一時滞在」を意味していた。しかし，時代を経るにつれて，「華」を内包しながらもそれを中核とすることを常態とするのではなく，文化，民族，場所，アイデンティティがそれぞれ乖離していく現象が進行し，そのような動向のなかで，「僑」は「一時滞在」から海外在住の中国にルーツをもつ人々の緩

い紐帯へと変化している。同時に，移住先社会への融合や多元的な移動の過程
は，新たな集団や文化を創造させている。

　このような乖離・創造現象を，統一的な華人像から捉えるには無理がある。
「僑」は，「ルーツ」（クリフォード 2002）から考察できる。ジェームス・クリ
フォードは，「ルーツ」には，roots（起源）と routes（経路）があると提唱し，
ローカルな文化や伝統とみなされてきたものは，じつは人の転地により構築さ
れてきたと述べた（クリフォード 2002：12）。加えて，ディアスポラの故郷との
結びつきについて次のように指摘している。

> 「脱中心化された横軸方向への結びつきは，起源／帰郷の目的論をめぐって形成
> された（縦軸方向への）結びつきと同程度に重要かもしれない」（クリフォード
> 2002：283）。

　本章で言及した会館の事例は，横軸方向への結びつき，およびその拡大を表
し，華語語系の形成や地域文化の創造は，ローカルな文化や伝統とみなされて
きたものが，じつは人々の転地により構築されてきた事例とみることができる。
　華僑・華人は，「転地のなかに住まうこと」（クリフォード 2002：288）を実践
し続ける過程で，その集団の性質を変化させてきた。祖国中国との結びつきが
希薄化する面と，逆に強化される面があり，今後，客観的にも主観的にもどの
ように変容するのか，動向を注視し続けなければならない。

参考文献

伊豫谷登士翁編　2007『移動から場所を問う──現代移民研究の課題』有信堂。

王維　2020「華僑文化を活用した地域ブランドの創造──長崎と函館の事例を中心に」
　　　王維編『日本華僑社会の歴史と文化──地域の視点から』明石書店，259-288頁。

可児弘明・斯波義信・游仲勲編　2002『華僑・華人事典』弘文堂。

川島真　2017『中国のフロンティア──揺れ動く境界から考える』岩波書店。

木村自　2016『雲南ムスリム・ディアスポラの民族誌』風響社。

クライブ，ハミルトン　2020『目に見えぬ侵略──中国のオーストラリア支配計画』奥
　　　山真司訳，山岡鉄秀監訳，飛鳥新社。

クリフォード，ジェームス　2002『ルーツ──20世紀後期の旅と翻訳』月曜社。

権香淑　2010『移動する朝鮮族——エスニック・マイノリティの自己統治』彩流社。

須山卓・日比野丈夫・蔵居良造　1974『華僑』改訂版，日本放送出版協会。

杉村美紀　2000『マレーシアの教育政策とマイノリティ——国民統合のなかの華人学校』東京大学出版会。

杉本均　2005『マレーシアにおける国際教育関係——教育へのグローバル・インパクト』東信堂。

瀬川昌久　1995「人の移動と地域開発——巨大社会の脈動」曽士才・西澤治彦・瀬川昌久編『アジア読本中国』弘文堂，32-38頁。

陳天璽　2011「特集　華人とは誰か——教育とアイデンティティ　序」『華僑華人研究』8：43-54。

陳優継　2020「長崎華僑の食文化と伝統の継承」曽士才・王維編『日本華僑社会の歴史と文化——地域の視点から』明石書店，236-258頁。

トルエジャ，イレネ・マスデウ　2018「中国—スペイン間を移動する華人子孫」奈倉京子編『中国系新移民の新たな移動と経験——世代差が照射する中国と移民ネットワークの関わり』明石書店，158-188頁。

中川涼司　2012「中国のソフト・パワーとパブリック・ディプロマシー—— Wang, Jian ed. Soft Power in China: Public Diplomacy through Communication の検討を中心に」『立命館国際地域研究』35：71-93。

奈倉京子　2017「マレーシア華人のアイデンティティの変遷——あるマレーシア華人の家族史から」『国際関係・比較文化研究』15（2）：75-89。

奈倉京子編　2018『中国系新移民の新たな移動と経験——世代差が照射する中国と移民ネットワークの関わり』明石書店。

仁井田陞　1951『中國の社會とギルド』岩波書店。

西澤治彦　1996「村を出る人・残る人，村に戻る人・戻らぬ人——漢族の移動に関する諸問題」可児弘明編『僑郷　華南——華僑・華人研究の現在』行路社，1-37頁。

濱下武志　2009「Chinese の国際移動と国際秩序—歴史，現在，未来」『アジア研究』55（2）：56-69。

濱下武志　2020「華僑華人のネットワーク——社会ネットワークから地域ネットワークへ」奈倉京子編『中華世界を読む』東方書店，167-184頁。

パン・リン編　2012『世界華人エンサイクロペディア』游仲勲監訳，田口佐紀子・山本民雄・佐藤嘉江子訳，明石書店。

山本須美子　2014『EU における中国系移民の教育エスノグラフィ』東信堂。

山本須美子　2018「ハンガリーにおける中国系補習校の果たす役割」『白山人類学研究』21：157-174。

趙紅英・張春旺編　2015『華僑史概要』中国華僑出版社。

潮龍起　2013「僑務公共外交——内涵界定与特点辨析」『東南亜研究』3（2013）：65-69。

胡錦濤　2007「胡錦濤中国共産党第17次全国代表大会上的報告」http://cpc.people.com.cn/GB/64093/67507/6429849.html（最終閲覧日2021年2月15日）。

梁英明　2001『戦後東南亜華人社会変化研究』昆倉出版社。

廖赤陽　2012「日本中華総商会——以『新華僑』為主体的跨国華人経済社団」『華僑華人歴史研究』4（2012）：19-30。

毛起雄・林暁東　1993『中国僑務政策概述』中国華僑出版社。

史書美　2013『視覚与認同——跨太平洋華語語系表述・呈現』聯経出版（Shih, Shu-Mei 2007. *Visuality and Identity: Sinophone Articulations Across the Pacifi*）。

曽玲　2018「宗郷社団的推動与新世紀以来的新加坡華人文化」『華僑華人歴史研究』3（2018）：39-47。

曽少聡　2004『漂泊与根植——当代東南亜華人族群関係研究』中国社会科学出版社。

庄国土　2009「東南亜華僑華人数量的新估計」『厦門大学学報』3（2009）：62-69。

庄国土編　2003『二戦以後東南亜華族社会地位的変化』厦門大学出版社。

●読書案内●

『中華世界を読む』奈倉京子編，東方書店，2020年
　　　　改革開放以降の華僑・華人の社会的ネットワークの変容，少数民族の移動，一帯一路政策と海外華人との関わりなどについて論じた論集。日本と中華世界との関わりやイスラームネットワークとの比較を論じた補論も収録。

『中国系新移民の新たな移動と経験——世代差が照射する中国と移民ネットワークの関わり』奈倉京子編，明石書店，2018年
　　　　伝統的な移民システムに支えられた移住ではなく，改革開放以降中国から出ていく「新移民」や移住先国で生まれ育った華人新世代の若者の文化，故郷，自己認識について論じた論集。

『生寡婦（グラスウィドウ）——広東からカナダへ，家族の絆を求めて』
　　　　ウーン・ユエンフォン（温婉芳），池田年穂訳，吉原和男監修，風響社，2003年
　　　　中国系カナダ人の筆者が，開平と台山で行ったフィールドワークに基づき，僑郷と移住先に跨る家族のストーリーを，中国農村に残された妻の視点から小説体で書いたエスノグラフィー。

僑　郷
華僑のふるさと

　僑郷とは，華僑を大量に送り出した移民母村のことである。その代表は，現在の広東，香港，福建，海南，上海，浙江，広西などの地域で，なかでも広東省西南部にある台山と開平は，アメリカやカナダへの移住者を多く送り出し，今もなお親族間の往来が続いている。

　台山や開平を訪れると，目の前に独特な景観が広がる。街の至るところに「騎楼」がある。1階が店舗，2階以上が住居になっており，2階から上が歩道の上に突き出てアーケード状になっている建物で，通りに面する部分は雨を避けて歩くことができる廊下になっている。さらに村落へ足を運ぶと，「碉楼」に魅了される。もとは盗賊から財産を守るために，また頻繁に起こる洪水被害を予防するために建てられた質素な建物だったが，清朝末期から中華民国時代にかけて海外で成功した華僑によって豪華な碉楼が次々と建てられた。4～5階建てが主流で，西洋と中国の両方の様式が入り混ざった城のようである。

　このような独特な建築のほかにも，街や村には，華僑の寄付によって建てられた学校，病院，公衆トイレ，あずまやなどがあり，それらには寄付をした人の名前が刻まれている。

　僑郷に住む家族の多くは，夫が単身で海外に滞在していた。残された妻は夫の代わりに舅，姑，子どもを守ることが義務づけられていた。夫が帰ってくるのを待ちわびる妻は，日常の会話では「生寡婦」と呼ばれていた。海外に移住した男性のなかには，現地の妻を娶り家庭をもつ者が多くおり，「両頭家」（中国と移住地の両方に家庭があること）を形成した。僑郷では普遍的にみられる現象であった。

　1980年代以降，僑郷では華僑の寄付により族譜が編纂されるなど，海外と故郷の宗族の紐帯が強められた。春節や清明節には華僑が帰郷し，村人に豪華な食事をふるまう光景を目にする。

第14章

台　湾

中華世界の周縁に根づいた民主主義

松本充豊

台湾・基隆の街頭を走る選挙カー（2018年，Tupungato 撮影。stock.foto 提供）

　台湾には民主主義が根づいた社会がある。それが中華世界の周縁にあっ
て，台湾を最も際立たせている点といえる。「中華世界で初めての民主主
義」と評された民主主義も今では台湾にすっかり定着し，「台湾の民主主
義」と呼ぶにふさわしいものとなった。本章では，台湾に民主主義の理念
や実践がなぜ，どのように広がり，根ざしていったのか，そして台湾の民
主主義にはどのような特徴があるのかを紹介する。

1　中華世界の周縁

(1)　繰り返された外来勢力による支配

　台湾（台湾島）は東シナ海と南シナ海を結ぶシーレーンの要所に位置している。日本の九州より少し小さいくらいの島に，2300万人あまりの人が暮らしている。台湾海峡を挟んだ対岸には中国大陸が広がっていて，中華人民共和国の福建省は台湾の目と鼻の先にある。

　16世紀初頭，アジアの海にやってきたポルトガル人が台湾を「発見」したとされる。台湾の美称「フォルモサ（美麗島）」はポルトガル語のIlha Formosa（イーラ・フォルモサ）に由来する。それ以前，世界史でいえば大航海時代，中国史では明朝末期，さらに日本史ならば江戸時代始め頃まで，台湾はオーストロネシア語族（南島語族）の先住民の諸族が暮らす島だった。その後，様々な外来勢力が相次いで台湾を統治してきた。中国の王朝の興亡に伴う戦乱にも巻き込まれた。17世紀前半のオランダ（オランダ東インド会社）に始まり，鄭氏政権による統治を経て，17世紀末には清朝の版図に収まった（何 2014：18-22）。こうして台湾は中華世界に組み込まれ，その周縁に位置づけられたのである。

　清朝による統治は約200年続いたが，19世紀末に台湾は日本（大日本帝国）の植民地となった。それから約半世紀にわたり中華世界から切り離され，日本の植民地支配のもとで近代化を経験した。1945年，第二次世界大戦で日本が敗北すると，台湾は植民地支配から解放され，日本に勝利した当時の中国すなわち中華民国の領土となった。中華民国とは日本が台湾を統治する間に中国大陸で生まれた国家（1912年成立）であり，この国にとって台湾は日本から取り戻すべき領土だった。20世紀前半の中国には国民国家の建設を目指した歴史があり，その過程でナショナリズムが形成されてきたが，日本の植民地だった台湾はそうした歴史的経験を共有していない。

　台湾が中華世界に復帰したのもつかの間，中華民国の政権を握っていた中国国民党（国民党）と中国共産党（共産党）による内戦（国共内戦）が勃発し，その結果，台湾は再び中国大陸と切り離されてしまう。1949年，勝利した共産党

が中国大陸で中華人民共和国を建国すると，中華民国政府が統治するのは事実上，国民党政権が撤退した台湾とその周辺の島々のみとなった。その直後，1950年に朝鮮戦争が起こり，台湾と中国大陸との分断は東西冷戦によって固定化された。この分断は冷戦が終結して30年以上が経過した今も続いている。

(2) 「多重族群社会」の形成

　統治者が入れ替わるたびに，台湾には移民が押し寄せた。先住民の諸族が暮らしていた台湾の社会は漢族中心の社会へと変貌を遂げ，中華世界の伝統的信仰や文化的慣習が台湾社会に根づいていった（第12章）。台湾への漢族の移住はオランダ統治時代に始まるが，清朝統治時代に対岸の中国大陸の福建地方や広東地方から入植が進んだ。平地に住む先住民族は土地を失って漢族との同化が進み，山岳地帯や離島へと追いやられた先住民族は少数民族となっていった。同じ漢族系移民であっても，福建南部出身の「閩南人（福佬人）」と広東北部出身の「客家人」の間には，土地の開墾や水源をめぐって激しく争った歴史がある（若林 2021：30-33）。

　日本統治時代には多くの日本人が入植した。戦後は，40万人前後いた日本人と入れ替わる形で，当時600万人ほどの人口だった台湾に，1949年前後に集中して中国大陸から漢族を中心に約150万人もの大量の移民が流入した（何 2014：26）。戦後中国大陸から台湾に渡ってきた人々とその子孫は「外省人」，戦前から台湾に住む漢族系移民（閩南人と客家人）とその子孫は「本省人」と呼ばれる。外省人は漢族系住民のなかでは少数派だが，戦後長らく統治集団として台湾社会を支配してきた。戦後直後の二・二八事件（1947年）をきっかけに，本省人との間に「省籍矛盾」といわれる深い社会的亀裂が生まれた（何 2003）。省籍矛盾は民主化とともに緩和され，民主化以降に生まれた世代ではそうした意識も希薄になっている。

　こうした歴史的な背景から，台湾には多様なエスニックグループが暮らす社会が形成された。エスニックな境界が重層的に存在することから，それは「多重族群社会」と特徴づけられている（若林 2021：28-29）。「族群」とは台湾でエスニシティやエスニックグループを指す言葉である。最近では，東南アジアや中国大陸からの婚姻や就労を目的とした移住者も少なくない。

⑶ 台湾をとりまく国際環境

　現在，台湾とその周辺の島々を実効支配しているのは中華民国の政府である。この国を国家として承認しているのは，世界でわずか14ヵ国にすぎない（2021年12月現在）。アメリカやEU諸国など主要な国々をはじめ，日本も中華民国との国交はない。国家名称ではなく「台湾」という地域名称が呼称として使われている理由は，そこにある。実際，中華民国には独自の軍隊（国軍）があるし，政府が実効支配する領域では独自の通貨（新台湾元）が使われている。台湾の人々は中華民国政府が発行したパスポートを手にしているが，国際社会では中華民国は独立した主権国家とみなされていない。国家の要件（主権・領域・国民）のうち，対内主権は確立されていても対外主権を欠いている国家のことを「未承認国家」というが，現在の中華民国はその一つといえる。

　中国大陸にある中華人民共和国はいわゆる「一つの中国」原則を掲げている。「世界で中国はただ一つ」であり，「台湾は中国の領土の不可分の一部」であるという主張が，台湾の国際機関への参加を難しくし，国際社会での活動空間を狭めている。実のところ，中華人民共和国はその建国からこれまで台湾を統治したことはないが，それを「核心的利益」と位置づけ，台湾の統一を国家目標に掲げている。台湾に「祖国の平和的統一」を呼びかける一方，台湾の独立には断固反対し，武力を行使してでも阻止する構えを崩していない。それに対して，アメリカはアジア太平洋地域の要衝にある台湾の防衛に関与を続けている。しかし，台湾海峡の平和と安全を重視する立場から，台湾の独立を支持しているわけではない。台湾をとりまく国際環境はとても複雑である。

　その台湾には民主主義体制が存在している。民主主義体制とは政府が自由かつ公正で競争的な選挙で選ばれる政治体制のことで，「民主主義体制ではない政治体制」は権威主義体制と呼ばれている。権威主義は独裁，専制と同義と考えてよい（Frantz 2018）。中華人民共和国には共産党一党支配の権威主義体制があり，台湾と好対照をなしている。台湾でもかつて国民党による一党支配が行われていたが，1990年代半ばに民主化が達成され，すでに四半世紀が経過した。フリーダムハウスの自由度指標では，台湾には自由と民主が達成されたほぼ完全な「自由な」体制があると評価されている（Freedom House 2021）。

2　戦後台湾と権威主義

(1)　自由・民主の理念と脱植民地化

　1945年，日本の植民地支配から解放された台湾は中華民国に編入された。その位置づけは権威主義国家・日本の植民地から，やはり権威主義国家だった中華民国の台湾省というサブナショナルな領域へと変わった。戦後の中華民国では「国父」とされる孫文の遺教である「憲政」すなわち立憲主義的な憲法に基づく民主政治の実施が大きな課題となっていたが，当時はまだ国民党一党独裁が行われる「訓政」の段階にあった。中国の民主化を求める声が国内外で高まるなか，蔣介石が率いる国民党政権は共産党に対抗して正統的地位を得るため憲政の実施を目指したが，それをどのように実現するかをめぐり共産党など諸勢力との対立が深まった（横山 1996）。台湾の脱植民地化はそうしたプロセスと並行して進められ，強大な権力をもった台湾省行政長官公署によって日本の統治機構や日本企業の資産の接収が行われた。

　台湾の民主主義の萌芽は日本統治時代に見出すことができる。植民地的近代化のもとで台湾に自由・民主の理念がもたらされ，植民地自治を求める実践がみられた。第一次世界大戦後の「民族自決」の風潮と日本本国での大正デモクラシーの影響を受けて，漢族系の台湾人エリートの間で台湾議会設置請願運動が起こり，自治や民権思想の浸透，近代市民としての自立を目指した啓蒙活動が展開された（若林 2001）。その過程で「台湾人」としてのアイデンティティ（台湾人意識）が形成されていった。台湾議会の設置は認められなかったが，1930年代後半には地方選挙が実施され，台湾人エリートたちは限定的ながら参政権と議会運営の経験を手にしていた（何 2003：27-33）。

　中華民国への編入に伴い，その国民となった台湾住民には男女普通選挙権が付与され，1946年には台湾の省・県・市の各レベルで訓政期の民意機関だった参議会の選挙が実施された。このとき住民の旺盛な参加意欲が示され，日本統治時代に成長したエリートが数多く当選した。しかし，行政長官公署は台湾の自治よりも住民の国民統合を優先した。拙速な「国語」（中国語）教育は住民との軋轢を生み，中国語が不得手なことが自治能力の欠如とみなされ，台湾人

に対する差別的な扱いにもつながった。「台湾の主人になる」ことを期待していた住民にとって，行政長官公署による統治は植民地統治となんら変わりなかった。戦後接収で排除された住民の不満は，悪政による経済や社会の混乱によりさらに高まった。台湾人政治エリートたちも，行政長官はじめ台湾の地方首長が官選とされ，参議会が議決権や政府監督権のない諮問機関であることに不満を強めていった（何 2003）。

　住民の不満が頂点に達したのが1947年の二・二八事件である。この事件では台湾全島に広がった住民の抗議暴動が弾圧され，数万人が亡くなったとされる。地方自治の実施など政治改革を求めた台湾人エリートはその多くが失われた。本省人と外省人の間に深い溝（省籍矛盾）が生まれ，台湾社会に大きな傷を残した（何 2003：252-260）。事件後，蔣介石は県・市長の民選化を台湾住民に約束し，台湾省行政長官公署の台湾省政府への改組などの善後策がとられた。1946年12月には「中華民国憲法」が制定され憲政への移行が目前に迫っていた。憲政が実現すれば，台湾では中華民国の一地方として，憲法の規定に基づき完全な自治が実施されるはずだった。しかし，国民党政権の内戦敗北と台湾撤退がその運命を大きく変えた（松田 2006：200）。

⑵　国民党の一党支配体制

　1949年12月，内戦に敗れた国民党政権は台湾に撤退し，中華民国政府を台北に移した。冷戦体制下で中台分断が固定化され，中華民国のサブナショナルな領域だった台湾は事実上，そのナショナルな領域となった。西側陣営に組み込まれた中華民国は，アメリカの強大な影響力のもとで安全が確保され，多額の援助が提供された。国連での中国代表権もアメリカの強力な支持を得て維持され，国際社会では中華民国の中国国家としての正統性が認められていた。それが国民党政権にとって最大のよりどころとなった。

　台湾撤退直前，中華民国では憲政の実施が宣言された。しかし，それは内戦のさなかに，反対する共産党や他の諸勢力を排除して強行され，またそれゆえに額面通りに実施されたわけでもなかった。1947年，中華民国憲法が公布・施行された。これは中国憲政史上，最も民主主義的で立憲主義的な憲法とされる（中村 2017）。翌年にかけてその規定に基づき台湾を含む中国全土を統治する政

府として中華民国政府が編成されたが，48年には内戦という非常事態を理由
に，憲法の一部条項を停止して総統の権限を強化する「動員戡乱時期臨時条
款」が施行された。国民党政権の撤退に先立ち台湾には戒厳令が敷かれ，そこ
に戦時体制がもちこまれた。

　台湾では独裁の強化による体制の立て直しが図られた。蒋介石の指導体制が
確立され，「大陸反攻」を国策とする国民党の一党支配体制が形成された。少
数派の外省人集団が政治的・経済的な権力を独占し，多数派の本省人を支配す
るエスニックな権力構造が維持された。そして，中国ナショナリズムを統合理
念とした国民形成が図られた。住民には国語（中国語），中国の歴史，地理や
文化が教え込まれ，中国人としてのアイデンティティが植えつけられていっ
た。一方，憲法が保障するはずの人権は抑圧され，言論や結社の自由など政治
的な自由は制限された。戒厳令下において人々は監視下におかれ，「反共」を
名目にした「白色テロ」（政治弾圧）では無実の罪で多くの命が犠牲になった。
1960年の自由中国事件では本省人の地方政治家と外省人の自由主義者による新
党（中国民主党）結成の動きが挫折に追い込まれた（若林 2021：78-86）。

　この独裁体制を特徴づけたのが「法統」の維持と憲政の実施という二つの課
題だった。法統とは，中華民国憲法に基づく中国の合法的政府としての正統性
のことである。「全中国を代表する正統政権」を主張しつつも，実際には台湾
しか統治しない国民党政権にとって，中華民国政府の法統を維持することの重
要性は格段に増した。中国全土を統治するための中央政府の編成は台湾にもち
こまれ，台湾省政府の上に屋上屋を架した統治機構が維持された。中国全土で
選出された議員（国民大会代表・立法委員・監察委員）は，中国大陸での代表性
が失われないよう大陸反攻の実現まで非改選とされた。彼らは1990年代初頭ま
で職権を行使し，「万年議員」と揶揄された。法統の維持が図られたことで台
湾住民の国政への参加の道は閉ざされた（若林 2021：73-75）。

　その一方で，憲政の実施という正統性の根拠の意義が失われたわけではな
かった。「自由中国」をアピールし，アメリカをはじめ西側諸国の支持を得る
ためには，憲政の実践は重要だった。憲法もすべての条項が停止されたのでは
なかった。1950年から台湾では限定的な地方自治が始まり，台湾省の行政首長
は官選の台湾省主席とされたが，台湾省議会および各県・市の首長と議会議員

を選ぶ選挙が定期的に実施された。地方選挙は外来政権だった国民党政権に「地方派閥」と呼ばれる土着の地方勢力を抱き込み，また統制するメカニズムを与えた。国民党政権は地方レベルの利権を地方派閥に供与し，地方派閥はそれと引き換えに選挙で候補者を送り出し，国民党政権への政治的支持を取りつけた。他方で，国民党政権は各県・市で複数の地方派閥を競合，牽制させ，彼らの過度な勢力拡大を抑制した（若林 1992：125-142）。

　地方選挙には「党外」と呼ばれる非国民党の政治家が当選できる余地も存在した。1950年代から60年代初頭の台湾省議会では，党外議員たちが憲法に基づく地方自治の実現を要求し，国民党の権力独占や政治的自由の制限を批判した。独裁のもとでの憲政の実践は，日本統治時代に政治運動を経験した初期の政治家から次の世代へと，自由・民主の理念や台湾自治を求める実践の継承を可能にし，後に民主化運動を担う政治家を生み出していった（岸川 2016）。

(3)　憲政の拡大と民主化運動

　中華民国をとりまく国際環境の変化は，国民党一党支配体制の変容を促した。中華民国は1971年10月に国連での中国代表権を失い，72年2月の米中接近に続いて，同年9月に日本と断交した。79年1月のアメリカとの断交で国際的孤立は決定的となった。正統な中国国家であるとの主張は国際社会から否定された。新たな指導者となった蔣経国（蔣介石の長子）は台湾社会からの統治の正統性の調達を拡大させることで政権の生き残りと安定を図った。

　蔣経国は，政権の要職に本省人を登用し，議員の一部定期改選を実施した。蔣経国に抜擢された本省人の一人が後にその後継者となる李登輝だった。万年議員はそのままに，台湾選出の議員の定員を増やし，それだけを改選する仕組みは，体制の手直しの域を出るものではなかった。しかし，それは部分的な民主化でもあった（若林 2021：130）。議員の一部定期改選は小規模とはいえ新たな憲政の実践にほかならず，しかもそれは段階的に拡大していった。台湾住民にはわずかながらも国政への参加の道が開かれ，戒厳令の解除や議員の全面改選を求めてきた党外政治家は議会への足掛かりを得る契機となった。改選議席数が選挙のたびに増加したことは，彼らを「党外勢力」へと成長させる一因となり，1980年代の民主化運動の本格化につながった。

民主化運動を支えたのが，高度成長を経験して中間層が拡大した豊かな台湾の社会である。国民党の一党支配体制は共産党のそれと異なり，資本主義に立脚していた。台湾では1960年代以降，外資導入と輸出促進を柱とした輸出指向工業化が進められた。輸出産業では多数の中小企業とその柔軟な分業ネットワークが競争力を支え，所得分配の改善を伴う輸出主導型の経済成長が実現された。蔣経国が進めたインフラ建設と重化学工業化にも下支えされて，輸出主導型の経済成長は1980年代半ばまで続き，台湾は東アジア NIEs（新興工業経済群）の一つとして注目を集めた。世界経済との統合による経済発展は，後に中華人民共和国の改革開放のモデルにもなった。

　党外勢力は1979年の国民党政権による弾圧（美麗島事件）をはねのけ，1980年代には民主化運動の中心勢力となっていった。彼らが掲げた「台湾前途の住民自決」のスローガンは，経済発展という価値を自力で実現しながらも，国際社会で逆境に立たされた台湾の多くの人々の心情に強く訴えるものだった。こうして台湾ナショナリズムが国民党政権に対抗するイデオロギーとして姿を現した（若林 2021：154-161）。

　そうしたなか，台湾政治の自由化に踏み切ったのは蔣経国だった。1986年，党外勢力が結集して民主進歩党（以下，民進党）を結成したのを黙認し，翌年には38年間続いた戒厳令を解除した。政治的な自由化により民進党は合法化され，さらに様々な社会運動が広がりをみせ，民進党を支えて民主化の推進力の一つとなった。民主化以降，台湾では社会運動や学生運動が活発に展開されたが，その経験やノウハウは次の世代へと受け継がれ，民主化された台湾の市民社会の担い手を準備していった。

3　民主主義の台湾

⑴　民主化と中華民国の「台湾化」

　1980年代後半，冷戦が終結に向かうなかで，台湾の政治は自由化さらに民主化へと進んだ。1988年の蔣経国の死後，民主化を本格化させたのは，彼の後継者として本省人初の中華民国総統（大統領）となった李登輝だった。李登輝は中華民国憲法の修正による「憲政改革」として民主化をスタートさせた。その

第一歩となったのが92年の動員戡乱時期臨時条款の廃止である。これで息を吹き返した民主的な憲法が段階的に改正されたが，本文には手をつけず追加条文を加え，それを修正する形で行われた。91年に国民大会代表，92年に立法委員が全面改選され，さらに総統選挙にもともとは憲法の規定になかった直接公選制が導入され，96年に民主化の総仕上げとなる総統直接選挙が実現した。これで権威主義体制から民主主義体制への移行が完了した（松本 2021）。

　台湾の民主主義体制では半大統領制という執政制度（コラム参照）が採用されており，大統領制と同じように，政権の行方は4年ごとに実施される総統選挙で決まる。これまで民進党と国民党という二大政党の間で3回の政権交代が行われ，民進党の陳水扁政権（2000～08年），国民党の馬英九政権（2008～16年），民進党の蔡英文政権（2016～24年）が誕生している。立法院では国民党が長らく多数派を維持してきたが，2016年には民進党が初めて議席の過半数を占めた。台湾の民主主義は，台湾の人々が台湾人としての自覚をもち，台湾の自治を求める実践を通して，長い時間と多大な犠牲を払って手に入れたものである。それはまた，棚上げされていた中華民国の憲政が台湾で実現されたと捉えることもできる（岸川 2021）。台湾が戦前に日本から取り込んだ自由・民主の理念に，中華民国憲法が制度的な枠組みを与えたといえるだろう。

　民主化は中国国家だった中華民国を「台湾化」していった。中華民国の台湾化とは，「『正統中国国家』の政治構造が台湾のみを統治しているという1949年以降の現実にそったものに変化していくこと」である（若林 2021：13）。総統や議員は台湾の住民だけを有権者として選挙で選ばれるようになった。国家権力の正統性の根拠は自由な選挙を通して表明される台湾住民の民意に変わり，中華民国は事実上台湾の「国家」となった。民主化後も憲政改革は進められ，中国全土を統治するための中華民国政府の諸制度が廃止または見直され，台湾統治の現実に見合ったものへと変わっていった。例えば，台湾省は事実上廃止され，議会は立法院の一院制となった。現行の中華民国憲法では，追加条文によって「台湾の憲法」といえる側面が生まれ，「台湾サイズ」の国家としての中華民国の国家性が法的に強化されている。その一方で，手つかずの本文は「中国の憲法」のままであり，そこには「一つの中国」の法理が残されている（若林 2021：215-265，442-443）。

(2) 「ナショナリズム政党制」と「台湾アイデンティティ」

　民主化後の政党政治ではナショナル・アイデンティティが新たな争点となった。台湾ナショナリズムと中国（中華民国）ナショナリズムを左右両極とする対立軸が形成され，民進党が前者，国民党が後者の立場を代表する主要政党となった。そうした政党システムは「ナショナリズム政党制」と特徴づけられている（若林 2021：269）。2000年に民進党の陳水扁政権が誕生すると，政党勢力が「藍緑二大陣営」と呼ばれる二つの政党ブロックに再編され，対立構造がより鮮明となった。「藍」（ブルー）は国民党，「緑」（グリーン）は民進党のシンボルカラーである。

　民主化後の台湾では，台湾の前途について中国との統一で考えるのか，それとも台湾の独立で考えるのかという「統独問題」をめぐって論争が続いた。中華人民共和国の呼称として「一つの中国」を前提とした「（中国）大陸」か，それとも台湾とは別の国という認識に基づく「中国」か，どちらを使うのかにもイデオロギーが反映されることになった。しかし，民主化から四半世紀が経過した今日では，「自己認識では台湾人，台湾の前途については現状維持」が民意の主流となっている（小笠原 2019）。図14-1は台湾住民の自己認識を示したものである。民主化以降は「台湾人」という回答の増加傾向が見て取れる。現在では「中国人」と考える人はほとんどいない。図14-2は台湾住民の台湾の前途についての立場を示したものである。中国との統一でもなく台湾の独立でもなく「現状維持」が多数派を占めている。ここでの「現状」とは，台湾が民主化・台湾化された中華民国として中華人民共和国とは別個に存在し，そこに自由と民主が根づいた社会がある現状のことである。

　台湾では民主化以降，台湾人としての自己認識，台湾への愛着，台湾は中国とは異なるという意識など，広い意味での台湾アイデンティティが広がり，定着した。それに大きな影響を与えたのが，4年ごとに繰り返し行われてきた総統選挙である。住民は総統選挙を通して，自分たちが台湾の有権者となってトップリーダーである総統を投票で選ぶという行為から，中華民国・台湾が主権国家であり，自分たちの一票が台湾の進路を決めていくことを自覚し，認識するようになった。学校教育で台湾の歴史や地理など台湾を主体とする内容が

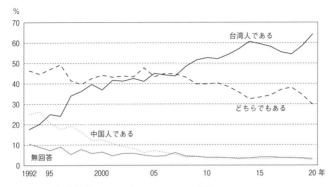

図14-1　台湾住民のアイデンティティの変化
出所：國立政治大學選舉研究中心（2021a）より筆者作成。

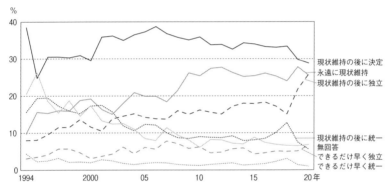

図14-2　台湾住民の統一／独立をめぐる立場
出所：國立政治大學選舉研究中心（2021b）より筆者作成。

取り入れられた影響も無視できない。民主化以降に生まれた若者の多くは省籍に関係なく，生まれながらにして台湾アイデンティティを抱いている世代である。彼らにとって「台湾独立」とはまさに現状のことである（小笠原 2019）。

　総統選挙では「台湾のあり方」が最も重要な政策争点となる。そこには，台湾ナショナリズムと中国ナショナリズムという左右両極の中間に，緩やかな「台湾アイデンティティ」という政策位置がある。「台湾アイデンティティ」とは，民主化・台湾化した中華民国の枠組みで，統一も独立もしない「現状維持」という政治的立場のことである。有権者の政策選好が単峰型（逆U字型）に分布，すなわち多数の有権者が「台湾アイデンティティ」を支持しており，

二大政党やその候補者は「得票最大化」を目指した選挙戦略をとる傾向が強まるため，毎回の総統選挙は「台湾アイデンティティ」の争奪戦となっている（小笠原 2019，松本 2021）。

　今日の台湾では自由と民主が人々の生活様式として所与のものとなっている。人々に共有された価値や共通の経験として，民主主義は広い意味での台湾アイデンティティを支える最も重要な要素なのである（小笠原 2019：312）。

(3)　多文化主義と移行期正義

　民主化された台湾社会の新たな統合理念となっているのが多文化主義である。中国ナショナリズムによる国民統合が図られていた権威主義体制下では，中国人として国民の一体性が強調される一方，台湾土着の文化は抑圧され，文化的な不平等が維持されていた。今では四つのエスニックグループ（四大族群）が共存する状態が，社会全体で理想像として共有されるようになり，その融和が図られている（田上 2020：238-241）。前述した台湾アイデンティティでも「台湾人」とは台湾に暮らす多様な住民のことを指している。

　近年は，多文化主義が社会的マイノリティを包摂する概念として使われるようになっている。例えば，多文化主義の名のもとに性的マイノリティ（LGBTQ＋）の権利が尊重され，2019年にはアジアで初めて同性婚が合法化された（田上 2020：243-244）。ただし，それは立憲主義と民主主義の衝突という別の問題を社会に突きつけることにもなった。2017年 5 月，司法院大法官会議は同性婚を認めない現行の民法の規定を違憲と判断したが，翌年11月の「公民投票」（レファレンダム）では民法は異性婚のみを認めるべきとの提案が成立したのである。蔡英文政権は民法の改正を見送り，同性婚を認める特別法が制定された（吉見 2020：145-146）。

　台湾の民主主義は自由・民主・人権といった価値はもちろん，市民的・進歩的な価値をも重視する方向へと発展し，台湾と中華人民共和国との違いをさらに際立たせている。そうしたなかで，社会ではエスニックな構成が変化して，四大族群では語りつくせない状況も生まれている。1990年代以降，少子高齢化が進んだ台湾では外国人労働者の受け入れが積極的に行われ，東南アジア諸国や中国大陸から就労や婚姻のための移民が急増した。彼らは「新住民」と呼ば

れ，もはや台湾社会になくてはならない存在である。その数は先住民族の人口（約57万人）を上回り100万人をはるかに超えている（田上 2020：242-243）。

　権威主義体制下での人権侵害と向き合い，歴史和解につなげようとする「移行期正義」の取り組みも進められている。台湾は国民党一党支配体制下での「過去の克服」の問題に加え，先住民族に対する歴史的不正義の問題を抱えてきた。民主化以降，二・二八事件と白色テロの過去の見直しが始まり，被害者への謝罪や補償・賠償，事件を記念する取り組みがなされてきた。2016年，移行期正義と「原住民族の歴史的正義」の推進を掲げる蔡英文政権が成立すると，権威主義の遺構の処理や国家暴力の真相究明などが進み，多くの被害者の名誉が回復された。同年8月1日の「原住民族日」には，蔡英文が中華民国総統として初めて公式に，台湾の歴代政権の先住民族に対する迫害を謝罪する談話を発表した（平井 2020：282）。

4　中台関係

(1)　新たな構図

　台湾における民主化と台湾化は，中華人民共和国との関係（中台関係）にも変化をもたらした。戦後，国民党政権は台湾海峡を挟んで共産党政権と対峙しながら，国際社会において中国国家としての正統性を争ってきた。両政権は「一つの中国」の考え方を共有し，ともに相手が実効支配する地域をも含めて「中国」であると認識し，自らを「正統な中国政権」であると主張した。ところが，民主化以降の台湾は中華民国という国名を名乗りつつも，中国国家の正統性争いから離れて，「台湾」としての主体性と自立を追求するようになった。中台関係はもはや国共内戦の延長線上では捉えきれなくなった。

　1970年代末，改革開放へと舵を切った中華人民共和国（中国）は，対台湾政策でも祖国の平和的統一という基本方針と，統一後の台湾は特別行政区として高度な自治権を享受し，軍隊を保有できるとした「一国二制度」という構想を打ち出した。しかし，台湾で民主化と台湾化が進むにつれて，統一を目指す中国との間で矛盾が表面化していった。主体性と自立を求める台湾の動きに対し，中国は台湾が独立に向かうことへの懸念といら立ちを強めた。台湾独立の

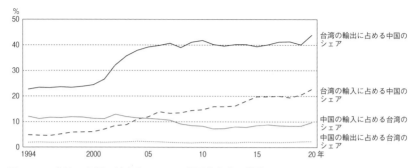

図14-3　台湾・中国の輸出入における相互依存度の推移
出所：行政院大陸委員會（2012），大陸委員會（2021）より筆者作成。

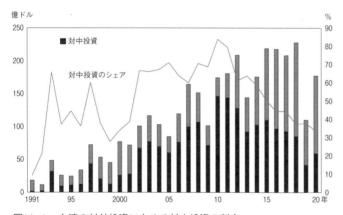

図14-4　台湾の対外投資に占める対中投資の割合
注：対中投資の認可額は，補充登記によるものを含む。
出所：経済部投資審議委員會（2021）より筆者作成。

動きを阻止すべく，台湾の総統選挙には軍事的な威圧や経済的取り込みなどあらゆる手段を使って介入するようになった。

　その一方で，冷戦終結後の急速な経済のグローバル化は，中国の台頭をもたらすとともに，台湾から中国への投資と輸出を大幅に拡大させた（図14-3，4）。1980年代後半の台湾では，輸出主導型の経済成長を支えた安価な労働力が失われた。それを求めて台湾企業が進出したのが中国だった。言語や文化の共通性がそれに拍車をかけた。中国に進出した台湾企業は原料，部品，機械設備を台湾から輸入したため，台湾からの中国への輸出も増加した。中国の改革開放の

進展と経済成長に伴い，中国市場を目的とした投資も増えていった。

2000年代になると，ICT 産業をはじめとするハイテク産業も，コストの削減や市場機会を求めて中国に進出するようになった。例えば，先進国のブランド企業からの受託生産で急成長した鴻海グループは，米国アップル社のiPhone の多くを中国の自社工場で製造して世界中に供給している（佐藤 2020）。半導体の受託生産で世界最大手の台湾積体電路製造（TSMC）も，2000年代以降は中国のハイテク産業が急速に成長するなかで中国とのつながりを深めてきた。そこで最大の顧客となったのが華為技術（ファーウェイ）である（川上 2020）。他方，台湾では所得分配が大幅に悪化し，高い失業率が続いた。1990年代以降の急速な経済のグローバル化に伴う中国との経済関係の緊密化が，台湾での格差拡大の背景要因の一つと考えられるようになった（林他 2011）。

(2)　中国の影響力と台湾社会

中国の大国化が顕著となった2000年代，台湾では台湾アイデンティティが広がりをみせる一方で，中国経済への依存が急速に拡大していった。台湾は「自立を優先すべきか，それとも繁栄を優先すべきか」というディレンマを抱え込むことになった（松田編 2014）。中国もこの頃から，それまでの軍事的威圧に加えて，経済力を活かした取り込み工作を通して，台湾に揺さぶりをかけるようになった。中国の胡錦濤政権は，2005年に「反国家分裂法」を制定して台湾の独立阻止を図りつつ，「一つの中国」の考え方を共有できる国民党と協調して台湾に対する経済的な優遇策を実施し，統一に有利な状況を作り出そうとした。2008年，台湾で国民党の馬英九政権が誕生すると，中台関係は急速に改善し経済交流が拡大した。

ところが，経済関係の緊密化は中国の影響力を台湾社会に拡大させ，台湾の住民は不安と危機感を募らせた。2014年春に起きた「ひまわり学生運動」は，台湾社会に浸透する中国の影響力に対する台湾の市民社会による抵抗であり，中台サービス貿易協定の棚上げという成果に結実した（呉 2015）。そうした市民社会の力強さが台湾の民主主義を支えている。また，この運動の「成功体験」から「政治は自分たちの手で変えられる」という意識を抱いた若者は少な

くない。それが台湾の若者の政治意識の高さと積極的な政治参加にもつながっている。ひまわり学生運動は台湾政治の流れを大きく変えた。16年の総統選挙で国民党は民進党に大敗し，民進党の蔡英文政権が誕生した。

　蔡英文政権が掲げる「現状維持」路線は，中国を挑発するものでも，台湾独立を追求するものでもない。中国の習近平政権は「一つの中国」を受け入れない蔡英文政権に不満を抱き，台湾との対話を一方的に停止し，軍事的・外交的な圧力を増大させている。習近平は2019年1月に一国二制度による台湾統一の強い決意を表明したが，その後一国二制度の香港（第15章）の惨状を目の当たりにして，多くの台湾住民が台湾の将来への不安，中国に対する不信感を強めた。20年の総統選挙では「台湾の主権と民主主義を守る」と訴えた蔡英文が，民選総統として史上最多となる得票数で再選された。

　中国にとって台湾統一は国家の根幹に関わる重要な問題である。衰退と分裂の危機に陥った「屈辱の近代史」を克服し，「中華民族の偉大なる復興」を目指す中国ナショナリズムと深く結びついており，その実現は共産党の統治の正統性と大きく関わっている。共産党の一党支配を維持するためにナショナリズムの動員が強まれば強まるほど，台湾という存在の重要性は高まる。習近平は「両岸（中台）が統一してこそ，中国の夢が実現する」と強調している。

　アメリカは中国との関係を重視しながら，台湾の安全保障にも関与する独自の「一つの中国」政策をとることで，台湾海峡の現状を維持しようとしてきた。バイデン政権は権威主義の中国を「唯一の競争相手」として警戒を強め，民主主義の台湾への肩入れを強めている。中国とのハイテク覇権争いでもTSMCを擁する台湾の存在価値は極めて高い。欧米諸国や日本の世論では自由と民主主義の価値観を共有する台湾への支持が広がっている。中国の脅威に対抗し，生き残りを図る台湾にとって，その民主主義は大きな武器なのである。

参考文献

小笠原欣幸　2019『台湾総統選挙』晃洋書房。

何義麟　2003『二・二八事件──「台湾人」形成のエスノポリティクス』東京大学出版会。

何義麟　2014『台湾政治史──二・二八事件をめぐる歴史の再記憶』平凡社。

川上桃子　2020「『繁栄と自立のディレンマ』の構図と蔡英文再選──対中経済関係の

視点から」佐藤幸人他『蔡英文再選──2020年台湾総統選挙と第2期蔡政権の課題』アジア経済研究所，81-99頁。

岸川毅　2016「台湾省議会とオポジションの形成──党外議員の行動と戦略」『日本台湾学会報』18：42-62。

岸川毅　2021「現代中華世界の自由民主と『社会的想像』試論──中国，台湾，香港」納家政嗣・上智大学国際関係研究所編『自由主義的国際秩序は崩壊するのか──危機の原因と再生の条件』勁草書房，161-191頁。

呉介民　2015「『太陽花運動』への道──台湾市民社会の中国要因に対する抵抗」平井新訳，『日本台湾学会報』17：1-37。

佐藤幸人　2020「第2期蔡英文政権の課題──経済，社会的側面から」佐藤幸人他『蔡英文再選──2020年台湾総統選挙と第2期蔡政権の課題』アジア経済研究所，101-123頁。

田上智宜　2020「多文化主義」若林正丈・家永真幸編『台湾研究入門──魅惑的な社会を俯瞰する』東京大学出版会，235-244頁。

中村元哉　2017『対立と共存の日中関係史──共和国としての中国』講談社。

平井新　2020「移行期正義」若林正丈・家永真幸編，前掲書，281-293頁。

松田康博　2006『台湾における一党独裁体制の成立』慶應義塾大学出版会。

松田康博編　2014『東洋文化　特集：繁栄と自立のディレンマ──ポスト民主化台湾の国際政治経済学』94。

松本充豊　2021「台湾の執政制度と総統選挙」『日本台湾学会報』23：36-52。

横山宏章　1996『中華民国史──専制と民主の相克』三一書房。

吉見崇　2020「中華民国憲法」若林正丈・家永真幸編，前掲書，139-148頁。

若林正丈　1992『台湾──分裂国家と民主化』東京大学出版会。

若林正丈　2001『台湾抗日運動史研究』増補版，研文出版。

若林正丈　2021『台湾の政治──中華民国台湾化の戦後史』増補新装版，東京大学出版会。

Frantz, Erica 2018. *Authoritarianism: What Everyone Needs to Know*. New York: Oxford University Press.（フランツ，E　2021『権威主義──独裁政治の歴史と変貌』上谷直克・今井宏平・中井遼訳，白水社）

林宗弘・洪敬舒・李健鴻・王兆慶・張烽益　2011『崩世代』台北：台灣勞工陣線。

（ウェブ資料）いずれも最終閲覧は2021年4月8日。

Freedom House 2021. Freedom in the World 2021: Taiwan. https:/freedomhouse.org/country/Taiwan/freedom-world/2021

行政院大陸委員會　2012「兩岸經濟統計月報」230, https://www.mac.gov.tw/News_Content.aspx?n=2C28D363038C300F&sms=231F60B3498BBB19&s=02C49713EE2E5FAB

經濟部投資審議委員會　2021「110年2月份核准僑外投資，陸資來臺投資，國外投資，對中國大陸投資統計月報」(2021年3月)，https://www.moeaic.gov.tw/news.view?do=data&id=1528&lang=ch&type=business_ann

國立政治大學選舉研究中心　2021a「臺灣民眾臺灣人／中國人認同趨勢分佈（1992年06月～2020年12月）」https://esc.nccu.edu.tw/upload/44/doc/6960/People202012.jpg

國立政治大學選舉研究中心　2021b「臺灣民眾統獨立場趨勢分佈（1994年12月～2020年12月）」https://esc.nccu.edu.tw/upload/44/doc/6962/Tondu202012.jpg

大陸委員會　2021「兩岸經濟統計月報」334，https://www.mac.gov.tw/News_Content.aspx?n=2C28D363038C300F&sms=231F60B3498BBB19&s=556E3DA234D54C51

●読書案内●

『台湾研究入門――魅惑的な社会を俯瞰する』
　　若林正丈・家永真幸編，東京大学出版会，2020年
　　台湾研究の第一線で活躍する研究者たちが，政治・経済・社会・文化・歴史など様々な角度から，台湾という地域を理解するためのキーワードを分かりやすく解説している。巻末には用語集もあり，書名の通り，最初に手に取る一冊として最適な入門書。

『台湾総統選挙』小笠原欣幸，晃洋書房，2019年
　　1996年から2016年までの6回の総統選挙を実証的かつ体系的に分析したものだが，一般的にイメージされる選挙研究とは一味違う。総統選挙をとおして民主化後四半世紀にわたる台湾の民主政治の歩みとその特徴を理解することができる。

『台湾の政治――中華民国台湾化の戦後史』
　　増補新装版，若林正丈，東京大学出版会，2021年
　　日本における台湾政治研究者の第一人者による戦後台湾政治史研究の決定版。第二次世界大戦後から今日に至る台湾政治の展開を「中華民国台湾化」という概念で分析している。台湾政治に関する一定の知識を身につけたら，チャレンジしてみたい。

執政制度
台湾の半大統領制

　執政制度とは，民主主義体制において行政部門のトップリーダー（執政長官）の選出方法や，トップリーダーと議会や国民との関係を規定するルールのことである（建林他 2008）。大統領制と議院内閣制に大別されるが，近年は双方の特徴を兼ね備えた半大統領制を採用する国も少なくない。半大統領制では，有権者による直接選挙で選ばれ，固定任期を務める大統領が，憲法上一定の行政権力を有している。同時に，大統領の指名に基づいて議会の多数派によって選ばれ，その信任に依存する首相が存在し，大統領とともに実質的な執政長官として行政権を分担して掌握している。半大統領制の代表例とされるのがフランス第五共和制である。ただし，大統領と首相が併存すれば半大統領制というわけではない。大統領が間接的に選ばれるドイツの場合は議院内閣制に，首相が議会に責任を負わない韓国の事例は大統領制とみなされる。

　台湾の執政制度は半大統領制に分類できる（松本 2010）。台湾では総統が大統領にあたり，行政院長と立法院がそれぞれ首相と議会に相当する。行政院長は憲法で「国家の最高行政機関」と規定されている行政院の長である。軍事・外交・両岸関係（中台関係）については総統の職権の範囲と理解されている。一般に，台湾の総統は「強い」リーダーであるとイメージされがちだが，憲法上は必ずしも強い権限が付与されているわけではない。アジアの大統領のなかでは「中程度に強い」権限にすぎない（粕谷 2010）。一方，総統は議会の同意なしに行政院長を任命できるため，この点では半大統領制の一般的なモデルに比べて大きな権限をもっているといえる。

参考文献

粕谷祐子　2010「アジアにおける大統領・議会関係の分析枠組み——憲法権限と党派的権力を中心に」粕谷祐子編『アジアにおける大統領制の比較政治学——憲法構造と政党政治からのアプローチ』ミネルヴァ書房，1-37頁。

建林正彦・曽我謙悟・待鳥聡史　2008『比較政治制度論』有斐閣。

松本充豊　2010「台湾の半大統領制——総統の『強さ』と政党リーダーシップ」粕谷祐子編，前掲書，83-111頁。

第15章

香港・マカオ

東西をつなぐ小さな土地の大きな力

倉田　徹

香港島とスターフェリー（2016年，筆者撮影）

　イギリスの植民地だった香港と，ポルトガルの植民地だったマカオは，現
在中国の特別行政区として，独特の政治・経済・文化・社会の仕組みを
もっている。歴史的に，東洋と西洋をつなぐ役割をしてきた両地は，中国
の他の地方と異なる独自性を育んできた。その独自性とはどのようなもの
なのか。そして，巨大な中国の急速な成長を前に，いずれも小さな土地で
ある両地は今後どのような運命をたどるであろうか。

1 「一国二制度」——香港と中国大陸，どこまで違うか

(1) 香港の独自性

　香港は中華人民共和国の特別行政区である。特別行政区は，中国では広東省などの省や，北京市などの直轄市，そしてチベット自治区などの自治区と同格の「一級行政区」という，日本の都道府県に該当する地方政体に過ぎない。しかも，その人口は約750万人と埼玉県とほぼ同じ，面積は1106km²で東京都の半分ほどしかない。しかし，香港は歴史的に，その小さな体に不釣り合いなほどの存在感と重要性を発揮し，近年は世界を振り回す政治問題の震源地ともなってきた。1989年の天安門事件以後，中国大陸では影を潜めている大規模デモや激しい抗議活動が，なぜ香港で頻発するようになったのか。それを理解するために，まずは香港が単に中国の一地方といいきれない，強い独自性をもつことを知る必要がある。

　例えば通貨である。中国の通貨は人民元であるが，香港では香港ドルという独自の通貨が流通する。毛沢東の肖像画の入った人民元を持って香港に出かけても，一部の商店は受け取ってくれるかもしれないが，電車やバスには乗ることもできないので注意が必要だ。この香港ドル，中国の通貨でありながら，アメリカドルとの固定相場制がとられている。1米ドルは常に7.8香港ドル前後に誘導される仕組みであるから，ニュースで「今日の円相場は1ドル○○円」と耳にしたら，それを7.8で割ればおよその香港ドルの相場が分かる。香港ドルは，常に一定のレートで米ドルに兌換できる，安定した通貨である。したがって，香港ドルは国際的にも大いに信頼されており，国際決済銀行のデータによれば，2019年に香港ドルは世界で9番目に多く国際取引に使われた通貨であった。

　それから言語である。皆さんが大学などで中国語を学び，それを実践しようと勇んで香港に降り立ったとき，通行人の言葉が一言も分からなくてガッカリするかもしれないが，心配する必要はない。香港で公用語として使われるのは，広東省など南方で使われる広東語であり，その発音は北京語を基礎とする中国の標準語「普通話」とはまったく異なる。広東語は方言というよりも，普

通話とは違う言葉と考える方がよいかもしれない。大学で「中国語」として習う普通話では，「こんにちは」を「ニイハオ（你好）」，「ありがとう」を「シエシエ（謝謝）」と発音する。広東語でも「こんにちは」は同じ字を書くが，発音は「ネイホウ」となる。「ありがとう」は「ドージェー（多謝）」または「ンゴイ（唔該）」と，異なる語が使われる。したがって，普通話と広東語は相互に通じない。南方出身者以外の多くの中国人は，香港人の会話を聞き取れないのだ。それでも，広東語も中国語であるから漢字は使うが，大陸と香港の漢字は異なる。共産党政権が1950年代以降中国式略字（簡体字）を導入した当時，共産党統治下になかった香港・マカオと台湾は，今も略字化されていない，日本では旧字体といわれる繁体字を使用する。例えば，簡体字の「丰」は，日本式漢字では「豊」という字である。これを繁体字では「豐」と記す。これほど字体が異なるので，香港には簡体字の文章を読むことができない人もいる。

さらに，香港は独自の学校教育のシステムとカリキュラムをもつ。なかでも，政治や歴史に関する教育内容は大陸とは大きく異なる。香港にはいわゆる中国共産党式の「愛国教育」はない。2012年には小・中・高で必修の「国民教育科」導入を目指す動きがあったが，強力な反対運動が発生し，断念された。また，メディアも大陸とはまったく別である。すべての新聞・テレビなどが事実上国営である大陸と異なり，香港のメディアは基本的に日本同様の民間企業である。ネットについても，香港では大陸のような規制がない。例えば，中国を旅行し，上海で美味しい小籠包を食べたとする。湯気の立つせいろをスマホで撮影し，早速インスタに載せようとしても，残念ながらそれはできないだろう。大陸ではインスタグラムのほか，ツイッターやフェイスブック，それに多くの日本メディアのサイトなどが，通常閲覧できないからだ。他方，香港の飲茶の写真ならその場で問題なく SNS に載せて，日本の友人から「いいね」をもらえるだろう。香港にはそういったネット規制はないのだ。2013年の調査では，香港のフェイスブック使用者は総人口の60.1％に達し，世界一であった。

(2)　中国大陸との分離

さらに，大陸と香港は，互いに往来が制限され，隔離されている。

香港は狭い。通勤電車に1時間弱も揺られれば，中国大陸の深圳市との境界

に到着する。深圳といえば，華為（ファーウェイ）や騰訊（テンセント）といった中国の IT 企業が本部を構え，世界が注目する最先端都市である。せっかく香港を訪れたのだから，足を伸ばして深圳にも行ってみたいという人もいるかと思うが，その際はくれぐれもパスポートを忘れずに。香港と深圳の間には，国境と同様の出入境（双方は同じ中国なので，出入国とはいわない）のチェックポイントが存在する。ここを通るすべての人は，外国人ならばパスポート，香港人や大陸の住民ならそれに準ずる通行証を提示して手続きをせねばならない。通勤電車が直結する最大のチェックポイントである羅湖が，2018年には年間のべ8500万人が通過した，世界でも最も通行量の多いチェックポイントの一つであるから，旅程を組む際はパスポートチェックに行列する時間を考慮する必要がある。

　一方では，この境界線を簡単に越えて暮らす人たちがいる。例えば，深圳に住んで，毎日香港の小学校に通う児童も少なからずいる。自動化されたゲートを通るならば，通関は駅の改札口を通るような簡易な手続きとなる。香港から物価の安い深圳へ，あるいは深圳から良質な物の揃う香港へ，買い物やレジャーで日常的に往来する人たちがいる。

　他方，ここを越えたくても，越えられない人たちもいる。香港に自由に旅行できるのは，広東省や北京・上海など，比較的裕福な地域の大陸住民に限られ，中国の多くの地域の人にとって香港は遠い存在である。香港に住むとなるとさらにハードルは高い。例えば，香港人と結婚した大陸住民の配偶者は，移民の手続きを取らないと香港に移住できない。しかも，移民には毎日150人の上限枠があるため，申請が許可されるまで長い間，夫婦離れて住むことを余儀なくされる。東京から大阪への引っ越しとは違うのだ。

　同時に，香港から大陸に入れない人もいる。主に民主派など，共産党政権に批判的な活動をしている人たちには，大陸に入る通行証が発給されない場合があるのだ。1989年の北京での天安門事件で，多数の学生や市民が人民解放軍によって殺戮されると，香港では100万人規模の抗議活動が繰り返された。この活動をリードした人たちが民主派勢力を形成したが，事件以来30年以上，多くの民主派指導者が大陸にほとんど，またはまったく行けていない。一部の人にはほとんど障害にならない境界線が，別の人たちにとっては決して越えられな

いラインなのだ。ちなみに，大陸には多くの香港の新聞などが持込禁止であるから，税関チェックの際に持っていれば，運が悪ければ没収されるかもしれない。

(3) 国際社会との関係

　また，香港は国際社会と独自につながりをもっている。世界貿易機関（WTO）や，アジア太平洋経済協力（APEC）などには，香港は「中国香港」という，中国とは別名義で独自加盟している。APEC 恒例の記念撮影では，アメリカ大統領，日本の首相，そして中国の国家主席らと並んで，香港の行政長官も写真に収まる。また，香港はオリンピックにも独自参加する。2021年の東京五輪では，フェンシングの張家朗選手が返還後初の金メダルを獲得した。2004年のアテネ五輪では興味深い現象が起きた。卓球男子ダブルスで香港が決勝に進んだが，相手は中国であった。結局，中国が金，香港が銀を獲得したのである。

　香港政府はパスポートも発行する。中国籍の香港永住民が取得できる香港特別行政区パスポートの所持者は，日本を含む世界170ヵ国からビザなしでの渡航を認められており，中国の70ヵ国を大幅に上回る。これを活かして，多くの香港市民は日本を「故郷」と呼ぶほど頻繁に訪問する。日本政府観光局の調査では，2019年の訪日観光客2826万人のうち，香港は224万人と全体の８％近くを占め，韓国・中国・台湾に次ぎ世界４位であった。

　経済においては，香港は規模の面でも国際的に重要な地位を占める。世界銀行によれば，香港の2019年の GDP は世界34位の規模をもち，フィリピンやマレーシアといった ASEAN 加盟国一国分にほぼ匹敵し，BRICS の一角とされる南アフリカを上回る。香港の強みは国際ネットワークにあり，香港証券取引所の時価総額や取引高，香港国際空港の旅客・貨物量などは，世界屈指の規模を誇る。

2 香港の独自性を生んだ歴史

(1) イギリスによる植民地化

なぜ，中国の小さな一地方である香港が，これほど特殊な待遇を受け，かつ大きな存在感を発揮しているのか。これには香港の歴史が深く関係している。

1842年，アヘン戦争に敗北した清朝は，南京条約で香港島をイギリスに割譲，60年にはアロー戦争でイギリスに敗れ，北京条約で九龍半島を割譲した。98年にはイギリスは清朝に迫り，九龍半島の北側の広大な地域と付属島嶼からなる新界地区を，99年間の期限で租借した。この三条約でイギリス植民地となった範囲が，現在の香港特別行政区である。

植民地化の当初，香港は中国南岸のありふれた農漁村に過ぎなかった。しかし，中国南方最大の港湾都市である広州へと遡上する珠江東岸の河口部に位置し，大型船の停泊できる天然の良港・ビクトリア港を備える地の利を活かし，香港はまもなく貿易・商業の中心地として急速に発展していった。アヘン商人に起源をもつジャーディン・マセソン商会は現在でも世界的な大企業であり，1865年に成立した香港上海銀行は，現在世界最大の銀行ともいわれるイギリスの HSBC ホールディングスの母体である。

東アジア近代史において，香港は主役である大国に翻弄され続けたが，名脇役というべき役割を果たしている。辛亥革命を成功させた孫文が医学を学び，キリスト教の洗礼を受けるなど，香港は中国が西洋に触れる場所であり，孫文のほか，周恩来やホー・チ・ミンも一時滞在するなど，アジアの革命の拠点としての役割も果たした。

イギリスの支配下ではあったが，香港の人口の多数派は常に圧倒的に中国人であり，香港社会は広東省と一体化していた。このため，香港は中国ナショナリズムの発露の場ともなった。1925年に発生した，広東省と香港が協力して起こした反英ストライキである「省港大スト」は，中国人の愛国心の覚醒の一環とも評価される。また，1937年に日中戦争が勃発すると，孫文の妻・宋慶齢が翌年「保衛中国同盟」を香港で発足させ，抗日運動を展開した。

他方，香港社会には，この頃すでに中国大陸とは微妙に異なる独自性が存在

した。植民地化の当初，香港に集ったのは圧倒的に貧しい男性の肉体労働者が多数であった。そのなかには，科挙などの正規のルートで身を起こすことを認められない，被差別民の水上生活者も多数含まれた。しかし，彼らのなかには，やがてイギリス商人の中国貿易を仲介する「買弁」という役割を請け負うなどして富を築く者が現れた。イギリスは彼らを，地元中国人社会をまとめるリーダーとしても重用した。こうして，西洋と東洋の間に立つ「香港人」が形成されていった。「主流」の中国人とは微妙に異なる価値観をもつこうした香港社会の中国人リーダーたちは，省港大ストにおいてもイギリスを支持する立場をとった。

(2) 冷戦下での分断

　それでも，当初は香港と大陸の間の往来は自由にできたので，香港の独自性は限られたものであった。香港はあくまで辺境の一植民都市であり，経済・商業・文化の発展では上海に大きく及ばなかった。大きな転機になったのは，第二次世界大戦中の3年8ヵ月に及ぶ苛酷な日本占領期が終わり，イギリスが香港統治を再開した後の，東西冷戦の発生であった。

　日本の敗戦後，中国ではまもなく国民党と共産党の内戦が再発した。1949年には国民党政権は台湾に逃れ，同年10月1日，中華人民共和国が成立した。共産党政権は，国際関係や経済的利益を考慮し，香港侵攻は回避した。しかし，没落した大英帝国の小さな植民地は，イギリス外務省が「火山の縁で生きるようなもの」と称したように，中国の軍事的脅威に晒された。1951年，イギリスは大陸との境界を封鎖し，現在も続く往来の規制が始まった。

　イギリスは香港が国民党と共産党の代理戦争の場となることを回避するために，両者の政治活動を制限して中立化を図った。なかでも共産党寄りの左派勢力は厳しい取り締まりの対象となった。1967年には，中国の文化大革命の影響を受けた大規模な香港暴動が発生し，爆弾テロなどで51人の死者を出した。暴動の後，左派の者には厳罰が下された。

　こうして，香港と中国の間には「国境」が出現した。この境界線は往来を妨げるだけでなく，朝鮮半島の38度線やベルリンの壁とも類似した，資本主義と社会主義の分断ラインともなった。分断の後，香港は中国大陸とは異なる独自

色を強めてゆくことになった。

(3)　姿を変えながら成長する香港経済

　大陸との分断は香港経済に大きな打撃を与えた。一貫して世界と中国の中継
貿易港として発展してきた香港が，その役割を果たせなくなったからである。
朝鮮戦争が勃発し，アメリカや国連が中国に対する禁輸措置の制裁を開始する
と，香港は一時苦境に陥った。

　しかし，この苦境は香港に新たな役割を与えるきっかけとなった。内戦や政
治的迫害から逃れるため，香港には難民が殺到し続けた。山道を越えたり，貨
物船の底に潜んだり，サメのいる海をゴムタイヤを浮き輪にして泳いだりと，
多くの人々が命がけで大陸から香港を目指した。終戦後の数年のうちに香港の
人口は数倍にも膨れ上がった。そのなかには，上海周辺の中国の先進地域から
逃れてきた資本家が多数含まれた。彼らは香港に到着すると工場を構えた。こ
うして衣類や玩具などの軽工業を中心とした工業化が展開された。イギリス当
局は一貫して香港を貿易拠点と考え，工業には興味を示していなかったが，戦
後の香港経済は華人の工業家が牽引して発展し，イギリス本国の工業を脅かす
ほどに成長した。

　香港経済の発展モデルは「輸出指向工業化」と称される。戦後の東アジア
は，多くが戦争の爪痕の残る貧しい小国で，市場も資本も欠き，かつ冷戦下で
軍事的に緊張した環境にあり，工業化は困難とみられた。しかし，こうした小
国は，資本と技術を欧米などの先進国から導入し，製品を欧米の大市場に輸出
する方式により，ハンデを乗り越えて発展した。

　その過程では「ホンコン・ドリーム」の成功物語も現れた。日中戦争期間中
に大陸から香港に逃れた李嘉誠は，セールスマンから身を起こし，やがてプラ
スチック加工の工場を開き，造花の生産で成功を収めた。香港製の造花は「ホ
ンコン・フラワー」の名で，欧米や日本でも知られる存在となった。後に不動
産業に進出した李嘉誠は，アジア一の大富豪に上り詰めた。

　同様に第二次大戦後に輸出指向工業化で成功した新興工業経済地域（NIEs）
である韓国・台湾・シンガポールとともに，香港は「アジア四小龍」と称され
た。しかし，他の三者と比較すると，香港は政府主導の工業化政策を欠き，自

由放任型の経済を特徴とした。福祉や社会保障などが圧倒的に欠乏する状態にありながら、低税率と少ない規制を利点として、裸一貫から共に支え合いながら懸命に働いた人たちによって、香港の繁栄は築かれた。

　1978年、鄧小平が中国の改革開放政策を開始すると、香港の工業はさらに安い土地や労働力を求め、生産拠点を軒並み大陸に移した。香港から工業はほぼ消滅したが、代わって香港は大陸工場での生産を支える本社機能や、中国ビジネスを支援するサービス業、そして再度開かれた大陸との中継貿易などによって、それまで以上の発展を遂げた。このように、香港経済は危機に直面するたびに、柔軟に姿を変えて成長を続けたのである。

⑷　花開く香港文化

　同時に、香港は戦後、独自の文化も発展させた。1970年代から90年代にかけて、香港映画は世界に名を轟かし、李小龍（ブルース・リー）や成龍（ジャッキー・チェン）などの国際的スターを生み出した。香港の俳優・歌手は中華圏のエンタメ界を席巻した。

　こうした香港文化を支えたのは、第一に、政治的な自由である。香港はイギリス人の総督や官僚が権力を独占する、植民地の非民主的な政治体制のもとにあったが、政庁は社会に対する干渉を避けた。このため、大陸が共産党に、台湾が国民党に、イデオロギー的に拘束され、言論や文化活動が厳しく制限されたことと比べれば、香港の言論・出版・学術・表現・報道などは自由であった。香港に逃げ込んだ難民のなかには、大陸で危険に晒された高名な学者や、台湾独立運動に関与して国民党から命を狙われた活動家も含まれた。こうした人々の力も吸収し、香港は中華世界全体に強い影響力をもつ文化基地として成長した。また、アメリカも、冷戦における文化的プロパガンダの拠点として香港を利用し、出版業などを育てた。

　第二に、経済発展である。香港が工業化と経済成長を実現するにつれて、着の身着のままで逃れてきた難民たちは、多くがやがて安定した暮らしができる中産階級に上昇した。家庭にはテレビが普及し、映画や音楽が産業として成長した。政庁は共産党などのイデオロギーに対抗するために消費主義を奨励し、ポップカルチャーが発展した。

第三に，広東語の地位の確立である。地理的条件から広東省出身者が香港への移民の多数を占めたため，広州方言を範とする標準広東語がやがて共通語の地位を占めた。教育やメディアの普及によって，広東語は映画・音楽などの使用言語として定着した。西洋的要素や庶民的要素の入り混じる，独自の香港テイストの文化作品が多数作られた。

3　香港返還とその後──世界を震撼させる民主化問題

(1)　中英交渉と香港返還の合意

　このように，特に第二次大戦後，独自の発展を遂げた香港であったが，世界から植民地主義が放逐され，大英帝国が衰微の一途をたどるなかで，香港の地位は不安定なものであった。とりわけ，新界の99年間の租借期限が切れる1997年以後の香港の地位については定めがなく，1970年代に入ると香港の前途は本格的に香港市民の間で懸案となっていった。

　一方，1970年代には中国でも，国連加盟や日米との国交樹立といった，国際環境と対外政策の劇的な転換が生じていた。また，毛沢東が1976年に死去すると，その後最高権力者の地位を得た鄧小平が78年に改革開放政策を開始し，イデオロギー的な階級闘争から経済中心の近代化路線へと，中国国内の政治も大変動を迎えた。

　この情勢を受けて，中国では「一国二制度」という政策が浮上した。「一国二制度」とは，社会主義の中華人民共和国において，一部の地域では資本主義体制の存続を容認することを意味する。当初「一国二制度」は台湾への適用が想定された。1979年1月1日の米中国交正常化と同時に，中国は台湾との平和統一政策を打ち出した。中国が台湾統一の方法として提案したのが「一国二制度」の原型ともいうべき政策であった。台湾はこれを拒否したが，その間に香港の前途の問題がより具体化し，中国は台湾統一のモデルとして，香港で「一国二制度」を先行実施することを構想した。

　1982年，中英間で正式に香港問題についての交渉が開始された。当初マーガレット・サッチャー首相は，イギリスが97年以後も香港の行政権を保持することを希望したが，中国はこれを拒否し，「一国二制度」方式での香港統治を提

案した。結局両国は84年「中英共同声明」に調印し，香港の前途問題の交渉は妥結した。イギリスは97年7月1日に香港島・九龍・新界を一括して中国に返還することを声明した。同時に，中国は返還後の香港を香港特別行政区として「一国二制度」を実施し，香港人による香港統治と，行政管理権・立法権・独立した司法権などの高度の自治を認め，現行の社会・経済システムを現状維持するという方針を，少なくとも返還後50年間は続けることを声明した。

(2) 返還過渡期——民主化問題の浮上

　こうして香港は返還にむけた過渡期に入ったが，その間の中英関係には様々な紆余曲折があった。両国の最大の対立点は民主化問題であった。

　イギリスは19世紀以来，香港での総督の独裁の政治体制を維持した。議会には選挙がなく，総督・官僚と経済界の有力者などが権力を独占した。しかし，返還問題が浮上すると，イギリスは1982年に突如区議会を新設して普通選挙を導入し，香港全体の議会である立法評議会でも85年から一部議席に間接選挙を導入した。植民地撤退時に民主主義を残してゆくことはイギリスの常套手段であったが，これを中国政府は，親英派勢力を香港に残し，返還後もイギリスが影響力を維持するための陰謀と警戒し，返還前にイギリスが香港の現状を変えることは，中英共同声明から逸脱していると非難した。交渉の末，イギリスは立法評議会への一部普通選挙導入時期を遅らせるなど，民主化を減速させる一方，中国は返還後もイギリスが始めた民主化を引き継ぎ，最終的には，返還後に政府のトップとなる行政長官と，議会となる立法会の双方を全面的に普通選挙で選出することを約束し，妥協した。

　しかし，1989年春の中国民主化運動の発生により，状況は大きく変化した。北京で天安門広場に学生らが座り込み，民主化運動が始まると，香港ではこれを支援する大規模デモが繰り返され，その過程で民主派が形成された。しかし，6月4日，中国は運動を軍事鎮圧し，多数の死傷者を出した（「天安門事件」）。これを受けて香港では返還後に自由を奪われることへの不安が高まり，多くの人々が欧米諸国などに移民した。一方，民主派は香港の民主化を推進することで共産党政権に対抗するという「民主抗共」を主張し，香港市民から熱狂的に支持された。

中国は1990年に制定された，返還後の香港のミニ憲法とされる「香港基本法」で，イギリスと合意した普通選挙の目標を明記するなど，返還後の民主化を取り下げはしなかった。しかし，天安門事件への香港の反応に大いに疑念を抱き，しばしば香港政庁を非難した。そうしたなかで92年，最後の香港総督となるクリス・パッテンが着任すると，パッテンは中国の合意なしに，独断で香港の民主化を加速する改革を断行した。中国政府はこれに激しく反発し，パッテンが導入した改革を返還後にことごとく取り消す決定を行い，一時民主化は停滞した。

(3)　返還後の香港──中港矛盾と民主化問題

　こうした中英対立のなかで1997年7月1日の返還が実行され，「一国二制度」の統治がスタートしたが，返還自体はスムーズに行われた。北京はパッテンを激しく非難し続けた姿勢を転換し，初代の董建華行政長官に香港統治を任せ，不干渉を貫いた。懸念された民主派の弾圧などの自由の急激な縮小も起きず，香港と国際社会には安堵感が広がった。

　しかし，返還直後に香港はアジア通貨危機の影響を受け，不動産バブルの崩壊によって深刻な不況に陥ってしまった。2003年には新型肺炎SARSの流行も追い打ちをかけ，観光や小売などの業界が大打撃を受けた。失業率は統計史上最悪を記録し，市民の政府への不満は頂点に達した。そのような情勢下でありながら，香港政府は北京の要請を受けて，政権転覆などを禁じ，言論統制などにつながると懸念された「国家安全条例」の立法作業を急ピッチで進めた。市民の怒りは頂点に達し，同年7月1日に民主派が発動したデモは50万人規模にふくれあがった。これによって香港政治は混乱に陥り，条例は最終的に廃案となった。

　中央政府はこれに衝撃を受けて，返還以来の香港への不干渉の方針を改め，香港経済の立て直しのため，中国と香港の経済を融合させる政策に舵を切った。大陸からの個人旅行客の香港訪問を段階的に解禁し，その恩恵で観光・小売業は瞬く間に回復した。また，香港の金融機関の人民元業務が認められ，香港は国際金融センターとして発展した。不動産価格も持ち直し，香港は一転して好況と政治的安定の時期を迎えた。経済融合政策の成果に自信をもった中央

政府は2007年，民主化問題についても，2017年の行政長官選挙に普通選挙を導入してもよいとの決定を下した。「中港融合」ブームの頂点は2008年であった。香港市民の中国人としての愛国心が最高潮に達し，5月の四川大地震では，香港市民は被災地に多額の支援を送った。また，8月の北京五輪では，香港市民は中国選手の活躍に熱狂した。

　しかし，蜜月は長く続かなかった。大陸からの訪問客が増え続けると，交通機関や商店の混雑，マナーといった観光公害から，「爆買い」による生活必需品の品薄，子に香港の永住権を与えたい大陸の妊婦の殺到による産科病床不足，ドラッグストアや貴金属店など大陸客向けの商店の激増による生活空間の急変，そして，不動産の暴騰による住宅難といった，市民生活への深刻な悪影響が浮上した。中港融合の副作用は「中港矛盾」と表現されるようになっていったが，中央政府と香港政府は融合政策を見直さず，経済成長の成果を誇り続けた。香港はますます中国の金融センターとしての色合いを強め，発展を続けたが，市民は投機的な不動産高騰や開発主義の弊害に晒された。1999年を100とする不動産価格指数は，2019年には383を記録した。20年で不動産価格が4倍近くに高騰したことを意味する。家庭をもつには持ち家が必要との感覚が強い香港の若者は，将来像を描けなくなった。

　こうした中国式の政治・経済のあり方は，高度経済成長をすでに終え，生活の質や多様性を追求する傾向を強めた香港市民の価値観との間で溝を深めていった。大陸に対する感情の悪化と，香港の急速な変化に対する危機感に刺激されて，香港市民の間で自分たちは中国人とは違う香港人であるという意識が高揚した。2019年6月の香港民意研究所の調査では，自分は「中国人」と称する者は23.1％に留まり，「香港人」は76.4％であった。

　2012年に習近平国家主席が就任すると，中央政府の対香港政策の最重要課題は「国家の安全」とされるようになった。香港自体の繁栄と安定よりも，北京の共産党政権の論理が前面に押し出される傾向が強まると，外からの巨大な力に自身の生活を左右されることへの危機感が香港市民の間で高まり，様々な抵抗運動が多発するようになった。

　また，中港融合が進展し，香港市民の大陸への関心が高まると，中国の深刻な人権問題などについても香港でより広く知られるようになった。国家政権転

覆罪に問われたノーベル平和賞受賞者の劉暁波，毒粉ミルク事件の被害者救済に尽力したにもかかわらず，却って投獄された趙連海，天安門事件当時の活動家で，入院中に不可解な死を遂げた李旺陽などについて報じられると，香港ではいずれも大きな抗議活動を呼んだ。2012年には，当時小・中・高に導入が予定されていた香港版の愛国教育である「国民教育科」が，共産党政権を賛美する「洗脳教育」になると懸念した，当時15歳の黄之鋒（ジョシュア・ウォン）や周庭（アグネス・チョウ）などの若者らが「反国民教育運動」を起こし，最終的に同科目の必修化を撤回させた。

(4)　国際政治の焦点に浮上した香港危機

　こうした様々な問題は，最終的に民主化運動の爆発につながった。2014年，中央政府は2017年に予定された行政長官の初めての普通選挙において，政権が事前に事実上候補者を絞り込み，民主派が出馬できない制度を導入すると決定した。返還前から中国政府が約束してきた民主化の最終目標が，共産党政権が支持する候補者に市民が信任投票させられるような「ニセ普通選挙」に終わることに，学生や市民が激しく反発し，同年9月から12月にかけて香港主要部の道路を占拠する激しい抗議活動が発生した。この運動は，取り締まりにあたる警察官の催涙スプレーから人々が傘で身を守ろうとした姿から，「雨傘運動」と称された。しかし，北京はこれを完全に無視し，運動側の要求は実現しなかった。

　北京に無視されたことで，香港の若者の北京に対する感情はいっそう冷え込んだ。「一国二制度」の期限とされる2047年以降の香港の政治体制について，香港人の住民投票で自ら決定することを主張する「自決派」や，大陸の影響力を排除し，香港優先を実現することを目指す「本土派」から，香港の独立を主張する「独立派」まで，従来の民主派とは異なる，「中国離れ」の色合いの強い主張が若者によって展開され，北京は危機感を強めた。新興勢力の者が選挙への出馬を拒まれたり，独立派の団体が非合法化されたりと，弾圧が進められた。

　そんななか，香港政府が2019年，「逃亡犯条例」を改正し，従来できなかった刑事事件の容疑者の大陸への移送を可能にすると発表すると，これが，共産

党政権が恣意的に香港市民を弾圧する手段にされることを危惧した市民の間に危機感が広がり，6月には200万人規模とされるデモが発生するなど，巨大な抗議運動を引き起こした。それでも香港政府と中央政府は，抗議活動を警察力で押さえつけながら，強硬に予定通りの条例改正を進めようとした。市民の反発はどんどん拡大し，衝突は暴力の度合いを増した。天安門事件のような人民解放軍の投入まで危惧される事態となり，西側諸国から批判の声も上がった。政権の頑なな態度を前に，運動は途中から民主化要求に転じ，9月に政府がついに条例改正案を撤回しても収まることはなかった。結果的に，同年11月の区議会議員選挙で民主派が圧勝し，また，同月アメリカ政府が「香港人権・民主主義法」を成立させて香港問題での対中制裁の手段を整えるなど，政権は危機に陥った。

これを受けて北京は2020年，急遽「香港国家安全維持法（国安法）」を制定した。同法は民主派の政治活動を幅広く罪に問うことができる内容となっており，抗議活動は抑え込まれ，民主派は相次いで逮捕・起訴された。これにより，政治的言論や報道だけでなく，映画や芸術，学術研究などを含む幅広い言論活動が急速に萎縮した。「国安法」や，様々な法律を根拠に，民主活動家にも厳しい弾圧が加えられ，黄之鋒や周庭も逮捕・収監された。

また，2021年の全国人民代表大会（全人代）では選挙制度の変更を決定し，政権の承認なしには事実上立法会や行政長官などの選挙に出馬が不可能とされる制度を導入した。今後の香港の選挙は，中国の人代選挙のような形骸化したものになることが避けがたい。議員が政権批判を強めて政府を妨害することも罪に問われるとされるため，議会や政権内部の政策についての議論も大いに萎縮するであろう。仮に将来，普通選挙を実現するとしても，意味のある政権選択の選挙になる可能性は極めて低い。

香港の民主化は事実上終わりを告げた。しかし，それは香港市民と国際社会の反発という代償を北京に負わせた。2019年の危機以後の香港は，それまで高度な自由を享受してきた社会において，中国式の強権的な管理体制が機能するかどうかを示す試金石となる。

4 マカオ——観光都市の歴史と文化

(1) ポルトガルの中国拠点として

　珠江河口部東岸の香港から高速船で1時間程度の西岸にマカオは位置する。外洋から珠江に入って遡上し，貿易港・広州に向かう船にとって，香港とマカオは東西二本の門柱のように，中国への入口に並び立つ存在である。両地には，かつてはヨーロッパ人による植民都市として，現在は「一国二制度」下にある中国の特別行政区，そして，日本からの人気の観光都市として，類似点や共通点が多い。例えば，マカオも香港と同様に広東語が共通語であり（加えてポルトガル語も公用語），独自の通貨（マカオパタカ）やパスポートを発行する。

　マカオの面積は30km²あまりと，東京の大田区の半分程度である。人口は約65万人で，東京の足立区よりやや少ない程度である。いずれもしばしば「小さい」といわれる香港の10分の1に満たない。しかし，マカオの貿易都市としての歴史は香港よりもはるかに長く，市内中心部は「マカオ歴史地区」として世界遺産に指定されている。

　ポルトガルによるマカオの植民地化は，なし崩し的に進められた。16世紀前半にはマカオにポルトガル人が住み始め，1557年，当時の明朝はマカオへのポルトガル人の居住を認めた。歴史的にマカオと日本の関係は緊密で，戦国時代にはマカオはキリシタン大名との貿易拠点となった。日本の禁教の後は，弾圧を逃れた日本人が多くマカオに渡った。日本の鎖国で対日貿易ができなくなると，マカオからフィリピンのマニラを経て，メキシコのアカプルコに至る貿易が行われるようになった。南京条約により香港が植民地化され，中国が五港を開港すると，マカオは貿易を香港や上海に奪われた。するとマカオは1847年に賭博を合法化し，後に賭博が禁止された香港からの客も引きつけて発展した。

　現状追認的にポルトガルの支配が進んでいったマカオの法的地位と領域が確定したのは19世紀以降のことである。1887年，清朝とポルトガルはリスボン議定書を交わし，清はポルトガルのマカオ半島領有を認めた。しかし，ポルトガル人が19世紀後半から占拠を進めていた，半島の南にあるタイパ・コロアンの2島領有は認められておらず，未画定の境界をめぐり，中華民国の広州政権と

ポルトガルの間で軍事衝突も発生した。

　1938年，日中戦争により広州が，そして41年には太平洋戦争により香港が日本に占領されると，日本軍に包囲された形のマカオの内政は大いに日本の干渉を受けたが，中立国ポルトガルの領土であったため，マカオは避難民であふれ，経済的には繁栄した。

　戦後，中国共産党政権は香港と同様にマカオにも攻撃はしなかったが，1966年に中国で文化大革命が発生すると，マカオでは当局と共産党支持の中国系住民の間で衝突が発生し，12月3日から暴動となった（「一二・三事件」）。この収拾にあたり，ポルトガルは中国の要求を多く受け入れることになり，以来マカオでは共産党政権の影響が大いに強まった。

(2)　「一国二制度」の優等生として

　イギリスが返還問題に揺れ始める1970年代，ポルトガルも大きな変化に見舞われた。1974年のポルトガル革命により民主化が実現すると，新たに成立した左派政権は植民地主義からの決別を表明，75年には中華人民共和国を承認し，さらにマカオの返還を中国に申し出た。しかし，中国はこの申し出を謝絶した。香港返還問題が決着する前にマカオ問題が進展すると，香港に動揺が発生するとの懸念が中国にあったのである。

　1984年に中英共同声明が締結されると，86年から中葡間でマカオ返還交渉も開始され，87年の中葡共同声明で，99年12月20日のマカオ返還と，マカオ特別行政区の設置が決定された。マカオでは「一国二制度」方式のもと，マカオ人の高度の自治が少なくとも50年間続けられるとされた。

　このように，マカオは香港と非常によく似た方式で，香港とほぼ同じような時期に「一国二制度」をスタートさせたが，その後の展開は香港とは大きく異なった。返還を大いに恐れた香港市民と異なり，マカオはより肯定的に中国の統治を受け入れた。先述の通り，すでに1966年以後，マカオ政治には中国の影響が強かった。「赤い資本家」ともいわれた親共的な財界人の何賢が「影の総督」とも称されるほどの力をもっていたのである。その何賢の息子である何厚鏵（エドモンド・ホー）がマカオの初代行政長官に就任した。また，返還直前，マカオではカジノの利権をめぐって暴力団の抗争が頻発し，治安の悪化から観

光業が低迷していたが，返還後は治安が急速に改善され，カジノはラスベガスを上回るほどの発展を遂げ，好景気に沸いた。他方，民主化は香港ほどに急速には進まず，民主派勢力も弱い。2009年には，香港では2003年にデモを受けて廃案にされた「国家安全条例」が，マカオでは成立した。こうした状況は中国にとって理想的であり，混乱の続く香港と比べ，マカオは「一国二制度」の優等生として中国政府に常に称賛されてきた。

　しかし，マカオにも課題は少なくない。賭博税が政府歳入の8割を占める極端なカジノ依存からの脱却は一貫してマカオ政府の重要課題とされているが，実現の見通しはまったく立たない。2019年には中国からの訪問客数がのべ2800万人に達し，これに付随する社会問題は香港に劣らず深刻である。そして，香港のメディアに日常的に触れるマカオの人々はそこからも刺激を受けており，政治に目覚める若者も現れている。

参考文献

ヴォーゲル，エズラ・F　1993『アジア四小龍——いかにして今日を築いたか』渡辺利夫訳，中公新書。

倉田徹　2009『中国返還後の香港——「小さな冷戦」と一国二制度の展開』名古屋大学出版会。

倉田徹・張彧暋　2015『香港——中国と向き合う自由都市』岩波新書。

倉田徹編　2019『香港の過去・現在・未来——東アジアのフロンティア』勉誠出版。

中園和仁　1998『香港返還交渉——民主化をめぐる攻防』国際書院。

森一道　2007『「香港情報」の研究——中国改革開放を促す〈同胞メディア〉の分析』芙蓉書房出版。

吉川雅之・倉田徹編　2016『香港を知るための60章』明石書店。

（ウェブ資料）いずれも最終閲覧は2022年3月6日。

日本政府観光局「月別・年別統計データ（訪日外国人・出国日本人）」https://www.jnto.go.jp/jpn/statistics/visitor_trends/index.html

香港特別行政區政府差餉物業估價署「物業市場統計資料」https://www.rvd.gov.hk/tc/property_market_statistics.html

香港民意研究所「身分類別認同」https://www.pori.hk/pop-poll/ethnic-identity/q001.html

World Bank, GDP (current US$), https://data.worldbank.org/indicator/NY.GDP.MKTP.CD

●読書案内●

『香港の歴史——東洋と西洋の間に立つ人々』
　　　　ジョン・M・キャロル，倉田明子・倉田徹訳，明石書店，2020年
　　　　アヘン戦争から返還後までの香港の通史を日本語で読むことができる唯一
　　　　の書籍。大国の激動に翻弄されつつも，東洋と西洋をつなぎながら逞しく
　　　　生きてきた人々の歴史は，世界史を異なる角度から知るうえでも非常に興
　　　　味深い。

『転がる香港に苔は生えない』星野博美，文藝春秋社，2006年
　　　　返還直前の香港・九龍の庶民の町，深水埗の雑居ビルで，香港の人々と交
　　　　流し，衝突し，恋もしながら暮らした著者の体験を綴ったノンフィクショ
　　　　ン。香港社会のあり方の本質に迫るとともに，香港の町のにおいを感じさ
　　　　せ，香港に行きたくなる一冊。

『可能性としてのマカオ——曖昧都市の位相』塩出浩和，亜紀書房，1999年
　　　　マカオの植民地化から返還までの歴史をたどった分かりやすい概説書であ
　　　　るとともに，香港とも異なる曖昧さをあらゆる面で含んできたマカオの独
　　　　特の味を感じさせ，その可能性を展望している。返還直前の出版だが，マ
　　　　カオについて知るには現在でも最良の日本語書籍である。

日本と香港

密接な交流，複雑な歴史

香港と日本の関係は極めて深く，1845年には最初の日本人が香港に定住した。幕府は香港で発行される新聞からアヘン戦争や太平天国について情報収集した。明治期に日本と欧州の航路が開かれると，寄港地の香港には多くの日本人が立ち寄っている。夏目漱石はロンドン留学の途中で香港に寄港し，「阿呆鳥熱き国にぞ参りける」との句を残した。

密接な交流の一方，日港間には複雑な歴史も存在した。1941年12月8日，日本は真珠湾攻撃と同時に香港にも侵攻し，12月25日，香港政庁は日本に降伏した（「ブラック・クリスマス」）。その後敗戦まで日本は香港を占領し，その間難民の追放，香港ドルの軍票への兌換の強制などが行われ，治安も経済も大いに悪化した。占領期を指す「三年八ヵ月」は，香港史に暗黒時代として記憶され，歴史問題などをめぐる対日抗議活動は今も続けられている。

他方，戦後の日港関係は，経済や文化などの分野で大いに発展した。香港の経済成長に伴い，日本からは百貨店や電化製品などが進出して市民の生活を豊かにした。1970〜80年代には日本の歌手や俳優が香港で大いにもてはやされた。他方，同じ頃日本でも香港映画がブームとなった。この頃少年時代を過ごした日本人は，多くが学校でカンフーやキョンシーの真似をして遊んだ経験をもつ。グルメやショッピングなど，日本からの手軽な海外旅行の目的地としても香港は大人気となった。

現在も貿易・投資・企業の駐在など，相互の経済交流は極めて密接である。外務省の海外在留邦人数調査統計によれば，香港総領事館の管轄地域（香港とマカオ）の2019年の在留邦人数は2万4205人にのぼる。緊密で友好的な交流の続く両地であるが，暗い歴史の存在も忘れてはならない。

第16章

日中関係の近現代史

新時代への転換を模索して

SON ansuk（孫　安石）

上海の錯綜する道路標識（2016年，筆者撮影）

日中関係の近現代史は友好と非友好の間を揺れ動くものであった。日本は
アジアの近代化のモデルとして高く評価されることもあれば，アジアの近
隣諸国を戦争に巻き込んだことで激しく非難されることもあった。本章で
は，「西洋の衝撃」以降，日中関係が激しく対立し，そのあと戦後を迎
え，1980年代の改革開放以降は経済面で競争相手として成長する過程を振
り返り，グローバル化のなかで日中関係が直面する諸問題について学ぶこ
ととする。

1 近代の日中関係

(1) 日本の近代化モデルの登場

　19世紀の欧米による東アジアへの進出は「西洋の衝撃」と呼ばれ，それ以降，東アジア諸国はその対応を迫られることになる。清朝政府はイギリスとのアヘン戦争に敗北，1842年には南京条約を締結し，香港のイギリスへの割譲，領事裁判権の承認や一方的な最恵国待遇などが定められ，不平等な国際関係に取り込まれた。それに対して日本は，「日米和親条約」と「日米修好通商条約」などにより戦争を避けることができた。19世紀半ばからの世界秩序の変動に対応するために，中国は西洋式の武器や軍事制度の導入を進め（これを「洋務運動」という），日本は「富国強兵」と「殖産興業」による近代化を目指し，東アジアでは近代化の競争が本格化した。

　世界秩序の変化は，東アジア域内の交流をも活性化することとなった。日本と中国との間では1871年に「日清修好条規」が締結され，互いの領土を「礼」をもって扱い，他国から不公平な取り扱いを受けたときには，互いに助け，「友誼」を敦くすることが定められた。また，76年には朝鮮との間でも「日朝修好条規」が締結された。こうして新たな外交関係が始まったかのように思えたが，日本と中国はすでにアジアの主導権をめぐって対立する兆しをみせていた。

　この間の日本は，廃藩置県や徴兵制，警察制などを実施することによって政治の中央集権化を図り，鉄道，電信，銀行，造船，紡績などの新たな産業においても大きな一歩を踏み出し，経済基盤の確立を図った。「明治維新」といわれる一連の革新である。一方，社会では「文明開化」を目指す新たな機運が出現し，教育制度の分野では，義務教育や女子教育などが導入され，近代的な教科書が発行されるなど，目覚ましい成果を上げることができた。また日本は，欧米各国の法律と政治に学び「大日本帝国憲法」を制定し，各種の法律を制定し，議会制度を導入することにも成功した。

　この後，日本の近代化モデルは，日清戦争と日露戦争という二つの戦争によって試されることになった。日本は朝鮮半島に対する主導権争いをめぐる二つの戦争で勝利し，台湾を領有し，欧米列強の中国分割とアジアの利権獲得の

争いに名乗りを上げた。特に，中国の義和団の蜂起を鎮
圧するために派遣された8ヵ国連合軍の主力をなした日
本は，アジアの優等生という評価を手にすることができ
た。中国，朝鮮などからは，日本の優れた政治，軍事，
教育などにその範を求め，多くの留学生が日本を目指す
ことになった（写真16-1）。

(2) 中国の革命とアジアの盟主を目指す日本

写真16-1　中国人留
学生に大きな影響を
与えた留学案内書（表
紙，筆者所蔵）

　日清戦争のあと，欧米列強は中国の利権獲得に乗り出
し，山東省の膠州湾，旅順・大連，香港の新界，広州湾
などが欧米の勢力範囲に収まった。中国国内でも領土分
割の危機を克服すべく，政治と憲法など国の根幹を改める「変法」運動が盛り
上がり，光緒帝みずからが新しい政治を目指す「新政」と「予備立憲」の準備
などが宣言された。

　この1900年前後のアジアは，近代的な国家と国民を形成するという重要な課
題に直面していた。日本は紡績業，製糸業，鉱山，製鉄業，鉄道，海運業の発
展などを背景に，アジアの優等生を自負し，第一次世界大戦後に山東省の権益
をめぐって中国に「二十一ヵ条要求」を提出した。

　1905年頃，ほぼ1万人に達した中国からの留学生は，日本で立憲政治と地方
自治，そして軍事制度などを学び，近代国家の設立を目指す人もいれば，一部
は，清王朝の転覆を図る革命派に同調する動きも出現した。そして，12年1月
には湖北省の武昌で起きた武装蜂起が中国全土に波及し，孫文を中華民国臨時
大総統とする中華民国が誕生した。

　1919年の「五四運動」の頃，中国では民主と科学，そして，自由，平等，博
愛などを主張する雑誌『新青年』が注目を集め，文学では白話（口語）による
文学革命の必要性が叫ばれた。この時期に活躍した代表的な人物が陳独秀，魯
迅などであったが，彼らが日本留学生であったことは重要である。中国の新文
学運動の手本となったのは，実は日本から輸入された新たな知識であった。

　経済面では，第一次世界大戦以降に日本の紡績資本による中国への進出が続
き，上海，青島，天津など中国の開港地に多くの工場を構えることになった。

これらの紡績工場は後に「在華紡」と呼ばれ，中国における日本の資本と利益を代表する産業として成長した。

(3) 戦争から経済への転換

　日本経済は，1930年代に入ると世界恐慌の影響で大きな打撃を受け，さらに農村の疲弊，労働者の失業，金融恐慌，東北飢饉などが続いた。ほぼ同じ時期に日本の対外政策は大きく転換し，中国との間では「満洲事変」が勃発し，続いて「日中戦争」という泥沼の道を進むことになる。日本は中国の華北地域に対する軍事攻勢を強め，日本の植民地である朝鮮・台湾を巻き込んだ戦時経済の体制を組み，重化学工業の育成，軍事予算の増大，兵器生産の拡大を図り，最終的には「国家総動員法」に戦時体制の完成をみた。

　もちろん，中国の利権に野心をもっていたのはアメリカ，イギリス，ドイツなども同じで，各国は種々の借款供与を名目に中国からの利権獲得を目指したが，日本の場合は軍事的な侵略を伴ったことで中国から激しく反発を受けることになった。特に盧溝橋事件の勃発後，蔣介石を首班とする国民党政府は日本の侵略に対する抗戦姿勢を明確にし，毛沢東が導く中国共産党も「持久戦」を柱とする抗日戦争の隊列に参加することとなった。

　戦時下において日中関係はあらゆる分野において中断し，互いを敵対勢力として誹謗する報道合戦が長く続いた。日本政府は中国を膺懲するという声明を発表し，中国では南京虐殺事件や三光作戦の記憶が繰り返し強調された。ア

図16-1　華北放送無線電話施設計画（未定）第2号地図（外務省外交史料館所蔵）

ジアを舞台にした日中間の戦争は1939年の第二次世界大戦の勃発でさらに激しさを増し，41年には日本が英米に対する宣戦布告を行い，最終的には45年に日本の敗戦で終焉を迎えることになった。

　終戦直後の日中関係は，満洲，中国などに在留していた軍人，民間人の引き揚げに関連する業務があるのみで，中国は国内で，国民党と共産党の内戦という苦い戦いを続けなければならなかった。日本はGHQの管理のもとで新たな

経済復興の歩みを始め，農地改革，財閥の解体，新たな金融制度の立て直しを図り，冷戦体制のなかで起きた朝鮮戦争という特需景気を背景に新たな経済自立を目指すことになった。一方，中国は，共産党と国民党の間で激しい内戦を経験したあと，1949年に共産党による中華人民共和国が成立し，大陸本土を支配下におき，国民党は台湾で新たな国作りに挑戦することになった。

2　戦後と新たな日中関係

(1)　戦後の困難──民間外交の登場

戦後の世界秩序は，国際連合の創設と超大国である米ソの東西冷戦によって再編された。アメリカを中心とする自由主義陣営には日本と台湾（中華民国），韓国が属し，ソ連を中心とする社会主義陣営には中国（中華人民共和国）と北朝鮮が含まれ，以降1980年代の冷戦崩壊に至るまで，アジアの国際政治は敵対という構図から脱皮することができなかった。

戦後初期の日中関係は，中華民国政府との間で締結した日華平和条約を基本にし，日本は台湾を「自由中国」，大陸の中国を「中共」と呼称した。国際連合の常任理事国を務めていた台湾との交流は国際的にも認知され，台湾の蒋介石総統と日本の総理大臣との会談が実現，後で総統になる蒋経国は1967年には日本を公式訪問した。

一方，国民党との内戦に勝利した中国共産党は，社会主義体制の実現と経済の立て直しを同時に成し遂げなければならなかった。これらの難題は，地主制度の廃止や農業の集団化，そして，自力更生をスローガンとする大躍進運動で克服されると信じられた。しかし，大躍進運動の熱狂は失敗に終わり，これを隠すためにさらなる政治動員が必要になった。プロレタリア文化大革命の発動である。中国の人々は紅衛兵と毛沢東思想に熱狂したが，目が覚めて残ったものは政治と経済の機能停止と，教育の停滞と国際的な地位の低下など深刻な負の遺産のみであった。

もちろん日中両国の間では，民間を中心に友好関係を修復しようとする動きがあったのも事実である。1952年に日中民間貿易協定が締結され，経済交流に風穴が開き，55年には互いに通商代表部を設置することを議論し，同年4月に

は「日中民間漁業協定」が北京で調印された。しかし58年に起きた長崎国旗事件を契機として，日中の交流はまた断絶し，次の交流は62年に交わされた「日中長期総合貿易に関する覚書」（この覚書に署名した廖承志と日本側の代表・高碕達之助それぞれの氏名の頭文字LとTをとって「LT協定」と呼ばれた）を待たなければならなかった。国際政治においても大きな変化が起き，71年に中華人民共和国が国連に加盟，台湾は国連を脱退し，ニクソン米国大統領が中国を訪問した。

　日中の外交は，国際情勢の変化を背景に再び動き出し，1972年には田中角栄首相と周恩来総理による「日中共同声明」が調印されることになった。共同声明は，日本と中国が国交を正常化すること，中華人民共和国が中国を代表する唯一の合法政府であること，台湾は中華人民共和国の不可分の一部であること，中華人民共和国は日本に対する戦争賠償の請求を放棄することを主な内容とするものであった。そのあと日本と中国は，日中航空協定調印（74年），日中海運協定（74年），日中漁業協定（75年）を締結し，78年には「日中友好平和条約」が北京にて締結された。日中関係は回復し，アジアには新たな友好関係の時代が訪れたかのように思えた。

(2)　歴史教科書問題と歴史認識

　しかし1980年代に入ると，日中の間で，戦前の歴史認識をめぐって意見の対立がみられるようになった。ことの発端は，1982年の日本の文部省（当時）が行った教科書検定で，戦前の中国侵略の歴史を「進出」と表現して美化しているという，中国の新華社と人民日報による報道であった。日本が歴史を歪曲しているという報道は，中国はもちろん韓国でも激しい反発を招き，中国では日本の歴史改ざんを批判するキャンペーンが展開された。

　日本の軍国主義復活を警戒する中国や韓国の批判は，1982年9月の鈴木善幸首相の中国訪問によっていったん収束した。しかし，85年に中曽根康弘首相が靖国神社を公式参拝したことで中国や韓国などの反発を招き，87年には新たに編纂された『新編日本史』の記述をめぐって再び批判が巻き起こった。この歴史教科書問題は，90年代から2000年代を経て，日・中・韓の政治・外交問題として繰り返し再燃した。政府と民間の両方で，共同の歴史教科書を作ることも試みられたが，現在も火種はくすぶっている。中国で推進されている愛国主義

教育の徹底はこのような歴史教科書問題を一因とするものでもある。

(3) 改革開放と ODA

　1978年に始まった中国の改革開放は，人口10億人を数える巨大な市場が世界経済に参入することを意味するものであった。当時の世界経済をリードし，産業技術において世界の最先端を行く日本は，中国から地理的にも近く，多くのことが期待された。改革開放の総設計者といわれる鄧小平が78年に日本を訪問し，日産自動車と新日本製鉄，松下電機を相次いで視察，新幹線にも乗車し，日本から先進的経験を学びたいと語ったことは有名な話である。

　ここで日中両国の経済関係は，中国に対する直接投資と ODA（政府開発援助）の提供を軸に動き出した。中国は経済開発を進めるための資金も技術も不足していた。中国はまず，香港に隣接する深圳と台湾の対岸に位置する厦門，珠海，汕頭を経済特区に指定し，外国の企業に対して輸出入の関税を免除し，各種の税制においても外資を優遇する措置を実施した。続いて1984年からは，沿岸部の大連，天津，青島，上海，広州などを経済技術開発区として世界の技術導入を急いだ。日本からの直接投資は，華北の大連と華南の広東省に集中し，外国から材料と部品を輸入し，中国の安い労働力で加工し，完成品を日本と世界に輸出するという委託加工業が急成長した。日本の家電メーカーと一部の自動車メーカーが中国に進出したのもこの時期であった。

　中国に対する日本政府の ODA 支援が開始されたことも重要である。1979年以降，中国に対する ODA の支援は，中国の改革開放政策の推進に大きく貢献し，日中関係の主要基盤となった。1980年代から90年代にかけて，日本の対中国 ODA は，交通運輸の方面では鉄道の電化（北京—香港，広州），青島，深圳の港湾整備，電信電話，農業水利，都市のインフラや空港の整備などに活用され，中国側も ODA の支援に感謝する意を表明している。その後，日本政府の中国に対する ODA による開発支援はすでに一定の役割を果たしたとして，2006年には一般無償資金協力が終了し，18年には技術協力を含む新規の支援すべてが終了することになった。

　1980年代は日中の経済格差がまだ大きかったが，90年代を境に世界貿易に占める中国経済の発展はめざましく，日本とも競争相手となるほどの実力を身に

着け始めた。今は中国を代表するブランドになった家電メーカーのハイアール（海爾）や通信機器のファーウェイ（華為），青島ビールなどが大きく業績を伸ばしたのも，この時期であった。

3　グローバル化のなかの日中関係

(1)　経済関係の変化と日中関係

　中国経済のグローバル化は日中の経済関係のさらなる深化をもたらした。特に，2001年の中国のWTO加盟は，中国が世界経済の重要な構成員になったことを意味するものであった。

　日本の財務省が発表した世界の貿易統計によれば，2002年基準で日本の貿易相手国に占める割合は，米国23.4％，中国13.5％，韓国5.8％，台湾5.3％であったが，19年には中国21.3％，米国15.4％，韓国5.3％，台湾4.9％へと変わり，中国が日本経済に強く結ばれていることが分かる。

　また，品目別の統計をみれば，2002年基準で日本から中国に向けた輸出は半導体10.5％，鉄鋼7.3％，繊維製品6％，自動車3.7％であったが，19年には半導体6.7％，自動車5.4％，光学機器5.1％，鉄鋼3.4％になった。中国からの輸入品は，2002年には衣類22.1％，電算機器6.4％，音響映像5.6％，魚介類3.8％であったが，19年には通信機10.9％，衣類9.7％，電算機器8.9％，音響映像4％に変化している。

　特に大きな変化は通信，事務機器，コンピュータなどのIT関連製品において現れている。1990年代までは，中国の安い労働力で生産した日常製品が日本人の身の回りにあふれ，中国といえば100円ショップの雑貨を思い出すほどであったが，今は様変わりした。

　ジェトロの世界貿易に関する報告によれば，IT関連の製品輸出額に占める中国の割合は2000年の4.1％から13年には27.1％に増え，逆に米国は16％から8.6％に減少した。

(2)　人的交流

　世界経済のグローバル化は，日中の人的交流にも大きな影響を及ぼし，その

変化はまず，留学生の交流に現れている。1985年当時，日本に在籍する留学生総数は約1万5000人であったが，90年には約3万1000人，2002年には約9万5000人（そのうち中国人留学生は5万8000人）に急増した。そのあと2008年に発表された「留学生30万人計画」により留学生はさらに増加し，2019年の留学生総数は31万2000人を数えることになった（中国人留学生12万4000人，ベトナム人留学生7万3000人）。しかし，留学生の内訳をみれば，国別の変化に気づく。すなわち，従来は中国や韓国，台湾などの漢字文化圏の留学生が全体の約80％を占めていたが，最近はベトナムやネパールなどの非漢字文化圏留学生の割合が増えている。

　1980年代の改革開放初期，中国人の海外旅行には多くの制約があり，統計数値として取り上げることがないほど少なかった。2003年には中国本土から海外への観光客は総数が2000万人を超えるようになったが，訪問先は香港が約1360万人と大部分を占め，日本はわずか45万人に過ぎなかった。ところが2010年代に入ると中国人の訪日観光客は約100万人を超え，2019年には約960万人という過去最高の数値を記録し，世界の訪日客全体の3割を占める勢いになった。特に，中国の春と秋の大型連休（春節と国慶節）前後にやってくる中国人観光客による消費は「爆買い」という言葉を生み，19年の訪日中国人の消費額は1兆7704億円で，訪日客全体の4兆8135億円のうちの36.8％を占めるに至った（図16-2）。

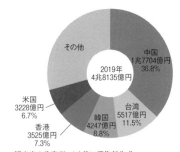

図16-2　訪日外国人旅行消費額
出所：『観光白書』令和2年版（概要，9頁）より筆者作成。

(3)　日中相互のイメージと未来

　もちろん，経済交流と人的交流の拡大がすべて順調に進んできたわけではない。中国に進出した日本の企業が増えていくにつれて，賃上げをめぐるストライキが中国で発生した。また2012年には，日本政府による尖閣諸島の国有化に反対する反日デモと日本製品のボイコット運動が，北京や上海など中国各地で繰り広げられた。これら反日デモの背景に日中間の歴史認識をめぐる意見対立

があったことは否定できない。

　欧州ではドイツ政府の努力によってナチス時代の負の歴史を克服する動きが活発で，すでに EU 共通の歴史教科書を制定している。これを見習うべく，2006年，日中間でも歴史共同研究が開始され，2010年には報告書の一部が公開された。しかし，太平洋戦争，東京裁判，従軍慰安婦問題などをめぐっては依然として意見が対立している。

　歴史認識の相違は，日中の相互イメージにおいても悪影響を及ぼしている。内閣府が行った世論調査によれば，1989年から2003年までの間，中国に対して「親しみを感じる」とする日本人の割合は40％前後にまで改善し，日中両国の関係も全体として良好だと思う人が47％（2003年）に至った。しかし近年は，日中の領土問題，香港問題，台湾問題，新疆の人権問題などをめぐって意見対立が目立ち，2018年には，中国に「親しみを感じる」とする日本人の割合は21％に落ち，逆に「親しみを感じない」人の割合は76％に達した。一方，今後の日中の良好な関係の発展が両国やアジアおよび太平洋地域にとって重要だと思うかという問いには，「重要だと思う」と回答する日本人の割合は81％にのぼっている。今後，未来にむけた日中両国の努力が大きく期待される。

●読書案内●
....

`『近代中国の日本書翻訳出版史』田雁，小野寺史郎他訳，東京大学出版会，2020年`
　　　　　近代以降の日中関係史を書籍の翻訳と交流から読み解くことを試みた作品。
　　　　　日本の近代が中国に与えた影響の大きさが紹介されている。

`『新しい東アジアの近現代史』上・下，`
　　　　　日中韓三国共通歴史教材委員会編，日本評論社，2012年
　　　　　日中韓の近現代史の変容を国際関係の変動という視点から時系列に述べて，
　　　　　テーマ別（憲法，都市化，メディアなど）に特徴などを取り上げており，新た
　　　　　な考え方を知ることができる。

`『消費するアジア』大泉啓一，中公新書，2011年`
　　　　　経済のグローバル化が日本とアジアにもたらした変化を消費という視点で
　　　　　論じている。上海，北京，バンコク，クアラルンプールなどの活気を描き
　　　　　出している。

....

内山完造と日中友好

　日本の中学校の国語教科書では，中国の作家・魯迅の『故郷』が紹介されている。近代中国を代表する文学者の魯迅については説明する必要もないだろうが，1920〜30年代の上海で魯迅と親交を深めた日本人として内山完造がいることはあまり知られていない。彼の生涯については自伝の『花甲録』（岩波書店，1960年）が詳しいが，1913年に上海に渡り，59年に北京で死去するまで，まさに日中友好のために尽力した一生であった。

　内山は1885年に岡山県の芳井村（現・井原市）に生まれ，京都と大阪の商家で働いたあと，キリスト教に入信し，1913年に参天堂（現在の参天製薬）の販売員として上海の地を踏んだ。そのあと16年に井上美喜と結婚し，妻の内職を兼ねた本屋「内山書店」の経営に力を入れることになる。彼は日中の文化人が交流する「文芸漫談会」を主催し，27年に魯迅と出会い，36年に喘息の発作で魯迅が急逝するまで交流を続けた。魯迅が残した絶筆は，内山に日本人の医者への連絡を依頼する日本語のメモであった。

　内山は中国の庶民の生活を独自の視点で観察し，その内容を著書の『上海漫語』『上海風語』『上海霖語』『上海汗語』などで紹介している。上海の内山書店は1945年の敗戦で閉鎖されたが，彼は47年に帰国したあとも全国各地で講演会を開催し，日中友好のために尽力した。近年，①内山完造が残した自筆の「雑記」の解読，②内山完造が上海時代に参天堂に送った現地報告書の発掘，③1930年代の『上海日日新聞』に掲載された内山完造による「上海童話協会」の活動，内山書店の新聞広告などの紹介，④内山書店が医学書や医療機器を販売することにつながった同仁会との関連など，新たな研究が進められつつある。

索　引

あ行

愛国教育　219, 305, 316

アジア通貨危機　62, 314

アヘン戦争　20, 30, 50, 89, 249-250, 264, 308, 321-322, 324

アメリカ（米国）　3-4, 9, 17, 19-21, 29, 33, 35, 38, 45, 48, 52-55, 58-60, 62-63, 69, 71-72, 78, 80, 82, 85, 110, 120-121, 126, 129, 131, 134, 138, 144-145, 191, 225-227, 229, 232, 234, 236, 254, 264, 275, 282, 286, 288-290, 298-299, 307, 310-311, 317, 326-328, 330

安全保障　17, 33, 35, 48-49, 53, 55, 62-63, 66-69, 71-72, 77, 80, 83-84, 138, 299

　　――理事会（安保理）　21, 53, 57-58, 60

安定　21-22, 31, 35, 38, 43-44, 53-54, 61, 72-73, 100, 111-113, 120-122, 153, 167-168, 170-172, 175-176, 290, 315

韋応物　184, 201

維権運動　173

「異人」　197

イスラーム教　14, 199, 245, 250-253, 272

一帯一路　10, 17, 21, 37, 43, 47, 53, 55, 62, 64, 122, 281

一貫道　14, 245, 254-255, 257

一綱多本　211, 213-214

一国二制度　2, 32, 38, 44, 70, 296, 299, 304, 312-314, 316, 318-320

一党支配　29-30, 33-35, 37-38, 40, 44, 46, 69, 95, 176, 178, 286, 288-291, 296, 299

イノベーション　116-117, 120, 126-127, 132, 137-139, 141

インターネットプラス　176

ウイグル　10, 31, 38, 44, 59, 70, 109, 139, 148, 168, 251-252, 258

文言（ウェンイエン）→書きことば

ウクライナ戦争　55, 59

内山完造　333

映画　ii, 18, 104, 184, 186, 194, 196, 223-239, 311-312, 317

　　――市場　224-226, 230, 234-235

　　アニメーション――　232-233

　　インディーズ――　233, 238-239

　　お正月――　231

　　海賊版――　229, 239

　　サイノフォン――　225, 234-237

　　主旋律――　226, 231-232

　　香港――　5, 235, 239, 311, 322

エンゲージメント政策　55

オバマ政権（大統領）　55, 63

オリンピック　63, 195-196, 219, 307

か行

賈平凹　194, 199

改革開放　9-10, 14-15, 17-18, 21, 23, 32, 34-35, 41, 45, 48, 60-61, 90, 100, 107, 111, 126, 128, 131, 133-135, 137, 151, 153, 166, 168, 170, 188, 192, 194, 214, 225-226, 229-232, 238, 262, 265, 270, 274,

281, 291, 296-297, 311-312, 323, 329,
 331
会館　13-14, 266-267, 269, 277, 279
戒厳令　61, 212, 255, 289-291
華夷思想　20, 50, 56
会道門　254-255
開発の時代　9
書きことば（文言）　185, 188
科挙　11, 21-22, 189, 242, 309
華僑　ⅱ, 5, 12, 14, 16, 18, 136, 261-265, 267-
 271, 276-279, 282
 新——　12
 長崎——　277-278
核　20, 54, 59, 62, 69, 73, 78-79, 99
核心的利益　63, 286
革命外交　58
華語　266-267, 269-277
 ——教育　267, 271-272, 276
 ——語系　234, 275-276, 279
花甲録　333
華社三宝　266
華人　ⅱ-ⅲ, 2-5, 7, 12, 14-15, 19, 23-24,
 136, 208, 224, 235, 261-277, 279, 310
 ——コミュニティ　261, 265-268, 274
課程綱要　211-214
課程標準　211-215
カトリック　248-250, 252-253, 257
カラー革命　17
環境問題　8, 54, 62, 116, 123, 143, 156, 178
漢字　12-13, 163, 183-185, 187-190, 193, 199-
 200, 202-204, 275, 305, 331
監視社会　127, 135
広東語　12, 184, 224, 235, 271, 304-305, 312,
 318

北朝鮮　49, 62, 327

義務教育　13, 168, 209-212, 214, 324
九年国民教育　209-210, 214
985行程　132, 217
九龍　308, 313, 321
脅威　17, 55, 68-69, 71, 83, 299, 309
教育改革　205, 211-212, 214-215, 219, 221,
 251
教育課程　211-215
教育部（台湾）　11, 210, 212
教育部（中国）　132, 209-211, 214, 217-218
教科書　24, 211-215, 324, 333
 ——検定　328
共産党→中国共産党
郷紳　149, 242
協調外交　59, 66
郷鎮企業　113, 152
僑務公共外交　268-269
キリスト教　14, 242, 245, 248-250, 252-257,
 308, 333
近代外交　57

グアンシ　13, 171
国の恥（国恥）　50
苦力　264
軍事力近代化　83

計画出産（計画生育）　105, 108, 171
刑法　88-90, 181
権威主義（体制）　46, 139, 286-287, 292, 295-
 296, 299-300
検閲　227, 230, 239
憲政　99, 287-292, 325
憲法　23, 34, 39-40, 44, 54-55, 87, 89-93, 95-
 97, 99-101, 103-105, 108, 173, 175, 177,
 184, 272, 287-292, 302, 314, 324-325,
 332

胡錦濤　16, 23, 34-35, 45, 48, 51, 56, 62-63, 65-66, 126, 132, 153, 170, 172, 177, 258, 268, 298

顧城　193, 201

江沢民　34-35, 45, 61-62, 66, 132, 217, 268

孔教　242-243, 255

公共外交　268

高考　130-131, 207, 219

孔子　185, 242-243, 248

向ソ一辺倒　59

高等教育　130-131, 133-135, 206-207, 216-218, 220-222

抗日戦争　149, 186, 190-192, 194, 197, 326

声　190-191, 198-200, 202, 208

国安法→香港国家安全維持法

国語　10, 12, 188-189, 214, 235, 272, 287, 289, 333

国際秩序　21, 50-54, 63

国際連合（国連）　21, 33, 50-53, 57-60, 62, 108, 123, 144, 176-177, 190, 288, 290, 310, 312, 325, 327-328

国進民退　119, 121

国土空間規画　10

国民中小学九年一貫課程綱要　212, 214

国民党→中国国民党

国務院　40, 64, 73-74, 76, 94, 108-109, 173, 206, 211, 230, 233, 253, 268

国務院総理　40, 74

国連平和維持活動（国連PKO）　70-71, 80, 83

五族共和　11

国家資本主義　46, 119

国家主席　23, 40, 44, 55, 67-68, 217, 307, 315

国家新聞出版広電総局　230, 233

国家統合　31, 43-44, 69-70, 83, 243

国共内戦　5, 21, 57, 89, 96, 129, 194, 205, 284, 296

国権回収　51, 56-57, 60

さ行

蔡英文　292, 295-296, 299

在華紡　326

冊封・朝貢　20, 48, 50, 56-57

サプライサイド構造改革　115

三去一降一補　116

三教合一　244-245

三権分立　36, 94, 99

三資企業　112

三農問題　153, 158

史書美　234, 275

私教育　215-216

自作農　149-150, 153

四書五経　11

司法　23, 31, 41, 90, 99, 101-104, 174, 295, 313

字幕組　229-230, 233

市民社会　96, 99, 104, 167, 173-174, 291, 298

謝冰心　189

社会管理　38, 43, 166-168, 171-172, 176

社会主義現代化強国　168-169, 177

社会主義市場経済　46, 96, 119, 206

社会主義の核心的価値観　163, 174-175, 177-178

社会治理　171-172

社会保障　44, 105, 110, 166-167, 170, 172, 311

社会力量弁学条例　206

邪教　245, 249, 253-254, 256

社区　171-172

上海協力機構　36, 62

周恩来　59-60, 129, 308, 328

習近平　ⅱ, 1, 16, 18, 20, 22-23, 32, 35, 37-
　　39, 43-45, 47-53, 55-56, 58-60, 62-64,
　　66-68, 75, 77, 84, 99, 107, 120-123, 126,
　　132, 138, 154, 163, 168-170, 172-175,
　　177-179, 253, 258, 299, 315
　　――思想　49, 64, 177, 258
　　――の新時代の中国の特色ある社会主義
　　思想　173, 177
自由化　43, 69, 114, 119, 145, 151, 153-154,
　　166-167, 192, 212, 214, 255, 291
十二年国民基本教育　210, 212
　　――課程綱要　212, 219
儒教　14, 242-243, 248-249, 251
主権　3, 20-21, 32, 35, 48-50, 57-60, 62-63,
　　66, 70, 74, 79, 93-94, 100, 172, 286, 293,
　　299
蔣介石　22, 287-290, 326-327
蕭紅　191-192
小康社会　126, 168-170, 173, 177-178
少数民族　10, 12, 94, 127, 139, 165, 168, 178,
　　185, 198-199, 252, 265, 281, 285
省籍矛盾　285, 288
情報化戦争　77
植民地　12, 30, 32-33, 89, 186, 188, 190-191,
　　196, 203, 235-236, 248-249, 264, 267,
　　284, 287-288, 303, 308-309, 311-313,
　　318-319, 321, 326
食糧　53, 112, 144, 150-154, 158, 166
　　――流通　150, 153-154
女性作家　189-192, 198-200
所得格差　118, 153, 155-156
清王朝（清朝）　4, 10-11, 13, 21-22, 24, 30-
　　31, 50, 56-58, 128, 140, 187-189, 202,
　　242, 245, 247, 249, 251, 257, 264, 266,
　　282, 284-285, 308, 318, 324-325
新界　308, 312-313, 325

新型国際関係　48, 50-51, 53
人権　29-30, 33, 35-38, 44, 54-55, 69, 71, 92,
　　100-101, 103-105, 127, 138-139, 173-
　　174, 178-179, 181, 256, 289, 295-296,
　　315, 317, 332
新興工業経済地域（NIEs）　291, 310
人口政策　105, 108
人口センサス　108
人口ボーナス　110
新常態　16, 19, 115
人人影視　229-230, 233
新文化運動　190, 243
人民解放軍→中国人民解放軍
人民公社　112-113, 150-153, 157, 166
人民政治協商会議　91, 252
　　――全国委員会（全国政協）　40
人民代表大会　34, 39, 93-94, 104
人民武装警察（武警）　72-73, 85
人民民主主義独裁　92, 95, 103
人類運命共同体　50, 53

水滸伝　184, 197

政治局委員→中国共産党中央政治局委員会
政治局常務委員→中国共産党中央政治局常
　　務委員会
政治将校　75
生存権　54, 100-101
西部大開発　62, 118
青蓮教　245
世界遺産　8, 318
世界華商大会　268, 270
世界秩序　50-54, 324, 327
専科学校　207, 218
全国人民代表大会（全人代）　40, 51, 85, 91,
　　93, 97, 101, 112, 120, 167, 170, 206, 209,

268, 317

　　──常務委員会　40, 94, 101

全国政協→人民政治協商会議全国委員会

全国政協主席　40

千人計画　136

全面的小康　50

戦狼外交　49, 64

双一流　217

双循環戦略　120

総統選挙（総統直接選挙）　62, 71, 220, 292-
　　295, 297, 299-301

素質教育　211-212, 215

ソビエト連邦（ソ連）　21-22, 34, 36, 46,
　　59-61, 69, 90, 96, 129-130, 327

ソフトパワー　268, 274

孫文　21, 169, 191, 287, 308, 325

た行

大学　41, 104, 129-134, 166-167, 174, 205-
　　207, 215-219, 221-222, 229, 269, 272-
　　275, 304-305

退耕還林　156-157

大蔵経　245, 247

第二次天安門事件　74

大躍進　9, 23, 33, 90, 112, 130-131, 150, 327

大連　191, 203-204, 325, 329

台湾　i-iii, 3-6, 8, 10-24, 31-32, 51, 57-58,
　　60-63, 70-72, 76, 82, 89, 99, 104, 145,
　　205-222, 226-227, 234-236, 238, 254-
　　256, 263-265, 268, 273-276, 283-299,
　　301-302, 305, 307, 309-312, 324, 326-
　　332

　　──アイデンティティ　293-295, 298

　　──化　58, 213, 291-294, 296, 301

　　認識──　214-215

多民族国家　31, 70, 168, 198, 204

躺平族（タンピンズー／寝そべり族）　174

弾幕　229

地域的な包括的経済連携（RCEP）協定
　　120

チーブージャン→七不講

知的財産　99, 127, 136, 141, 228-230

チャイニーズ　262, 265

チャイニーズネス　261-263, 276

中英共同声明　313, 319

中央外事工作委員会　64

中央軍事委員会→中国共産党中央軍事委員
　　会

中央軍事委員会主席　37, 42, 74-75

中華人民共和国　i-ii, 1-6, 9-10, 14, 20-
　　21, 29-32, 42, 44-45, 48, 53, 57-60, 63-
　　65, 69-70, 75-77, 89-93, 96-97, 99-100,
　　103, 105, 111, 128-129, 168, 173, 184,
　　192, 198, 202, 230, 235, 243, 246, 248,
　　250, 252, 254, 256, 258, 284-286, 291,
　　293, 295-296, 304, 309, 312, 319, 327-
　　328

　　──義務教育法　209

中華世界　ii-iii, 1-4, 6, 45, 205-206, 219,
　　222, 234-235, 281, 283-285, 311

中華民国　3-4, 6, 10-11, 19-22, 24-25, 32-
　　33, 57-58, 61, 70, 89-90, 96, 98-99, 111,
　　128-129, 188-189, 191, 199, 206, 212,
　　214, 230, 243, 247, 250-251, 255, 282,
　　284-294, 296, 301, 318, 325, 327

　　──憲法　89, 288-289, 291-292

　　──在台湾　58

中華民族　12, 48, 54, 101, 258

　　──の（偉大なる）復興　23, 38, 43, 48,
　　55, 58, 168, 258, 299

中国海警　73

中国共産党（共産党）　2, 5, 12, 14-20, 22-23, 29-37, 39-44, 48-51, 57, 61, 63-64, 67, 69, 71, 73-74, 80, 89-91, 93, 95-97, 99-100, 103, 112, 117, 119, 121, 126, 130, 149-150, 163, 165, 167-168, 170-172, 174-175, 177-179, 188, 192, 231, 239, 250, 252, 254-255, 258, 262, 268, 284, 286-288, 291, 296, 305-306, 309, 311, 313, 315-316, 319, 326-327

──全国代表大会（党大会）　36-39, 41-42, 46, 60, 117, 126, 168-170, 174

──中央委員会　211, 253

──中央委員会総書記（党総書記）　35, 37, 40, 42, 44

──中央紀律検査委員会　42

──中央軍事委員会　40, 42, 73-77

──中央政治局　41-42

──中央政治局委員会（政治局委員）　41-42, 63

──中央政治局常務委員会（政治局常務委員）　42, 64

──の指導（党の指導／領導）　23, 38-39, 49, 63, 74, 92, 95, 171, 173-175

中国国民党（国民党）　5, 9, 22, 30-31, 33, 42, 57, 89-90, 93, 235, 256, 284-293, 296, 298-299, 309, 311, 326-327

中国人　2-5, 10, 40, 90-91, 129, 134, 138, 159, 171, 180, 188-189, 191, 199, 214, 224, 251-252, 257, 262-264, 266, 274, 277, 289, 293, 295, 305, 308-309, 315, 325, 331

中国新移民　265, 267-268

中国人民解放軍（人民解放軍／中国軍）　20, 34, 41-42, 61, 64, 68-69, 71-75, 77-79, 81-84, 138, 254, 306, 317

中国大陸　2, 4, 7-8, 185-186, 191, 194, 197, 204, 206, 214, 275-276, 284-286, 289, 295, 304-305, 308-309

中国ニューウェーブ　230

中国の夢　168, 299

中所得国の罠　116

中等教育　209-210, 212, 272

丁玲　191

デジタルレーニン主義　38, 43

テロとの戦い　55, 62

天安門事件　21, 23, 29, 34-37, 42-43, 61, 66, 104, 113, 277, 304, 306, 313-314, 316-317

屠呦呦　19

鄧小平　22, 32, 34-38, 42, 45-46, 60-61, 74, 90, 112-113, 118, 131-132, 168-169, 173, 176, 311-312, 329

党委員会　41, 75, 102

道院　246, 254-255

動員戡乱時期臨時条款　289, 292

党外（政治家／勢力）　290-291

動画配信　228-229

道教　14, 243-247, 252-253, 255

韜光養晦　35, 48, 61-62, 66

党国体制　22, 34, 63

党政分離　36, 95

道蔵　244-245

党総書記→中国共産党中央委員会総書記

党大会→中国共産党全国代表大会

党の指導（領導）→中国共産党の指導

独立学院　207

独立自主（の外交）路線　21, 60

土地改革　33, 91, 97, 149

賭博　318, 320

トランプ政権（大統領）　55, 122

な行

内政不干渉　57, 59
ナショナリズム（中国ナショナリズム／台
　　湾ナショナリズム）　24, 31, 36, 38, 63,
　　84, 250-251, 267, 284, 289, 291, 293-
　　295, 299, 308
七不講（七つの語るべからず／チーブー
　　ジャン）　174
南巡講話　34, 90, 111, 113
難民　201, 265, 310-311, 319, 322

211行程　217
日華断交　ii
日中韓FTA　120
日中国交正常化　ii
二・二八事件　285, 288, 296
日本中華総商会　269-270
入学試験（入試）　130, 205, 207, 214-216,
　　219

寝そべり族→躺平族（タンピンズー）
ネットワーク　52, 77, 79, 125, 128, 130, 139,
　　171, 195, 265-267, 270-271, 275, 281,
　　291, 307
眠れる獅子　48

農家経営請負制　113, 151-152
農産物の安全・安心　144, 146, 158
農産物貿易　145
農民工　114, 154, 166, 194
農民専業合作社　154-155
能力　43, 68, 71, 78-79, 81-82, 115-116, 166,
　　172, 211-213, 215, 219, 222, 287

は行

八〇後（パーリンホウ）　228
バイデン政権（大統領）　55, 299
莫言　18, 186
パスポート　275, 286, 306-307, 318
話しことば（白話）　185, 188, 193, 325
ハルビン　198-199, 203-204
反右派闘争　33, 90, 101, 130

一つの中国（原則／政策）　58, 286, 292-
　　293, 296, 298-299
一つの中国，一つの台湾　57
一人っ子政策　6, 14, 105, 108, 165, 171, 179
ひまわり学生運動　298-299
白蓮教　245

風水　14
普九　209
武警→人民武装警察
二つの中国　57
扶乱　245
普通話　4, 184-185, 234, 271, 273-276, 304-
　　305
仏教　10, 14, 243, 245-248, 252, 255, 257
物権法　90, 97, 103
プライバシー　139
プロテスタント　248-250, 252-254, 258
文化大革命（文革）　14-15, 23, 34, 59-60,
　　90-91, 95, 101, 112, 128, 130-131, 186,
　　192-194, 202, 225, 230, 243-244, 248,
　　250, 252-254, 256, 309, 319, 327

米国→アメリカ
米中対立　ii, 18, 54-56, 125
平和五原則　21, 49, 59

平和的統一　286, 296

ボイコット運動　331
法院　101-102
方言　4, 12-13, 184-185, 188, 193, 224, 235-
　　236, 266-267, 269-271, 274-275, 304,
　　312
法治　23, 87, 99-101, 103, 163, 172, 174-175,
　　180, 214, 258
法統　289
訪日観光客　307, 331
香港　i-iii, 3, 5-6, 8, 10, 12-18, 20, 23-24,
　　31-32, 35, 38, 44, 51, 57, 64, 70, 95, 104,
　　134, 174, 192, 207-208, 219, 222, 226-
　　227, 234-239, 241, 254-256, 267-268,
　　273-274, 282, 299, 303-322, 324-325,
　　329, 331-332
　　——基本法　314
　　——国家安全維持法（国安法）　38, 256,
　　317
本土語言類別　11-12

ま行

マイクロ・ムービー（微電影）　228
マカオ　i-iii, 3, 5-6, 8, 10, 13, 18, 31-32,
　　35, 51, 57, 64, 70, 95, 207-208, 222, 249,
　　268, 274, 303, 305, 318-322

ミサイル　62, 71, 73, 78, 81-82, 127
南シナ海　37, 51-52, 55, 62-63, 70, 72, 284
未富先老　165
民営化　206
民衆宗教　244-246, 255, 257
民主化　12, 15-17, 22-23, 32, 35-37, 43, 45,
　　55, 58, 60-61, 69, 74, 100, 113, 167, 173,
　　192, 212, 214, 239, 256, 285-287, 290-

296, 301, 312-317, 319-320
民主集中制　92-94, 101
民主主義（体制）　30-31, 37, 41, 44, 46, 53-
　　55, 69, 71, 74-75, 90, 92, 173, 283, 286-
　　288, 291-292, 295, 298-299, 302, 313,
　　317
民主諸党派　40
民主進歩党（民進党）　291-293, 299
民主派　ii, 100, 306, 313-314, 316-317, 320
民生　168-170, 172-173, 315
民族自治区　2, 168
民兵　72, 74, 79, 85
民弁教育促進法　206
民法　40, 88-90, 93, 96-99, 101, 103, 295

毛沢東　22-23, 32-34, 36, 39, 45-46, 58-60,
　　84, 89, 91, 93, 95, 100, 105, 111-112,
　　151, 173, 192, 304, 312, 326-327

や行

輸出指向工業化　291, 310
ユニコーン企業　117

余英時　2
余華　194, 196
洋躍進　112
四つの基本原則　95
世論調査　30, 332

ら行

李登輝　290-291
李白　185, 201
リコノミクス　119
立憲主義　99-101, 104, 287-288, 295
律令制　87-89
留学生　15, 19, 129, 132, 136, 138, 191, 262,

325, 331

梁啓超　25, 187

両高一資　116

聊斎志異　189, 197

領土（領海）　3, 20-21, 31-32, 51, 57, 59, 62,
　　68-70, 74, 83, 190, 209, 284, 286, 319,
　　324-325, 332

ルーツ　186, 236, 261, 265, 275, 278-279

留守児童　166

レアアース　9

冷戦　18, 21, 33, 35, 38, 55, 59, 61, 68, 70-
　　71, 90, 137, 267, 285, 288, 291, 297,
　　309-311, 327

歴史教科書　328-329, 332

歴史決議　60

聯考　207, 214, 219

魯迅　188-189, 191, 200, 325, 333

わ行

淮河—秦嶺ライン　147

和諧社会（世界）　62, 102, 177

アルファベット

ACG（アニメ・コミック・ゲーム）　232

AI　78, 127, 132, 135, 138-139

ASEAN　36, 62-64, 120, 307

GDP　15-17, 35, 49-50, 109-111, 115, 117-
　　118, 120-121, 123, 126, 132, 135, 140,
　　144-145, 165, 307

IP 劇　228-229

LGBTQ　14, 181, 295

NIEs →新興工業経済地域

RCEP 協定→地域的な包括的経済連携協定

SDGs　164, 176-179

TSMC　18, 298-299

WTO　15, 21, 36, 62, 111, 114, 123, 126,
　　135, 158, 224-227, 307, 330

■執筆者紹介（執筆順）

川島　真
　　＊編者紹介参照

鈴木　隆（すずき たかし）
　　愛知県立大学外国語学部准教授。博士（法学）。政治学，中国政治。主要著作に『アジアの平
　　和とガバナンス』（分担執筆，有信堂高文社，2022年），「〈中華民族の父〉を目指す習近平
　　──重点政策と指導スタイルの変化にみる政治発展のゆくえ」（『国際政治』705，2022年）な
　　ど。

山口信治（やまぐち しんじ）
　　防衛省防衛研究所地域研究部主任研究官。博士（法学）。中国政治，中国の安全保障政策，中
　　国現代史。主要著作に『毛沢東の強国化戦略1949-1976』（慶應義塾大学出版会，2021年），『防
　　衛外交とは何か──平時における軍事力の役割』（分担執筆，勁草書房，2021年）など。

石塚　迅（いしづか じん）
　　山梨大学生命環境学部准教授。博士（法学）。比較憲法，現代中国法。主要著作に『現代中国
　　と立憲主義』（東方書店，2019年），『言論の自由と中国の民主』（翻訳，現代人文社，2009年）
　　など。

森　路未央（もり ろみお）
　　大東文化大学外国語学部准教授。博士（農業経済学）。中国経済論，農業経済学。主要著作に
　　『コンビニからアジアを覗く』（共著，日本評論社，2021年），『中国経済発展の軌跡』（監訳，
　　科学出版社東京，2020年）など。

高口康太（たかぐち こうた）
　　ジャーナリスト。修士（文学）。中国経済，中国企業研究。主要著作に『中国"コロナ封じ"
　　の虚実』（中央公論新社，2021年），『幸福な監視国家・中国』（共著，NHK出版，2019年）な
　　ど。

寶劔久俊（ほうけん ひさとし）
　　関西学院大学国際学部教授。博士（経済学）。開発経済学，中国経済論。主要著作に「中国農
　　民工の離職意向はどのような要因に規定されているのか？」（共著，『アジア経済』63（2），
　　2022年），『産業化する中国農業──食料問題からアグリビジネスへ』（名古屋大学出版会，
　　2017年）など。

及川淳子（おいかわ じゅんこ）
　　中央大学文学部准教授。博士（総合社会文化）。現代中国社会，政治社会思想。主要著作に
　　「中国『デジタル・レーニン主義』の思想的背景──『社会治理』と『安全観』を中心に」
　　（『国際問題』705，2022年），『六四と1989──習近平帝国とどう向き合うのか』（共編，白水
　　社，2019年）など。

橋本雄一（はしもと ゆういち）
　東京外国語大学大学院総合国際学研究院准教授。修士（文学）。中国近現代文学，植民地社会思想。主要著作に『多文化社会読本——多様なる世界，多様なる日本』（共著，東京外国語大学出版会，2016年），『満洲国の文化——中国東北のひとつの時代』（共編，せらび書房，2005年）など。

山﨑直也（やまざき なおや）
　帝京大学外国語学部教授。博士（学術）。比較教育学，台湾研究。主要著作に『東アジアの刑事司法，法教育，法意識——映画「それでもボクはやってない」海を渡る』（共編，現代人文社，2019年），『戦後台湾教育とナショナル・アイデンティティ』（東信堂，2009年）など。

菅原慶乃（すがわら よしの）
　関西大学文学部教授。博士（言語文化学），博士（文化交渉学）。中国語圏映画史。主要著作に「男装するモダンガール——映画『化身姑娘』シリーズと女性観客」（『アジア遊学』267，2022年），『映画館のなかの近代——映画観客の上海史』（晃洋書房，2019年）など。

倉田明子（くらた あきこ）
　東京外国語大学総合国際学研究院准教授。博士（学術）。中国・香港近現代史。主要著作に『香港と「中国化」』（分担執筆，明石書店，2022年），『中国近代開港場とキリスト教』（東京大学出版会，2014年）など。

奈倉京子（なぐら きょうこ）
　静岡県立大学国際関係学部教授。博士（社会学）。文化人類学，中国地域研究，中国系移民研究。主要著作に「中国のポスト社会主義的状況における新たな中間的領域の探求——民営の知的障害児支援教育センターを介した『つながりの回復』」（『文化人類学』85（3），2021年），『帰国華僑——華南移民の帰還体験と文化的適応』（風響社，2012年）など。

松本充豊（まつもと みつとよ）
　京都女子大学現代社会学部教授。博士（政治学）。現代台湾政治，比較政治学，中台関係。主要著作に『アジアの脱植民地化と体制変動——民主制と独裁の歴史的起源』（分担執筆，白水社，2022年），「中国のエコノミック・ステイトクラフトと台湾——『恵台政策』における観光客の送り出しの事例分析」（『国際政治』205，2022年）など。

倉田　徹（くらた とおる）
　立教大学法学部教授。博士（学術）。現代香港政治。主要著作に『香港政治危機』（東京大学出版会，2021年），『中国返還後の香港』（名古屋大学出版会，2009年）など。

孫　安石（SON ansuk，ソン アンソク）
　神奈川大学外国語学部教授。博士（学術）。中国近現代史，上海都市史，日中関係史。主要著作に『明治から昭和の中国人日本留学の諸相』（共編，東方書店，2022年），『上海モダン「良友」画報の世界』（勉誠出版，2018年）など。

■編者紹介

川島　真（かわしま しん）
　　東京大学大学院総合文化研究科教授
　　博士（文学）　アジア政治外交史，中国外交史
　　主要著作に『日中戦争研究の現在――歴史と歴史認識問題』（共編，東
　　京大学出版会，2022年），『サンフランシスコ講和と東アジア』（共編，
　　東京大学出版会，2022年）など

シリーズ地域研究のすすめ③

ようこそ中華世界へ
Introduction to Chinese World

2022 年 8 月 31 日　初版第 1 刷発行

編　者　川　島　　　真

発 行 者　杉　田　啓　三

〒 607-8494　京都市山科区日ノ岡堤谷町 3-1
発行所　株式会社　昭和堂
振替口座　01060-5-9347
TEL（075）502-7500 ／ FAX（075）502-7501
ホームページ　http://www.showado-kyoto.jp

© 川島真ほか　2022　　　　　　　　　印刷　亜細亜印刷

ISBN978-4-8122-2130-3

＊乱丁・落丁本はお取り替えいたします。

Printed in Japan

本書のコピー、スキャン、デジタル化等の無断複製は著作権法上での例外を
除き禁じられています。本書を代行業者等の第三者に依頼してスキャンやデ
ジタル化することは、たとえ個人や家庭内での利用でも著作権法違反です。

シリーズ地域研究のすすめ①
石坂晋哉・宇根義己・舟橋健太 編
ようこそ南アジア世界へ
定価2640円

シリーズ地域研究のすすめ②
遠藤貢・阪本拓人 編
ようこそアフリカ世界へ
定価2640円

川島真・遠藤貢・高原明生・松田康博 編
中国の外交戦略と世界秩序
——理念・政策・現地の視線
定価3850円

地域研究ライブラリ⑦
小林善文 著
中国水環境の歴史と現在
定価5280円

上水流久彦・太田心平・川口幸大・尾崎孝宏 編
東アジアで学ぶ文化人類学
定価2420円

丸川知雄・李海訓・徐一睿・河野正 著
タバコ産業の政治経済学
——世界的展開と中国の現状
定価4290円

昭和堂
（表示価格は税込）